Schulte

Philosophie der letzten Dinge

W0245232

Günter Schulte

Philosophie der letzten Dinge

Über Liebe und Tod als Grund und Abgrund des Denkens

Diederichs

Die Deutsche Bibliothek – CIP-Einheitsaufnahme
Schulte, Günter:
Philosophie der letzten Dinge: über Liebe und Tod als Grund und
Abgrund des Denkens / Günter Schulte. – München: Diederichs,
1997
ISBN 3-424-01371-4

Umschlaggestaltung: Ute Dissmann, München, unter Verwendung
einer Fotografie von Isolde Ohlbaum, vmff
Produktion: Tillmann Roeder, München
Satz: Typodata GmbH, München
Druck und Bindung: Spiegel Buch, Ulm
Printed in Germany

ISBN 3-424-01371-4

Inhalt

Vorwort

Die letzten Dinge, so nennt man laut »Wahrig Deutsches Wörterbuch« »die tiefsten Probleme des Lebens«.[1] Ihretwegen gibt es Philosophie. Aber an ihnen scheitert sie auch. Die letzten Dinge bilden den Grund und den Abgrund des Denkens. Liebe, Tod, Geburt und Auferstehung gehören dazu.

Grund und Abgrund des Denkens sind Gegenstand einer merkwürdigen Erwägung Nietzsches:

> Vielleicht ist die Wahrheit ein Weib, das Gründe hat, *ihre Gründe nicht sehn zu lassen?* ... Vielleicht ist ihr Name, griechisch zu reden, *Baubo?*[2]

In Goethes »Faust« ist Baubo die Anführerin der Hexen – obszön reitend auf einem »Mutterschwein«.[3] Baubo heißt Vulva oder Leibeshöhle,[4] also das, was Frau Baubo animierend enthüllt. Die letzten Dinge kommen da ins Spiel: Freude und Trauer, Liebe und Tod, Kinderkriegen und Auferstehung. Denn, so lautet ein griechischer Mythos[5]: Baubo wollte die um ihr totes Kind trauernde Demeter wieder zum Lachen bringen, indem sie ihr neue Geburten in Aussicht stellte.

Doch Nietzsche möchte »Baubo, die mythische Vulva«[6], lieber verhüllt wissen. »Man sollte die *Scham* besser in Ehren halten«, schreibt er.[7] Weshalb? Damit der Denkgrund nicht Abgrund werde und das Denken versiege wie beim Jüngling von Sais, der die Wahrheit enthüllte und verstummte? »Ihn riß ein tiefer Gram zum frühen Grabe«, heißt es in Schillers Gedicht »Das verschleierte Bild zu Sais«.[8] Oder nur deshalb, weil sonst die Philosophie Pornographie und die Wahrheit zum Lachen wäre?

Der Grund fürs Denken scheint immer auch ein Abgrund zu sein. Nicht nur, wenn das Denken sich ihm unbewußt überläßt, sondern auch, wenn es ihn direkt zu fassen sich bemüht.

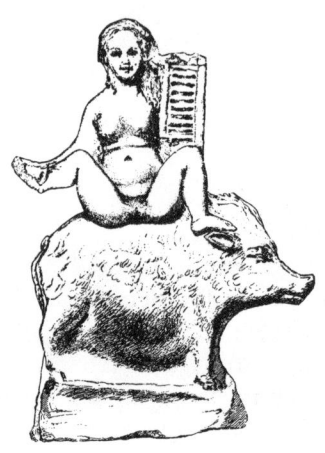

Baubo, zum Demeterkult gehörende spätrömische
Votiv-Figur aus Süd-Italien.

Ich habe versucht, beides zu umgehen. Aus den teils riskanten, teils entspannten Blicken auf die ›unmögliche‹ Wahrheit und auch auf einige ihrer bisherigen Liebhaber wurden kleine »philosophische Brocken«[9], Beispiele dafür, wie unmöglich es ist, mit den letzten Dingen fertig zu werden. Ich habe sie aufgereiht, so wie es sich ergab. Der Leser mag beim Probieren der Stücke ebenso verfahren. Er wird, wenn er meine früheren Publikationen kennt, auf das ein oder andere Bekannte stoßen. Wegen der Wiederholung bitte ich um Verzeihung. Aber vielleicht schmeckt es ihm diesmal besser. – Für ihre Hilfe beim Anrichten danke ich Markus Heuft und Jörg Nitzsche ganz herzlich.

Das taumelnde Spinett

Die Formulierung »das taumelnde Spinett« stammt von Lenin, die Sache selbst von Diderot. Bei ihm hatte Lenin gelesen, was sie zu bedeuten hat: nichts weniger als den Ruin des Marxismus. – Das ist allerdings eine merkwürdige Geschichte.

Mit einem taumelnden Spinett verglich Diderot einen Philosophen, dem ein bestimmter Gedanke es so angetan hatte, daß er dadurch ins Taumeln geriet. Es war der Gedanke, daß die Welt, in die er hineingeboren war wie andere auch, mit ihm selbst stehe und falle. Denn: Was wäre, wenn er nicht wäre? Dieser Gedanke verlieh ihm zwar die größte Wichtigkeit, zog ihm aber zugleich den Boden unter den Füßen weg. Er erzeugte Schwindel. Das Vorstellen stand sich bei der Vorstellung, es würde nicht vorstellen, selbst im Wege. Eine Welt an sich und *ohne* ihn konnte Diderot nicht kennen, und *mit* ihm war sie bloße Erscheinungswelt. Ihr An-sich-Sein erforderte seinen Tod.

Schwindelerregende Reflexionen drohen beim Gedanken ans eigene Sein und an das der Welt. Wie, wenn die Welt nur

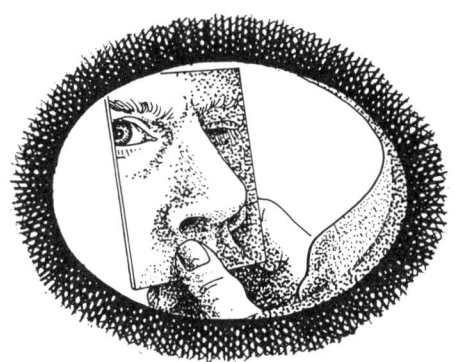

mein Gedanke wäre? So schreibt Wittgenstein in seinen »Philosophischen Untersuchungen«:

> »Schwindel« erfaßt mich, wenn ich z.B. meine Aufmerksamkeit in bestimmter Weise auf mein Bewußtsein lenke und mir dabei staunend sage: DIES solle durch einen Gehirnvorgang erzeugt werden! – indem ich mir gleichsam an die Stirne greife.[1]

Kokettiert vielleicht die gesamte Philosophie mit diesem Schwindel, sofern sie sich doch auf die Anweisung »Erkenne dich selbst!« verpflichtet hat? Einige Philosophen – es sind die des sogenannten ›gesunden Menschenverstandes‹ – haben sich deshalb von dieser Vorschrift distanziert, zum Beispiel David Hume ums Jahr 1740. Er fühlte sich wie paralysiert vom Nachdenken über sich selbst, »des Gebrauchs jedes Gliedes und jedes menschlichen Vermögens vollständig beraubt«. Die Fragen »Wo bin ich, oder was bin ich? Aus welchen Ursachen leite ich meine Existenz her und welches zukünftige Dasein habe ich zu hoffen?«[2] waren sogar für einen professionellen Denker wie Hume zu heikel. – Sie taugen erst recht nicht für die werktätigen Massen. Die dürfen nicht taumeln.

> (Die Arbeiter lachten, als Malraux sie nach ihrer Beziehung zum Tode fragte – –) Die Trauer, Urgefühl des Lebendigen – hier Defaitismus.[3]

Klaus Mann notierte sich das zum Moskauer Schriftstellerkongreß 1934. Hatten die Sowjetmenschen das Denken verlernt, oder hatten sie nur den Sinn für die letzten Dinge, für die unergründlichen Themen der Liebe, der solipsistischen Einsamkeit und des Todes verloren? – Beides lag wohl in der Absicht des Staatsgründers Lenin.

Nach dem gescheiterten ersten russischen Revolutionsversuch von 1905–1907 sah Lenin die politische Bewegung des Marxismus auch geistig in Gefahr. Einige marxistische Denker hatten sich mit Machs Philosophie, dem sogenannten Empiriokritizismus, angefreundet und wollten nun mit dem Machismus den Marxismus, insbesondere dessen Erkenntnistheorie, verbessern. Nach orthodox-marxistischer Meinung werden ja die materiellen Dinge »im Kopf der Menschen« wie beim Photographieren abgebildet oder widergespiegelt.[4] Die von Lenin kritisierten Marxisten wollten diesen Materialismus durch den Machschen Empfindungsrealismus ersetzen. Aber Empfindungen sind etwas Subjektives. Hier witterte Lenin ein delirierendes Denken, das die Menschen ihrer materiellen Basis zu entfremden drohte. – Wie kommt man eigentlich auf so dumme Gedanken?, fragte er sich. Wovon waren jene revisionistischen Philosophen eigentlich so fasziniert?

> Ich habe es mir in den folgenden Aufzeichnungen zur Aufgabe gemacht, herauszufinden, worüber die Leute gestolpert sind, die uns ein so unglaublich wirres, verdrehtes und reaktionäres Zeug als Marxismus auftischen.[5]

Genannte Aufgabe erledigte Lenin 1908 in seinem Buch »Materialismus und Empiriokritizismus«. Er stellte bei seinen Recherchen in den Bibliotheken Genfs und Londons fest: Diese Leute stolperten über ein Spinett, das heißt über jenes Faszinosum, für das Diderot in seinen »Gesprächen mit d'Alembert« das Bild des delirierenden Klaviers oder, wie es bei Lenin heißt, des taumelnden Spinetts geprägt hatte.[6] Es war das Faszinosum des radikalen Subjektivismus.

Demnach, dachte sich Lenin, war auch der Physiker Ernst Mach bei seiner »Analyse der Empfindungen« von 1886 über das vor lauter Idealismus taumelnde Spinett gestolpert und seiner Faszination erlegen, mochte er in seinem Buch auch noch so sehr den Realismus der Empfindungen herausgestellt und das Ich als gänzlich unrettbar deklariert haben. Sein Mißgeschick war sogar die Wiederholung eines früheren Unfalls, erkannte – wie gleich zu zitieren sein wird – Lenin, nämlich des Bischofs George Berkeley, der das Instrument des Solipsismus anfangs des achtzehnten Jahrhunderts gegen die unfrommen Materialisten eingesetzt hatte. Man könnte denken, daß das Spinett in der Zwischenzeit vom Deutschen Idealismus bis zum Zerbrechen strapaziert worden sei. Aber nun war es bei Mach doch wieder aufgetaucht und unter dem Namen Machismus wie eine ansteckende Krankheit unterwegs, um den Marxismus zu zersetzen.

Was hat es mit der Erfindung dieses gefährlichen Instrumentes auf sich? – Schalten wir uns in Diderots Gespräch mit d'Alembert ein, das Lenin zunächst zitiert und dann kommentiert:

> »Wir sind mit Empfindsamkeit und Gedächtnis begabte Instrumente. Unsere Sinne sind ebenso eine Art von Tasten, die von der um uns befindlichen Natur angeschlagen werden, sich aber auch oft von allein anschlagen; und ganz genauso, meines Erachtens, geht alles vor sich in einem wie Sie und ich eingestimmten Spinett.« D'Alembert antwortet, daß ein solches Spinett auch die Fähigkeit haben müßte, sich zu ernähren und kleine Spinette zu zeugen. – »Ohne Zweifel«, erwidert Diderot. (...)
> »Es gibt nur eine Substanz im All, im Menschen, im Tier. Die Zeisigorgel ist aus Holz, der Mensch aus Fleisch; der Zeisig ist aus Fleisch, der Musiker aus einem davon verschieden gearteten Fleisch; aber beide haben ein und denselben Ursprung, ein und dieselbe Entstehung, die gleichen Funktionen und das gleiche Ende.« D'Alembert: »Und wie erklärt sich der Einklang der Töne bei ihren zwei Spinetten?« Diderot: (...)
> »Das empfindsame Instrument oder Tier hat herausgebracht, daß bei der Äußerung dieses oder jenes Tones diese oder jene Wirkung außerhalb seiner erfolge, daß andere, ihm ähnliche empfindsame Instrumente oder andere ähnliche Tiere näher kamen, sich entfernten, fragten, sich darboten, anstießen und kosten; diese Wirkungen haben sich in seinem und der anderen Gedächtnis mit der Bildung dieser Töne verbunden; beachten Sie noch, daß es im Verkehr der Menschen untereinander nur Geräusche und Handlungen gibt. Und daß ich nun meinem System seine ganze Beweiskraft gebe, beachten Sie noch außerdem, daß es der nämlich unüberwindlichen Schwierigkeit unterworfen ist, die Berkeley gegen die Existenz der Körper geltend gemacht hat. Es gibt einen Moment des Taumels *(moment de délire),* wo das empfindsame Spinett *(clavecin sensible)* dachte, es sei das einzige Spinett, so auf der Welt vorhanden sei, und daß die ganze Harmonie des Alls in ihm ablaufe.«

Das ist 1769 geschrieben worden. Und damit schließen wir unseren kleinen geschichtlichen Streifzug. Dem »taumelnden

Spinett« und der Weltharmonie, die im Menschen vor sich geht, werden wir bei der Analyse des »neuesten Positivismus« noch mehr als einmal begegnen.

Vorläufig beschränken wir uns auf die eine Schlußfolgerung: Die »neuesten« Machisten haben gegen die Materialisten kein einziges, buchstäblich kein einziges Argument vorgebracht, dessen sich nicht auch schon Bischof Berkeley bedient hätte.[7]

Nun sind *wir* aufgerufen nachzudenken. Beachten wir, was Diderot in dem Satz vor der Einführung des taumelnden Spinetts sagt: »Und daß (= damit) ich nun meinem System die ganze Beweiskraft gebe...« Demnach scheint gegen das hieb- und stichfeste System des Materialismus kein Kraut gewachsen zu sein, es sei denn der Berkeleysche Solipsismus. Und der ist wohl so absurd, daß angesichts dieses einzig möglichen, aber albernen Einwandes das System erst seine ganze Beweiskraft erhält. Es ist so wahr, wie der Solipsismus verrückt ist.

Die »ganze Beweiskraft« erst durch einen Einwand zu erhalten, wie Diderot sagt, ist schon merkwürdig, um so mehr als dieser Einwand eine »unüberwindliche Schwierigkeit« genannt wird. Heißt das nicht, daß das Taumeln selbst eine unüberwindliche Schwierigkeit darstellt, eine dauernde Gefährdung also? Und wenn Berkeleys Argument gegen die evolutionäre, äußere Herausbildung der Harmonie der Überlebensinstrumente und sogar gegen das Vorgegebensein der Außenwelt für ein Geistwesen einerseits unüberwindlich und andererseits wirr, verdreht und reaktionär sein soll, heißt das nicht, daß man sich mit der Reaktion und den solipsistischen Verrücktheiten in Sachen Geistphilosophie abfinden muß? Hat der Berkeleysche Solipsismus, wie Lenin bemerkt, vielleicht gar kein »theoretisches Argument«[8], sondern ein religiöses? – Dann steht hier Religion gegen Religion: die idealistische Berkeleys gegen die materialistische von Marx und Lenin.

Tatsächlich spitzt Lenin die Machsche Lehre solipsistisch zu und erweist sie so als Plagiat der Berkeleyschen, womit sie, wegen der theoretischen Verrücktheit, aber auch der religiösen Schlichtheit derselben, widerlegt ist. Mach lehrt, »daß die Welt nur aus Empfindungen besteht« und daß hinter diesen Empfindungen keineswegs noch gewisse Kerne anzunehmen seien, aus denen *unsere* Empfindungen hervorgingen und *uns* beträfen.[9] Berkeley behauptet das mit seiner Formel *esse est percipi* (lat. = Sein ist Empfundenwerden) ebenfalls.[10] Er ist aber noch radikaler oder konsequenter als Mach, wenn er feststellt: Alle Dinge haben keine Existenz, »solange sie nicht wirklich durch mich erkannt sind«.[11] Die Differenz der beiden ist die von *unserer Welt* und *meiner Welt*, also von *wir* und *ich*. Woher weiß Mach von der Vielheit empfindender Wesen, da er doch nur Empfindungen kennt, seine Empfindungen? – Lenin schreibt dazu:

> Mach ersetzt das Wort »meine« unberechtigterweise durch das Wort »unsere«. Er zeigt durch dieses eine Wort schon dieselbe »Halbheit«, derer er die anderen beschuldigt. Denn wenn die »Annahme« der Außenwelt »müßig« ist, wenn die Annahme, daß die Nadel unabhängig von mir existiert und daß zwischen meinem Leib und der Nadelspitze eine Wechselwirkung besteht, wenn diese ganze Annahme wirklich »müßig und überflüssig« ist, so ist auch vor allem die »Annahme« der Existenz anderer Menschen müßig und überflüssig. Nur Ich existiere, alle anderen Menschen sowie die Außenwelt aber fallen unter die Kategorie der müßigen »Kerne«. Von »unseren« Empfindungen darf man von diesem Standpunkt aus nicht sprechen, und wenn Mach doch von ihnen spricht, so bezeugt das nur seine offenkundige Halbheit. Das beweist nur, daß seine Philosophie aus müßigen und leeren Worten besteht, an die selbst ihr Verfasser nicht glaubt.[12]

Was ist das Verrückte an diesem Solipsismus? – Er ist unüberwindlich und absurd. Von sich als Einzigem zu sprechen und dies zudem gegenüber anderen, die solche Worte hören oder lesen, scheint ein Widerspruch in sich.

Ein solcher Widerspruch würde sich allerdings schon abspielen, wenn ich tatsächlich allein auf der Welt wäre oder es nur ein Ich im Raum gäbe, welches sich als objektiv vorkommend denkt. Dieses Ich bliebe ja mit seiner Reflexion in sich und ginge zugleich über sich hinaus. – Hätte es dann überhaupt Reflexion? Nimmt nicht auch ein Plattfisch, der sich für andere Wesen dadurch unsichtbar macht, daß er auf seiner ihm selbst nicht sichtbaren Oberseite das Bild seiner Umgebung annimmt, Rücksicht auf sich durch die möglichen Augen der anderen? Seine Mimikry wäre eine Art objektiver visueller Reflexion. Der Solipsist ist zunächst auch nur sein eigener gedanklicher Doppelgänger. Er ist mit sich allein. Aber hält er das ohne halluzinative Verdopplung aus?

Die solipsistische Verrücktheit steigert sich durch Einführung der Negation, wenn der Einzige denkt, wie es ist, nicht oder tot zu sein. Hierbei ist das Nichtsein der Welt samt aller anderen Wesen komischerweise seine Sache. Gibt es seine Augen nicht mehr, ist die Welt weder hell noch dunkel. Denn ohne sein Bewußtsein verschwindet sie ins reine Sein, das ebenso Nichts ist.

Das Verrückte ist der Tod selbst, wenn er ins Bewußtsein kommt. Er ist der eigentliche Einwand gegen Realismus und Materialismus. Allerdings nur mein eigener Tod. Denn so wie mein Tod das Reale dementiert, so wird es vom Tod des anderen bestätigt. Klarheit bestünde erst, wenn ich auch ein anderer wäre. In der Differenz zwischen Ich und Anderer, und das heißt: In der Reflexion auf mich als Vorkommnis in der Welt liegt die unüberwindliche Schwierigkeit.

Wird der Tod als die eigentliche Verrücktheit ausgeblendet, so bleibt vom Solipsismus nur der offenbare Unsinn und vom Machismus die von Lenin aufgedeckte Halbheit oder Widersprüchlichkeit. Es kommt zu den gleichlautenden unsinnigen Behauptungen Schopenhauers, Machs oder der neueren Kognitionsbiologie, daß unser Gehirn es sei, dessen Empfindungen die Welt konstruieren, also damit auch das Gehirn selbst. Lenin schreibt:

Nachstehend ein besonders anschauliches Beispiel der Halbheit und Konfusion bei Mach. In derselben »Analyse der Empfindungen« lesen wir in 6 des XI. Kapitels: »Ich denke mir, daß, während ich empfinde, ich selbst oder ein anderer mein Gehirn mit allen physikalischen und chemischen Mitteln beobachten könnte, so würde es möglich sein, zu ermitteln, an welche Vorgänge des Organismus Empfindungen von bestimmter Art gebunden sind...«
Ausgezeichnet! Also sind unsere Empfindungen an bestimmte Vorgänge im Organismus überhaupt und in unserem Ge-

hirn insbesondere gebunden? Ja, Mach macht diese »Annahme« ganz unzweideutig – es wäre recht schwierig, dies vom Standpunkt der Naturwissenschaft aus nicht zu tun. Aber mit Verlaub, das ist doch dieselbe »Annahme« eben jener »Kerne sowie einer Wechselwirkung derselben«, die unser Philosoph für überflüssig und müßig erklärt hat! Die Körper, sagt man uns, seien Empfindungskomplexe; darüber hinauszugehen, versichert uns Mach, die Empfindungen für das Resultat der Wirkung der Körper auf unsere Sinnesorgane zu halten, sei Metaphysik, eine müßige, überflüssige Annahme usw. – ganz nach Berkeley. Das Gehirn ist aber ein Körper. Also ist das Gehirn auch nicht mehr als ein Empfindungskomplex. So ergibt sich, daß ich (*ich* bin aber auch nichts anderes als ein Empfindungskomplex) mittels eines Empfindungskomplexes andere Empfindungskomplexe empfinde. Eine entzückende Philosophie! Zuerst erklärt man die Empfindungen für »eigentliche Elemente der Welt« und baut darauf einen »originellen« Berkeleyanismus auf, dann aber schmuggelt man heimlich die entgegengesetzten Ansichten ein, daß die Empfindungen an bestimmte Vorgänge im Organismus gebunden sind. Stehen aber diese »Vorgänge« nicht in Beziehung zum Stoffwechsel zwischen den »Organismen« und der Außenwelt? Könnte dieser Stoffwechsel stattfinden, wenn die Empfindungen des gegebenen Organismus diesem keine objektiv richtige Vorstellung von dieser Außenwelt gäben? Mach stellt sich keine so unbequemen Fragen. Er verbindet mechanisch Bruchstücke des Berkeleyanismus mit den Auffassungen der Naturwissenschaft, die spontan auf dem Standpunkt der materialistischen Erkenntnistheorie steht.[13]

Natürlich hat Lenin recht, obwohl er nicht versteht, was er doch verstehen wollte: warum immer wieder Leute wie Mach und dann Marxisten über das taumelnde Spinett stolpern. Er hat den Grund für die Verrücktheit des Denkinstruments nicht verstanden. Mach sei über metaphysische, das heißt antidialektische Ansichten »gestolpert«, meint er.[14] Er sieht das in Machs Bemerkung[15] bestätigt, daß es keine Schwierigkeit mache, Physisches aus psychischen Elementen aufzubauen, wohl aber umgekehrt, Psychisches mit physikalischen Begriffen darzustellen.

Die Engels'sche Dialektik hätte Mach helfen können, denkt Lenin.

Wenn ihm, dem Physiker Mach, Physisches ebenso evident gewesen wäre wie Psychisches! Aber das war es nicht. Machs Halbheiten und Konfusionen haben einen persönlichen Grund; sie beruhen auf einer Ausnahmeerfahrung, die dem Todesparadox entspricht. Mit Hermann Schmitz nenne ich sie »Mach-Erfahrung«.[16] Mach hat sie in der »Analyse der Empfindungen« beschrieben, und Lenin wollte sie wohl übersehen. Mach schreibt:

> Ich habe es immer als besonderes Glück empfunden, daß mir sehr früh (in einem Alter von 15 Jahren etwa) in der Bibliothek meines Vaters *Kants* »Prolegomena zu einer jeden künftigen Metaphysik« in die Hand fielen. Diese Schrift hat damals einen unauslöschlichen Eindruck auf mich gemacht, den ich in gleicher Weise bei späterer Lektüre nie mehr gefühlt habe. Etwa 2 oder 3 Jahre später empfand ich plötzlich die müßige Rolle, welche das »Ding an sich« spielt. An einem heiteren Sommertag im Freien erschien mir mit einmal die Welt samt meinem Ich als *eine* zusammenhängende Masse von Empfindungen, nur im Ich stärker zusammenhängend. Obgleich die eigentliche Reflexion sich erst später hinzugesellte, so ist doch dieser Moment für meine ganze Anschauung bestimmend geworden. Übrigens habe ich noch einen langen Kampf gekämpft, bevor ich imstande war, die gewonnene Ansicht auch in meinem Spezialgebiete festzuhalten. Man nimmt mit dem Wertvollen der physikalischen Lehren notwendig eine bedeutende Dosis falscher Metaphysik auf, welche von dem, was beibehalten werden muß, recht schwer losgeht, gerade dann, wenn diese Lehren geläufig geworden. Auch die überkommenen instinktiven Auffassungen traten zeitweilig mit großer Gewalt hervor und stellten sich hemmend in den Weg. Erst durch die abwechselnde Beschäftigung mit Physik und Physiologie der Sinne sowie durch historisch-physikalische Studien habe ich (...) in meinen Ansichten eine größere Festigkeit gewonnen.[17]

Daß die Welt insgesamt meine Vorstellung ist, diese Einsicht war der entscheidende Beitrag Kants zu Machs Weltan-

Ernst Mach:
Blick aus dem linken Auge heraus
auf sich selbst.

schauung. Die Einsicht bedeutet: Ohne mich ist nichts. Aber gehöre ich nicht selbst zur Welt? Stellt diese also nicht sich selbst vor, so daß man das Ich als ein Gegenüber der Welt streichen müßte? – Diese Möglichkeit hat Mach erfahren, als an jenem Sommertag die Welt mit seinem Ich verschmolzen schien. Ohne das abgehobene, sich selbst mitvorstellende Ich bedarf es auch des Begriffs der Dinge-an-sich oder des der Dinge-ohne-Ich nicht. Welt *ist*, erfährt Mach, nichts als Empfindung, eine einzige Masse von Empfindungen.

Auch Machs berühmte Zeichnung des Blicks aus seinem linken Auge heraus auf sich selbst sollte die Nichtigkeit des Ichs demonstrieren.[18] Aber sie zeigt ebenso das Ichhafte der ganzen Welt.

Ludwig Wittgenstein, indem er sich – wie auf Machs Zeichnung – als »kleiner Mann mit grauer Flanellhose« »am Ursprung des *Gesichtsfeldes*« entdeckte,[19] rief angesichts dieser schwindelerregenden Paradoxie des Ich, das zugleich alles ist und nichts, aus:

Doch was ich jetzt sehe – dieser Anblick meines Zimmers –, spielt eine einzigartige Rolle, es ist die visuelle Welt![20] »Ich bin doch bevorzugt. Ich bin der Mittelpunkt der Welt.«[21]

Wie ist die Paradoxie auszuhalten? – Der »Mach-Erfahrung« entspricht bei Wittgenstein das Mystische: »Die Anschauung der Welt sub specie aeterni«. *Daß* die Welt ist, sei für ihn das Mystische, erklärt er.[22] Das Ziel seiner Philosophie ist es, vom Solipsismus loszukommen, also von Diderots taumelndem Spinett und dem Schwindel der Paradoxie des Bewußtseins als Gehirnvorgang.[23] Für dieses Ziel hatte Wittgenstein das Gleichnis von der flatternden Fliege im »Fliegenglas«.

(Der Solipsist flattert und flattert in der Fliegenglocke, stößt sich an den Wänden, flattert weiter. Wie ist er zur Ruhe zu bringen?)[24]
Was ist dein Ziel in der Philosophie? – Der Fliege den Ausweg aus dem Fliegenglas zeigen.[25]

In der mystischen Erfahrung der Welt oder im zeitenthobenen Augenblick der »Mach-Erfahrung« ist der Solipsist erlöst, denn sowohl das Ich als auch die Gegenständlichkeit sind entweder getilgt oder miteinander verschmolzen. Mach konnte deshalb darin sowohl den Realismus als auch den Idealismus bestätigt finden. Denn einerseits löst sich das Ich in Empfindungen auf. »Das Ich ist unrettbar«, schreibt er triumphierend.[26] Und andererseits ist die Rolle der Dinge-an-sich, welche – wie bei Kant – die Empfindungen stützen sollen, müßig. Alles ist *nur* Vorstellung, Empfindung, Erscheinung! Insgesamt bedeutet das einen Idealismus ohne Ich und einen Realismus ohne Ansichsein. Eben das hat Lenin als Machs Halbheit und Widersprüchlichkeit moniert. Aber Mach hat schließlich an einem heiteren Sommertag im Freien die Extreme in ihrer Verbindung erfahren, als Einheit und Ganzheit.

Wie konnte eine solche Ausnahmeerfahrung für Mach so bestimmend sein, daß er sogar seine naturwissenschaftlichen Ansichten auf sie zuschnitt? – Wieso nicht? Bei welchem bedeutenden oder, wie man sagt: großen Philosophen gäbe es nicht als Grund oder Abgrund seiner Lehre eine solche ekstatische Erfahrung? Kommt seine Bedeutung oder Größe nicht letztlich daher? – Michel Onfray nennt die prägende ekstatische Erfahrung großer Philosophen den »existentiellen Hapax« (nach dem lateinischen Wort für einmalig), hinter dem er als hedonistischer, das heißt lustversessener Materialist einen exzentrischen Körper vermutet, »ein Fleisch, das deliriert«.[27] – Machs und Wittgensteins Grunderfahrung, so scheint mir, war das Erstaunen zu sein oder die Verwunderung über das abgründig Einfachste: »daß es ist«.

Diese Erfahrung und eben diese Worte »daß es ist« standen am Anfang der abendländischen Philosophie – bei Parmenides! Das hat Hermann Schmitz gezeigt, indem er das berühmte Lehrgedicht des Parmenides neu übersetzte und deutete. Es erweist sich als die Beschreibung und Verarbeitung einer »Mach-Erfahrung«.[28]

In diesem Gedicht[29] zeigt eine Göttin einem wissenden Mann den Weg: Sie initiiert ihn (s. auch Kapitel »Die Schlupflöcher des Realen«, S. 212) und gibt ihm Anweisungen für sein weiteres Leben. Der Text ist als sprachliche Fassung sprachloser Erfahrung schon der Ausweg aus der Ausnahmesituation, welche als Himmelfahrt dargestellt wird. Der Ausweg macht den Übergang in die Alltagsrealität des nun initiierten Mannes möglich. Er hat die »Überrealität« erfahren, die ihm im alltäglich Realen Orientierung bietet.

Die entscheidenden Worte der Göttin lauten: »daß (es) ist *(hos estin)*« und »daß (es) nicht ist *(hos ouk estin)*«. Es sind nicht einmal ganze Sätze, vielmehr stammelnde Verlautbarungen. Das Subjekt »es« muß ergänzt werden. Sie bilden den Höhepunkt des Gedichtes, das mit einer prunkvollen Schilderung einer Auffahrt des Denkers zum Licht durch das Tor von Tag und Nacht auf einem Wege fern der Pfade der Menschen beginnt und dann wie folgt (mit einigen Auslassungen und hier meistenteils in Schmitz' Übersetzung) weitergeht:[30]

> Du mußt aber alles erfahren, sowohl der wohlgerundeten Wahrheit *(aletheia)* zitterfreies Herz als auch die für die Sterblichen *(brotoi)* vorhandenen Anscheine, denen keine wahre Überzeugung *(pistis)* innewohnt. (Fr.1)

Wohlan, ich will sagen, und du nimm die Rede an dich, wenn du gehört hast: welche Wege der Forschung als einzige zu denken sind. Der eine, daß (es) ist *(hopos estin)*, und auch daß nicht ist Nichtsein *(ouk esti me einai)*, ist der Weg der Überzeugung *(peithos keleuthos)*, denn Wahrheit *(aletheia)* ist in ihm. Der andere, daß (es) nicht ist *(hos ouk estin)*, und auch daß nötig ist Nichtsein *(hos chreon esti me einai)*, diesen zeige ich dir als Pfad ganz ohne Kunde *(panapeuthes atarpos)*; denn das Nichtseiende, das ja nicht ausführbar ist, kannst du weder kennen noch aufzeigen. (Fr. 2)

Denn dasselbe ist zu denken und zu sein *(to gar auto noein estin te kai einai)*. (Fr. 3)

Erforderlich ist es zu sagen und zu denken, daß Seiendes ist *(eon emmenai)*. Es kommt nämlich in Betracht zu sein *(esti gar einai)*. Ein Nichts dagegen nicht *(meden d'ouk estin)*, das, sage ich, sollst du dir klarmachen. An erster Stelle halte dich von diesem Weg der Forschung ab. Sodann aber von dem, den nun einmal Sterbliche *(brotoi)*, die nichts wissen, sich zurechtmachen. Diese Doppelköpfigen *(dikranoi)*! Ohnmacht *(amechania)* lenkt in ihrer Brust den schwankenden Verstand *(noos)*. Und sie treiben dahin so taub als blind, blöde Stutzende, unentschiedene Haufen, denen dieses, sich zu regen *(to pelein)* und nicht zu sein *(te kai ouk einai)*, als dasselbe gilt und nicht als dasselbe. Ihrer aller *(panton)* Kurs *(keleuthos)* ist ein sich zum Gegenteil wendender *(palintropos)*. (Fr. 6)

Denn niemals wird man das erzwingen: daß Nichtseiende sind. Den Gedanken halte ab von diesem Weg des Suchens. Laß dich nicht von der erfahrungsreichen Gewohnheit auf diesen Weg zwingen, um da das Auge ohne Blickziel spielen zu lassen und das dröhnende Gehör und die Zunge. Sondern beurteile auf Grund meines Vortrags *(krinai de logoi)* das von mir genannte vielumstrittene (Gegen-)Argument *(elegchos)*. (Fr. 7)

So bleibt nur noch die Rede von dem Weg übrig, daß (es) ist. Er gibt zu erkennen, daß das Sein *(eon)* ungeboren ist und unvergänglich, ganz und einheitlich, taumelfrei und vollendet. (...) Darum ist es als Ganzes zusammenhängend: Seiendes stößt an Seiendes. (...) Es ist vollkommen von allen Seiten her, gleich einer Kugelmasse. (...)

Entschieden ist nun, wie es notwendigerweise ist: daß man den einen Weg liegenlassen muß als undenkbar, unnennbar. Denn er ist nicht der wahre Weg. Daß aber derjenige, wonach (es) ist *(hoste pelein)*, der richtige sei. (Fr.8)

Die Botschaft der Göttin zum Thema Sein oder Nichtsein, Tod und Leben oder Sein und Weitersein nach dem Tode entspricht der Machschen Seinserfahrung, dem Erlebnis der auflösenden Einbindung des Ich ins All. Schmitz kennzeichnet diese »Mach-Erfahrung« als die Erfahrung der »Ausfüllung unserer Existenz durch das Gefühl gesammelten Seins«.[31] Das Sein wird als ein zusammenhängendes Ganzes (von Parmenides verglichen mit einer Kugelmasse) erlebt, in das das Bemerken *(noein)* oder Machs Ich eingeschmolzen sind. Die Botschaft im Gewande der Logik lautet: »Sein ist, Nichtsein ist nicht«. Oder deutlicher:

Fürchtet euch nicht, denn das, wovor ihr euch fürchtet, ist ein nichtiges Nichts.[32]

Diese Botschaft beschwichtigt eine existentielle Irritation des Menschen durch Vermischung von Sein und Nichtsein im Gedanken des Todes.

Bei Parmenides ging die Reise des Initianden durch das Tor von Tag und Nacht. Durch dasselbe Tor, so mag man es sich ausdenken, geht man im Tode – damals wie heute. Hier ist auch die Grenze des Denkens. Kaum daß man sie berührt, muß man sie schon fallen lassen. Der adäquate Begriff des Todes würde mit seiner Faktizität zusammenfallen, das heißt: ihn zu denken, bedeutet zu sterben, aber ebenso auch, ihn nicht zu denken und dafür, ihn zu sein. Clément Rosset schreibt:

(es) definiert sich der Tod gerade durch den Augenblick, in dem einem eben nicht mehr genug Zeit bleibt, um an irgend etwas zu denken, sogar nicht einmal an den eigenen Tod (...). So ist auch der Tod einer jener Augenblicke, in denen das Reale und seine Repräsentation koinzidieren: das »ich sterbe« und das »ich merke, daß ich sterbe« sind ein und dieselbe Sache, und gerade an dieser tödlichen Identität geht man zugrunde.[33]

Den Tod zu denken, ist das Äußerste und Schwerste – zu Lebzeiten. Ernst Meister spricht davon in einem seiner letzten Gedichte:

WEDER TAG NOCH NACHT,
weder Stein noch Stern...
Das Äußerste und
das Schwerste ist,
Nicht-da-sein
denken zu müssen.
Wie soll ein Bewußtsein
zu sterben lernen,
sich schicken in seinen
Gegensatz?[34]

Die Heilserfahrung bei Parmenides und Mach ist eine Art Todeserfahrung, ein Tod im Leben. Denn das vorstellende und empfindende Ich wird zugunsten des Vorgestellten und Empfundenen getilgt. Solch absoluter Realismus ist verkappter Idealismus: Empfindungsrealismus. Umgekehrt ist der absolute Idealismus ein verkappter Realismus: Seinserfahrung als Icherfahrung.

Deshalb konnte auch Fichte, der doch zunächst alles auf das Ich gesetzt hatte, zu Parmenides zurückkehren. Aufgabe seiner Philosophie war, die erlebte Rettung des Lebens vor dem Tod zu formulieren. Fichte schreibt über sein Unternehmen:

Hebt denn nun dein System mit Negation und mit Tod an? Keineswegs, sondern es verfolgt gerade den Tod bis in seine letzte Verschanzung, um zum Leben zu kommen, und dies liegt im *Lichte*, welches Eins ist mit der Realität.[35]
So wie Sein und Leben Eins ist und dasselbe, ebenso ist Tod und Nichtsein Eins und dasselbe. Einen reinen Tod aber und reines Nichtsein gibt es nicht, wie schon oben erinnert worden. Wohl aber gibt es einen *Schein*, und dieser ist die *Mischung* des Lebens und des Todes, des Seins und des Nichtseins. Es folgt daraus, daß der Schein, in Rücksicht desjenigen in ihm, was ihn zum Scheine macht und was in ihm dem wahrhaftigen Sein und Leben entgegengesetzt ist, Tod ist und Nichtsein.[36]

Das wahrhaftige Leben lebet in dem Unveränderlichen; es ist daher weder eines Abbruches, noch eines Zuwachses fähig, ebensowenig als das Unveränderliche selber, in welchem es lebt, eines solchen Abbruches oder Zuwachses fähig ist. Es ist in jedem Augenblicke *ganz* – das höchste Leben, welches überhaupt möglich ist – und bleibet notwendig in alle Ewigkeit, was in jedem Augenblicke ist.[37]

Solche Versicherungen wirken leer, borniert und wie bloßer Schwindel, bedenkt man nicht die dahinterstehende Erfahrung, etwa die Machsche Trance beim Blick in den Himmel. Die Texte von Fichte, Mach oder Parmenides sind Versuche, solche hypnotischen oder ekstatischen Erfahrungen, welche die Alltagsrealität transzendieren, zu bewältigen. Zugleich gilt das Umgekehrte: Erst vor dem Hintergrund dieser Transzendenz läßt sich die Realität bewältigen, läßt sie sich aushalten, sonst muß man ja annehmen, durch den Tod, mit dem das Reale permanent droht, aussichtslos getilgt zu werden. Die Ausnahmeerfahrungen sind nicht nur Einbrüche des Übersinnlichen ins Reale, sondern auch aussichtsreiche »Schlupflöcher« aus diesem hinaus (s. auch Kapitel »Die Schlupflöcher des Realen«, S. 212). Mach ist durch seine mystische Erfahrung davon abgehalten worden, die für den Physikalismus typische »falsche Metaphysik«,[38] den reflexionslosen oder »idiotischen«[39] Objektivismus, wie Lenin ihn will, zu übernehmen. So kam es zu jener Mischung von Empirismus und Transzendentalphilosophie, zum sogenannten Empiriokritizismus, den Lenin trotz seiner denkerischen Anstrengung nicht durchschaute. Lenin insistierte auf einem logischen Defekt bei Mach und den Machisten. Parmenides' Philosophie hat mit ihrer anscheinend logischen Entscheidung »Sein ist, Nichtsein ist nicht« vielleicht doch zu gut gewirkt,[40] so daß man als vernünftiger, aufgeklärter Mensch, wie Lenin, nichts anderes als objektives Sein oder idiotisch Reales mehr denken will. Mich selbst gibt es dann eigentlich gar nicht, und erst recht nicht die letzten Dinge.

Zum Lachen
und
Weinen

Vielleicht haben wir nur deshalb Sinn für Witze, weil die letzten Dinge oder die tiefsten Probleme des Lebens auf Paradoxien hinauslaufen und uns damit Anlaß zum Lachen verschaffen. So schreibt Schopenhauer:

> (...) der Ursprung des Lächerlichen (ist) allemal die paradoxe und daher unerwartete Subsumtion eines Gegenstandes unter einen ihm übrigens heterogenen Begriff und bezeichnet demgemäß das Phänomen des Lachens allemal die plötzliche Wahrnehmung der Inkongruenz zwischen einem solchen Begriff und dem durch denselben gedachten realen Gegenstand, also zwischen dem Abstrakten und dem Anschaulichen.[1]

Womöglich lachen wir also über dies und das, weil das Leben insgesamt nicht auf den Begriff zu bringen ist, wir aber doch nicht umhin kommen, eben dieses ständig zu versuchen; so daß die Reflexion auf den Sinn des Lebens und all unserer Aktionen nicht anders als durch den Witz der eigenen Lächerlichkeit entgehen kann. Wie kann es dann überhaupt noch unwitzige Philosophie geben, sofern sie doch das Leben systematisch zu begreifen versucht? Pascal schreibt wohl deshalb in seinen »Pensées«, daß das wahrhafte Philosophieren darin bestehe, sich über die Philosophie lustig zu machen (= moquer).[2]

Indem Schopenhauer es unternahm, sein Leben als ein Nachdenken über dasselbe zuzubringen,[3] machte er es insgesamt zu einem Witz. Denn was ist einander fremder als Leben und Denken, und was inniger miteinander verbunden?

Die paradoxe Einheit von Leben und Denken bildet den Grund der meisten Witze über die Philosophie und die Philosophen, wobei meist die Frauen oder die Sexualität als Anwälte des Lebens eingesetzt werden. Der Philosoph scheint das Denken mit dem Leben zu verwechseln. – Weil er, wie Descartes'

Freund Heins Erscheinungen
in Holbeins Manier.
Kupferstich von Johann Rudolf Schellenberg.

Satz »Ich denke, also bin ich«[4] es ausdrückt, das Denken
braucht, um festzustellen, daß er lebt?

Mit dem Ernst der Fragen nach Ich und Welt, nach Tod
und Auferstehung kontrastiert die lustige Rede über diese Fragen. Wenn man schon nicht anders als paradox darüber reden
kann, dann wenigstens zugespitzt zum Wortwitz. Das Scheitern
beim Begreifen des Unbegreiflichen wird zum Aufschwung genutzt, zum Triumph der Anschauung über den Begriff im Witz,
dessen Resultat das Lachen ist. Lachend protestieren wir mit

unserem Lebensgefühl gegen die Lähmung des Lebens durchs Denken, durchs philosophische Denken. Denn nicht nur, daß die Philosophen mit den letzten Dingen nicht zurechtkommen, sie machen auch noch aus der Not der theoretischen Philosophie die Tugend der praktischen, indem sie ihren tautologischen und paradoxen Formeln für das Ich, das Nichts und die Welt-an-sich einen moralischen Sinn geben. Aus der logischen Auswegslosigkeit wird der moralische Ausweg aus dem unverständlichen sinnlichen Leben ins Übersinnliche, ins vernünftige Jenseits oder ins moralische Reich der Zwecke. So geschieht es bei Kant durch den zirkulären kategorischen Imperativ, wonach man nichts als die Allgemeingültigkeit des Wollens wollen soll, egal, was man sonst noch dabei mit seinem Handeln anstellt. So macht es auch Fichte, für den das groß geschriebene transzendentale »Ich« die moralische Verpflichtung zur Vernichtung des klein geschriebenen empirischen ›ich‹ bedeutet. Nach dem Vorbild beider erklärt schließlich Weininger das »Ich=ich« zur moralischen Formel, gemäß der man nicht leben, allenfalls sterben kann. (Er nahm sich 1903, drei Monate nach der Publikation seines Buches »Geschlecht und Charakter – eine prinzipielle Untersuchung«, mit dreiundzwanzig Jahren im Sterbehaus Beethovens durch einen Schuß ins Herz das Leben.) Einzig Stirner hat gesehen, daß das große ›Ich‹ ein Witz ist, und sich aufs kleine ›ich‹ zurückgezogen.[5]

Probleme sind in gewisser Weise schon dadurch gelöst, daß man sie nicht hat. So auch bei den letzten Dingen. Wittgenstein, der als Fünfzehnjähriger tiefbetroffen bei der Beerdigung Weiningers zugegen war, meint, »die Lösung des Problems des Lebens merkt man am Verschwinden dieses Problems«.[6]

Hat man Probleme mit den letzten Dingen, ist man wohl selber schuld: Warum macht man sich auch diese Probleme? Kann man nicht anders? Und ist das dann tragisch oder komisch? – Wie war es denn bei Diderots »taumelnde(m) Spinett, das dachte, es sei das einzige, so auf der Welt vorhanden sei«?[7] Hat es sich nicht selbst ein Beinchen gestellt? Und Wittgensteins »Fliege« im »Fliegenglas«?[8] Sitzt sie nicht bei sich selbst in der Falle? Die vermeintliche »Immanenz der Transzendenz«, ist sie vielleicht nur ein logischer Fehltritt, verständlich zwar, aber nicht weiter tragisch? Oder gehört der Betroffene zunächst einmal in die Psychiatrie?

Letzteres meint Franz Rosenzweig in seinem 1964 erschienenen »Büchlein vom gesunden und kranken Menschenverstand«. Allerdings schickt er den bald Geheilten zur dauernden Nachbehandlung in die Kirche beziehungsweise Synagoge. Er will die schreckliche Philosophie durch Gottvertrauen verhindern,[9] um das Leben vor dem Denken zu retten, vor einem Denken, dessen Prinzip die Verleugnung des Todes und der Realität überhaupt zugunsten des Seins der Ideen beziehungsweise des Denkens selbst ist.

»Vom Tode, von der Furcht des Todes, hebt alles Erkennen des All an«,[10] schreibt er 1921 in seinem Buch »Der Stern der Erlösung« unter dem Eindruck des Ersten Weltkrieges »in philosophos!«, also gegen die Philosophen, die – wie Parmenides – den Tod zum Nichts erklären.

Indem aber die Philosophie die dunkle Voraussetzung alles Lebens leugnet, indem sie nämlich den Tod nicht für Etwas gelten läßt, sondern ihn zum Nichts macht, erregt sie für sich selbst den Schein der Voraussetzungslosigkeit. Denn nun hat alles Erkennen des All zu seiner Voraussetzung – nichts.[11]

Warum diese Verleugnung des Todes zugunsten des Seins des Denkens im Sinne der parmenideischen Formel »Dasselbe ist zu denken und zu sein«? – Mit Platon und Aristoteles ist es das fragende Staunen, was den Menschen zur Philosophie treibt,[12] das Staunen darüber, daß etwas ist und nicht nichts, oder, transzendentalphilosophisch gewendet: daß man selbst ist und daß nicht vielmehr statt seiner selbst nichts ist. Doch nun, meint Rosenzweig, käme es darauf an, nicht vor Staunen stillzustehen und nachzudenken, sondern weiterzuleben, abzuwarten und das Problem der Existenz dadurch zu lösen, daß man es verschwinden läßt. Denn so würde es mit Erfolg die »unphilosophische Hälfte der Menschheit« machen. Wer es dennoch unternimmt, stillzustehen und nachzudenken, erklärt Rosenzweig, der erkrankt unweigerlich aufgrund der »Umkehrung der normalen Lebensfunktionen«.

Rosenzweig nennt diese Krankheit den philosophischen Schlaganfall: »Apoplexia philosophica«.[13] Damit wird es paradox und witzig. Denn schließlich bedient sich Rosenzweig selbst der tödlichen Krankheit, wenn er fragt, was Philosophie eigentlich ist. Diesen Witz, wonach die Erörterung der Frage, ob man überhaupt philosophieren solle oder ob man eine philosophische Theorie aufgeben müsse, schon Philosophieren bedeutet, hat schon Aristoteles gesehen. Er schreibt:

> Ob man philosophieren muß und ob man nicht philosophieren muß, philosophieren muß man in jedem Falle.[14]

Der gesunde Mensch staunt zum Beispiel über die Sexualität und das Älterwerden. Denken hilft da wenig, meint Rosenzweig. Die natürlichen Lösungen dieser Probleme kämen von selbst: durch die Liebe und den Tod. Der Philosoph respektiert das anscheinend nicht.

> Der Philosoph kann es nicht erwarten. Sein Staunen ist kein andres als das Staunen des gemeinen Menschen. Aber nun läßt er's nicht zu der Lösung der Starrheit kommen, die das Leben bringen wird. Es dauert ihm zu lange. Er will die Lösung heute, am Tag, wo ihm die Erstarrung geschehen ist, und er will sie hier, am Ort, wo er steht. Er bleibt bei seinem Stillstand stehen. Er schaltet diesen seinen Stillstand, dieses Ereignis seines Staunens aus dem weiterfließenden Fluß seines Lebens aus. Er denkt nach. Und da der natürliche Löser aller Stauungen, alles aufgestauten Staunens, den Fortfluß des Lebens seitab geleitet hat, da er, statt weiter zu denken – was man nur kann, wenn man weiter lebt – anfängt »nach« zu denken. So bleibt ihm nun nichts andres übrig als – an der Stelle, wo er steht – sich einzubohren in das »Problem«, in den aus dem Fluß des Lebens herausgenommenen »Vorwurf« und »Gegenstand« des Denkens. Das staunende Stillestehen verewigt sich ihm in seinem ebenfalls stillestehenden Spiegelbild: dem »Gegenstand«.[15]

Der eigentliche philosophische Gegenstand, so läßt es sich der Rede Rosenzweigs entnehmen, ist des Philosophen eigener Doppelgänger, sein Spiegelbild, sein Ich. Insofern hat Weininger den von Rosenzweig so witzig portraitierten Philosophen in Reinkultur dargestellt. Weiningers Gegenstand ist ja ausdrücklich das »Ich« und seine eigene Identifikation damit. Den Anfang der Philosophie, das Staunen, bezeichnet Weininger als »das Ich-Ereignis«.[16] Es bedeutet, staunend nicht *nicht* zu sein.

> Vom Ich-Ereignis an gerechnet wird der bedeutende Mensch im allgemeinen – Unterbrechungen, vom fürchterlichsten der Gefühle, vom Gefühle des *Gestorbenseins*, ausgefüllt, mögen wohl häufig vorkommen – mit *Seele* leben.[17]

Mit diesem ›Ich‹ war es Weininger so ernst, daß es ihn das Leben kostete. Ihm war der Humor, wie ihn später Rosenzweig gegen die philosophische Krankheit ausspielte, verdächtig. Die Anwaltschaft fürs Empirische oder Reale hat bei diesem Humor, so sieht es Weininger, keinen höheren Zweck. Dieser müßte nämlich die Diskriminierung des simplen Realen, dessen man sich humorvoll annimmt, sein. Nur die Abwertung des Empirischen ist nach Weininger der Sinn des richtigen Humors. Er akzeptiert ihn nur da, wo das Sinnliche und Wirkliche lächerlich gemacht wird zugunsten des Übersinnlichen. Er schreibt:

> Ich weiß wohl, ein wie schwieriges Problem das Lachen und der Humor ist; so schwierig wie alles, was nur menschlich und nicht auch tierisch ist, so schwierig, daß *Schopenhauer* gar nichts Rechtes, und selbst *Jean Paul* nichts ganz Befriedigendes über den Gegenstand zu sagen weiß. Im Humor liegt zunächst vielerlei: für manche Menschen scheint er eine feinere Form des Mitleids mit anderen oder mit sich selbst zu bedeuten; aber damit ist nichts ausgesprochen, was gerade für den Humor ausschließlich charakteristisch wäre. In ihm mag bewußtes »Pathos der Distanz« zum Ausdruck kommen – beim gänzlich unpathetischen Menschen; aber auch hiemit ist nichts gerade für ihn Entscheidendes gewonnen.
> Das Wesentliche im Humor scheint mir eine *übermäßige Betonung des Empirischen*, um dessen *Unwichtigkeit* eben hiedurch klarer darzustellen. Lächerlich ist im Grunde alles, was verwirklicht ist; und hierauf gründet sich der Humor, so ist er das Widerspiel der Erotik. Will diese aus dem Begrenzten ins Unbegrenzte, so läßt der Humor auf das Begrenzte sich nie-

der, schiebt es allein in den Vordergrund der Bühne, und stellt es bloß, indem er es von allen Seiten betrachtet. Nur der Humorist hat den Sinn für das Kleine und den Zug zum Kleinen; sein Reich ist weder Meer noch Gebirge, sein Gebiet ist das Flachland. Darum sucht er mit Vorliebe das Idyll auf und vertieft sich in jedes *Einzelding*: aber immer nur, um sein *Mißverhältnis* zum *Ding an sich* zu enthüllen. *Er blamiert die Immanenz, indem er sie von der Transzendenz völlig loslöst, ja nicht einmal den Namen der letzteren mehr nennt.*[18]

Dieser Humor der Lächerlichkeit des Realen, den Weininger übrigens mit der Realitätsfreundlichkeit des Jüdischen und des Weiblichen unvereinbar findet, kommt von oben, »vom Übersinnlichen« (Weininger 1903, 428) her. Auch Rosenzweig kann sich seinen das Reale gegen das Denken verteidigenden Humor nur leisten, weil er noch seine Religion im Hintergrund hat, die er den am Denken Erkrankten zur ernsthaften Kur empfiehlt.

Aber das Lachen selbst kommt doch wohl von unten herauf, aus dem Bauch! Der Humor des Clowns zum Beispiel ist meist Widerstand des Unteren gegen das Obere, gegen das Denken, die Werte, die Normen, gegen den Anspruch des Übersinnlichen auf das Leben.[19] Das moralisierende Lächerlichmachen des Realen, das Weininger als Humor sich vorstellt, wird hier mit dem Auslachen von unten konfrontiert. – Humor von unten und eine entsprechende Lachkultur gab es zum Beispiel im europäischen Mittelalter.

> Das Lachen spart das Hohe nicht nur nicht aus – es richtet sich sogar vornehmlich auf dies Hohe. Es richtet sich überdies nicht auf Teile und Details, sondern auf das Ganze, das Allumfassende. Das Lachen baut sich gleichsam seine Gegenwelt gegen die offizielle Welt, seine Gegenkirche gegen die offizielle Kirche. (...)
> Der mittelalterliche Mensch empfand im Lachen besonders scharf den Sieg über die Furcht (...) vor allem Geheiligten und Verbotenem, (...) vor Tod und Vergeltung im Jenseits.[20]

Auf literarischer Ebene und als subjektiv-individuelles Empfinden gab es zu Beginn der deutschen Romantik etwas Ähnliches. Man lachte über das groß geschriebene »Ich« Kants und Fichtes und verspottete ihre Philosophie als »Zerologie«[21] und Gespensterfängerei. Protagonisten dieser Lachkultur waren Hamann, Herder, Jean Paul, E.T.A. Hoffmann und E.A.F. Klingemann, der Autor der »Nachtwachen. Von Bonaventura«. In diesem 1804 anonym, gleichsam ich-los erschienenen Buch wird das Possenspiel des ›Ich-ich‹ lachhaft bis zum Weinen. Dort stirbt nämlich (in der 15. Nachtwache) der Spaßmacher vor Lachen. »Es ist das Nichts dieses ›Ich‹, das im Gelächter widerhallt«.[22] Das Ich ist nichts. Und der Tod ist das Ende eines Witzes: Es war nichts.

Indessen das Ich-Gelächter anhielt, machte Fichte trotzdem mit seiner Deduktion der Welt als einer vom Ich gesetzten Voraussetzung weiter, auf daß dieses Ich – durch Sich-Abstoßen von seiner Voraussetzung! – sich als absolut und unsterblich erweise. Er wurde allerdings der Widerlegung seiner Gegner, die ihn durch bloßes Zitieren schon lächerlich gemacht und also widerlegt zu haben glaubten, derart überdrüssig, daß er genau dasselbe mit ihnen unternahm und sich wie folgt über sie lustig machte:

> Ich sage ihnen: hier habe ich *a priori* die Notwendigkeit deduziert, noch andere vernünftige Wesen unseres Gleichen anzunehmen. Sie antworten mir: »da haben Sie ja *a priori* die Notwendigkeit deduziert, noch andere vernünftige Wesen unseres Gleichen anzunehmen; bedenken Sie nur! ha ha ha!« Ich sage ihnen: hier habe ich Luft und Licht *a priori* deduziert. Sie antworten mir: »Luft und Licht *a priori*; bedenken Sie nur! ha ha ha! – ha ha ha! – ha ha ha! Nun so lachen Sie doch mit! ha ha ha! – ha ha ha! – Luft, und Licht *a priori: tarte à la crème* ha ha ha! Luft und Licht *a priori! tarte à la crème* ha ha ha! Luft und Licht *a priori! tarte à la crème* ha ha ha! Luft und Licht *a priori! tarte à la crème* ha ha ha!« – – – – – – – – – und so ins unendliche fort.[23]

Daß die Welt nicht real, sondern nur Vorgestelltes und Empfundenes sein soll, ist schon verrückt. Im Ernst: Es gibt kein Kriterium für die Wirklichkeit, und zwar deshalb, weil es auch sein könnte, daß überhaupt nichts existiert. Der Satz des Gorgias ›Es gibt nichts‹ ist nämlich kein unsinniger Satz.[24] Er bezeichnet lediglich einen nicht tatsächlichen, aber doch sinnvollen oder möglichen Sachverhalt. Weil es sein könnte, daß es überhaupt nichts gibt, kann auch nicht bewiesen werden, daß es notwendig etwas geben müsse.

In dem Gedanken, daß es sein könnte, daß nichts existiert und das Nichts ist, denke ich ans eigene Nichtsein, an meinen eigenen Tod. Denn der ist es, der das Nichtsein mich betreffender Sachverhalte realisiert und auch das Nichtsein der Welt sein läßt. Irgend etwas mit logischer Notwendigkeit als existierend zu beweisen, wäre schon der Beweis dafür, daß ich (und mit mir die Welt meiner Sinne) nicht nichtsein kann.[25]

Ein solcher Beweis ist also unmöglich. Daraus ergibt sich Kants Lehre in der »Kritik der reinen Vernunft«: »*Sein* ist offenbar kein reales Prädikat«.[26] Denn wenn das Dasein ein reales Prädikat wäre, das heißt ein Attribut oder eine Eigenschaft eines Gegenstandes (und nicht etwas zum Begriff des Dings nur Hinzukommendes), dann wäre es auch logisch notwendig, daß der Gegenstand existiert, weil es ja logisch notwendig wäre, daß er dieses Prädikat enthält. Der damit bewiesene Satz ›Es existiert notwendig etwas‹ widerspricht aber dem Satz des Gorgias »Es existiert nicht notwendig etwas« oder dem Satz »es ist möglich, daß nichts existiert«. Und dieser Satz ist, wie oben gezeigt wurde, richtig. Er bedeutet, daß es nicht unmöglich ist, nicht zu sein. Er weist auf das mögliche Nichtsein meiner selbst als des Vorkommens von Sachverhalten und Tatsachen überhaupt, oder auf das Nichtsein der Welt, welche stets meine Welt ist. Und das ist der Tod.

Ich bin nichts als das Ganze, das nicht sein könnte. Das Ich, jenes verspottete, groß geschriebene »Ich«, ist der Stellvertreter des Todes. Und wer sich aus dem Problem mit dem Nichts des Gorgias nichts macht, macht sich auch nichts aus dem Problem mit dem Ich.

Epikur war einer, der sich aus den Problem mit dem Ich und dem Nichts nichts gemacht hat. Durch seine gewitzte Formulierung des Problems ließ er diejenigen lächerlich erscheinen, die sich etwas daraus machten. Er meinte nämlich, der Tod ginge uns nichts an, weil er uns aller Empfindung, insbesondere der für ihn selbst, beraube.

Denn im Leben gibt es für den nichts Schreckliches, der in echter Weise begriffen hat, daß es im Nichtleben nichts Schreckliches gibt. (...) Das schrecklichste Übel also, der Tod, geht uns nichts an; denn solange wir existieren, ist der Tod nicht da, und wenn der Tod da ist, existieren wir nicht mehr. (...) Wir sind ein einziges Mal geboren. Zweimal geboren zu werden ist nicht möglich. Die ganze Ewigkeit hindurch werden wir nicht mehr sein.[27]

Der Tod oder das Nichts wird zum lächerlich Nichtigen. Man braucht nicht über ihn zu weinen. Humor ist Galgenhumor. »Was mit dem Lachen ausgespielt und ergriffen wird, ist diese geheime Zugehörigkeit des Nichtigen zum Dasein«, so heißt es dann bei Ritter.[28] Aber wie kann einen das Nichts so fröhlich machen? – Da sollten wir wohl die Buddhisten fragen! Oder lachen auch die insgeheim über etwas ganz anderes, nämlich über die List Buddhas, das Erreichen des Nichts als für die gewöhnlichen Sterblichen (die nicht Mönche sind) gänzlich unwahrscheinlich auszugeben, so daß sie sich durchweg mit der selbstverständlichen Wiedergeburt trösten können?

Im Alltäglichen lacht man jedenfalls nur über das abgewendete Nichts, dann, wenn es mit dem Nichtigen, das heißt: dem Leben oder dem Realen, doch so schlimm nicht war, als daß es tatsächlich zunichtegeworden wäre. Am Ende entzieht sich allerdings das nichtige Reale – dann, wenn es tatsächlich zu Nichts geworden sein sollte – jeder Begutachtung und auch dem Lachen. Die Koinzidenz des »realen« Nichts mit seiner Begutachtung durch uns überleben wir nicht.

Soll das ein Witz sein?, mag sich der Leser bei diesen Formulierungen fragen. Sie scheinen kaum weniger scherzhaft als Epikurs Formel vom ungleichzeitigen Dasein unserer selbst und des Todes. Mühsam formuliert, hat man sie bald wieder vergessen wie all die Witze, von denen nur noch das Gelächter und vage, »vom Denken verlassene Gefühle«[29] in Erinnerung bleiben, Gefühle des bisher immer überstandenen Nichts. – Zum Lachen und Weinen ist das Nichts.

Das Problem, das man mit den letzten Dingen hat, erweist sich womöglich als das logische Nichts, das – nach Kants »Kritik der Urteilskraft«[30] – den Schluß jeden Witzes ausmacht, nachdem zuvor das Denken in die prekäre Lage gebracht worden ist, Sinn und Widersinn aufeinander projizieren zu müssen. ›Es war eben nichts‹, heißt es am Ende. Aber es hätte die Katastrophe sein können! Die Katastrophe, nichts mehr mit Begriffen anfangen zu können.

Die letzten Fragen, ›Gibt es überhaupt etwas?‹, ›Warum ist nicht nichts?‹, ›Gibt es die Welt ohne mich?‹, ›Was ist der Tod?‹, ›Was ist Denken?‹, ›Was ist Wahrheit?‹ – sie alle stoßen an die nicht auszumachende Grenze des Denkens. Bei ihnen verwickelt sich das Denken in Paradoxien. Komischerweise ist diese Denkgrenze auch witzig. Lachend distanziert man sich dann von der logischen Ausweglosigkeit des groß geschrieben »Ich« und springt ins Empirische, ins klein geschriebene »ich« zurück, um sich bald von Neuem aufzumachen und zum Beispiel die Sache mit der »Immanenz der Transzendenz« doch noch zu verstehen. So wollen wir es hier auch weiterhin machen.

Was
ist
Wahrheit?

»Was ist Wahrheit?«, fragte Pilatus Jesus.[1] Was wäre geschehen, wenn Jesus die Frage nicht mit seinem Tod, sondern mit einem Text, ähnlich diesem hier, beantwortet hätte? – Es gäbe das Christentum nicht, und wir müßten uns bei unserer Frage nach der Wahrheit jetzt nicht mit Jesu Tod beschäftigen. Aber vielleicht kann nur der Tod die richtige Antwort auf die Pilatus-Frage sein. Dann wird ein Text über den Tod diese Wahrheit nie erreichen, auch wenn er ein Leben lang fortgeschrieben wird.

Ich bin dazu geboren und in die Welt gekommen, für die Wahrheit zu zeugen. Wer für die Wahrheit ist, hört meine Stimme.« Pilatus konnte sich eines Lächelns nicht erwehren. Die Wahrheit? Als wenn das so einfach wäre! Und was für eine Naivität, so bestimmt von ihr zu sprechen. Allerdings konnte man von dem ungebildeten Sohn irgendeines unbekannten Handwerkers aus einem verlorenen Nest nicht verlangen, daß er die komplizierten Schwierigkeiten kannte, die ein solcher Begriff bietet, wenn man versucht, ihn zu analysieren. Der Römer erinnerte sich an die Kontroversen der Sophisten und an die griechischen Polemiken. Er war gerührt und gereizt zugleich. »Was ist Wahrheit?« fragte er, wohl wissend, wie unnütz die Frage war. Aber es sollte eine Probe sein. Jesus antwortete nicht.[2]

In Roger Caillois' »uchronischer«,[3] das heißt: sich die Welt im Konditional denkender Erzählung »Pontius Pilatus«, wird Jesus tatsächlich freigesprochen. Von einem nicht exekutierten Jesus würden wir heute nicht mehr reden. Erst der Jesus, der seinen Tod zum Wahrheitsbeweis macht, verdient Bekanntheit. Er überlebt gewissermaßen als »die Wahrheit« und stiftet so eine Religion der Todesüberwindung. Das ist etwas für Philo-

sophen, denn schon Sokrates hat ähnliches gemacht. Er starb –
ein wahres Vorbild für Jesus –, um Zeugnis abzulegen für seine
Wahrheit.

Was ist die Wahrheit für eine Sache, daß sie über Leichen
geht und sich durch den Tod beweist? – Im folgenden behandle
ich zunächst die Art von Wahrheit, deren Beweis den Tod erfordert, indem ich Jesus und Sokrates vergleiche. Sodann untersuche ich die anscheinend weniger abgründige Wahrheit der
Logik, die aber nur auf den ersten Blick nichts mit dem Tod zu
tun hat. Danach geht es um die empirische Wahrheit des
Tatsächlichen, die als sogenannte Objektivität durch ihre Unabhängigkeit von dem sie Behauptenden definiert ist. Auch da lauert der Tod. Denn jene Unabhängigkeit der Objektivität impli-
ziert das mögliche Nichtsein des sie Behauptenden, dessen noch
ausstehenden Tod. Abschließend geht es um den Tod selbst. Ich
behandle den Abschied vom Tatsächlichen, das heißt: die Ver-
abschiedung der empirischen Wahrheit durch den Sterbenden,
und die empirische Wahrheit über dessen zu erwartenden Tod.

Insgesamt untersuche ich also den Zusammenhang von
Wahrheit und Tod: 1. bei der Ursprungswahrheit, in der man
lebt, 2. bei der analytischen Wahrheit von Vorstellungsverbin-
dungen, 3. bei der Wahrheit sprachlich identifizierter Tatsachen
und 4. bei der Wahrheit über das bevorstehende Sterben.

Der Wahrheit, in der und aus der man lebt, schuldet man
das Leben. Das könnte die Lehre aus Sokrates' und aus Jesu Leben und Sterben sein. Ursprünglich lebt man in und aus der
Mutter und schuldet ihr das Leben. Aber das meinen Jesus und
Sokrates gerade nicht. Jesus stirbt für die Wahrheit, daß er, vom
heiligen Geist empfangen, der Sohn eines himmlischen Vaters
ist. Und Sokrates, der die Hebammenkunst seiner Mutter parodiert, stirbt für die Wahrheit, daß er der Geburtshelfer des
Geistes ist. Beiden geht es, wenn auch in unterschiedlicher Weise, um geistige Vaterschaft und um die damit verbundene Ver-
achtung des physischen Lebens, insbesondere der Mutterschaft.
Sie demonstrieren beide ihre Wahrheit durch eine Art self-ful-
filling prophecy. Indem sie die anderen als Verbrecher denun-
zieren, provozieren sie die Untat ihrer Hinrichtung und behalten dadurch erst Recht.

Zunächst Jesus. Wie kann man sich selbst mit der Wahrheit identifizieren? – Im griechischen Bibeltext der Pilatusfrage[4] steht *Aletheia* (= Unverborgenheit). Es ist die nicht ganz treffende Übersetzung des hebräischen Wortes *Emet*. Denn das meint Verläßlichkeit, Treue von Personen, unverbrüchliche Tragfähigkeit von Sachen oder Worten, also eine Wahrheit, in der man lebt, die mit dem eigenen Leben identifiziert wird. Wir benutzen das Wort Wahrheit heute manchmal auch noch so. Wahrheit meint dann etwas, das einen umgreift. Wir sagen zum Beispiel, daß man die Wahrheit sucht als etwas, was unverbrüchlich ist, das Bestand hat und Orientierung bietet. Man sagt auch von einem Gott, er sei die Wahrheit. Jesus sagt es von sich selbst:

> Ich bin der Weg und die Wahrheit und das Leben; niemand kommt zum Vater außer durch mich.[5]

Diese Wahrheit ist ursprünglicher als die Wahrheit der Rede. Sie bedingt diese. Denn, so erfährt man aus der »Heiligen Schrift«, man redet nicht wahr, wenn man nur aus sich selbst heraus und nicht als (göttliches) Medium redet. Man muß selbst von der Wahrheit abstammen wie ein Kind von seinem Vater, um die Wahrheit sagen zu können. Von der Abstammungswahrheit, also der eigenen Erzeugung, muß man zeugen. Lüge gibt dann Zeugnis von teuflischer Abstammung. Sie ist Teufelsart.

Bei Jesu Wahrheit geht es demnach um den richtigen Vater, nicht um den irdischen, welcher Joseph wahrscheinlich gar nicht war, sondern um den übersinnlichen, himmlischen Vater. Tatsächlich beginnt Jesu Untergang ja damit, daß er den Juden durch ihre irdische Abstammung den Teufel als Vater anhängt, letztlich den Mörder Kain. Jesus tut das aus Enttäuschung darüber, daß die Juden ihn nicht lieben. Ihre Lieblosigkeit, meint er, liege an ihrer falschen Abstammung.

> Wenn Gott euer Vater wäre, würdet ihr mich lieben; denn von Gott bin ich ausgegangen und gekommen. (...) Ihr habt den Teufel zum Vater, und ihr wollt das tun, wonach es euren Vater verlangt. Er war ein Mörder von Anfang an. Und er steht nicht in der Wahrheit, denn es ist keine Wahrheit in ihm. Wenn er lügt, sagt er das, was aus ihm selbst kommt; denn er

L'Antichristo aus Signorellis
Fresko der Capella San Brizo
im Dom zu Orvieto.

ist ein Lügner und ist der Vater der Lüge. Mir aber glaubt ihr nicht, weil ich die Wahrheit sage. (...) Wenn jemand an meinem Wort festhält, wird er auf ewig den Tod nicht schauen.[6]

Und dann fügte er noch hinzu, daß er schon dagewesen sei, als es ihren inzwischen längst verstorbenen Stammvater noch nicht gegeben habe. »Noch ehe Abraham wurde, bin ich«, behauptet er.[7] Mit dieser ›Verletzung religiöser Gefühle‹ war das Maß voll. »Da hoben sie Steine auf, um sie auf ihn zu werfen«.[8] Doch Jesus wollte einen spektakuläreren Tod als demonstrativen Wahrheitsbeweis für die Teuflischkeit der Juden, also die offizielle Verurteilung mit entsprechender Exekution. Deshalb entzog er sich zunächst noch den aufgebrachten Juden, provozierte sie aber immer wieder und so lange, bis schließlich, der öffentlichen Ruhe wegen, die römische Besatzungsmacht eingreifen mußte. So kam es zur Begegnung mit Pilatus. Dieser fand keine Schuld an ihm. Es schien ihm nur merkwürdig, daß Jesus sich dauernd auf ein höheres Wesen berief, sich leichtfertig mit der Wahrheit identifizierte und als König ausgab. Er überließ ihn den jüdischen Priestern, weil diese listigerweise darauf hingewiesen hatten, der Kaiser in Rom sähe es wohl nicht gern, wenn Pilatus einen selbsternannten König in Judäa akzeptiere.

Aber was ist denn nun dran an Jesu Behauptung, daß die Juden vom Teufel abstammen, nicht aber er selbst, der doch wohl auch ein Jude ist? – Bei den Juden, meint Jesus, zeige sich ihre Mörderabstammung daran, daß sie ihn nicht lieben, nicht auf ihn hören, seine Botschaft der Liebe, auch der Liebe unter Feinden, nicht beachten. Tut er es denn selbst? – Diejenigen, die ihn nicht lieben, schickt Jesus in die Hölle, wie zum Beispiel die Bewohner der drei Ortschaften Kapharnaum, Betsaida und Chorazin.[9] Insofern liebt also auch Jesus seine Feinde nicht. Er liebt nur die, welche ihn lieben. Ihn, und niemanden sonst, nicht einmal sich selbst. Jesus verlangt von seinen Nachfolgern, daß sie nicht nur ihr eigenes Leben hassen sollen, sondern auch das ihrer sämtlichen Verwandten.

> So jemand zu mir kommt und hasset (griech. *misei*, lat. *odit*) nicht seinen Vater, Mutter, Weib, Kind, Bruder, Schwester und auch dazu sein eigen Leben, der kann nicht mein Jünger sein.[10]

Das spricht für teuflische Herkunft, ebenso wie auch dies, daß Jesus sich als globalen Brandstifter anpreist. Spaltung und Zwietracht will er säen, damit die Menschen ihn lieben. Das, was wir heute christliche Familie nennen, ist ihm egal, wenn nicht zuwider.

> Ich bin gekommen, um Feuer auf die Erde zu werfen. Wie froh wäre ich, es würde schon brennen! Ich muß mit einer

Taufe getauft werden, und ich bin sehr bedrückt, solange sie noch nicht vollzogen ist. Meint ihr, ich sei gekommen, um Frieden auf die Erde zu bringen? Nein, sage ich euch, nicht Frieden, sondern Spaltung. Denn von nun an wird es so sein: Wenn fünf Menschen im gleichen Haus leben, wird Zwietracht herrschen: Drei werden gegen zwei stehen und zwei gegen drei, der Vater gegen den Sohn und der Sohn gegen den Vater, die Mutter gegen die Tochter und die Tochter gegen die Mutter, die Schwiegermutter gegen ihre Schwiegertochter und die Schwiegertochter gegen die Schwiegermutter.[11]

Jesus, wie später das Christentum oder die christlichen Kirchen, verbreitet Furcht und Schrecken, indem er mit Schlimmerem als dem Tode droht: mit ewigen Folterqualen für solche, die ihn nicht lieben.

Euch aber, meinen Freunden, sage ich: Fürchtet euch nicht vor denen, die den Leib töten, euch aber sonst nichts tun können. Ich will euch zeigen, wen ihr fürchten sollt: Fürchtet euch vor dem, der nicht nur töten kann, sondern die Macht hat, euch auch noch in die Hölle zu werfen. Ja, das sage ich euch: Ihn sollt ihr fürchten.[12]

Die Juden finden also wohl mit Recht, daß eher Jesus als sie selbst vom Teufel besessen sind. Mit den bösen Geistern, den Dämonen, kennt Jesus sich ja aus. Und das ist verdächtig. Überall wo er hinkommt, gibt es sie. Zu Tausenden treibt er sie aus. Der Wunderheiler Jesus ist der Herr der Dämonen – inkognito, versteht sich. Markus schreibt:

Und er verbot den Dämonen zu reden; denn sie wußten, wer er war.[13]

Die Aggression der Juden richtet sich gegen den teuflischen Jesus. Jesus hat sie selbst provoziert. Erst die Identifikation Jesu mit der verbalen Botschaft der Gewaltlosigkeit beziehungsweise der Feindesliebe macht aus seinem gewaltsamen, den Juden als Mord angelasteten Tod den Beweis seiner Behauptung, daß nicht er, sondern die Juden gewalttätig seien. So gibt er durch seinen Tod Zeugnis von der Wahrheit, daß Gewalt herrsche, er aber Liebe wolle.

Ist es nicht bei Sokrates ganz ähnlich? Auch er hat keinen Text über die Wahrheit hinterlassen. Auch seine Antwort ist sein Tod. – Seit Sokrates wissen wir, wovon wir reden, wenn wir Gerechtigkeit, Tapferkeit, Besonnenheit meinen: Vom toten Sokrates. Sokrates' Tod ist der Beweis einer Moral, die selbst die aufhebende Gegengewalt zum Tode bildet, indem sie das individuelle, körperliche Leben gering schätzt, es sogar als Hindernis für die vollkommene Einsicht in die Wahrheit ansieht und entsprechend mit ihm umgeht.

Sokrates hatte den Mächtigen von Athen vorgehalten, sie wüßten nicht, wovon sie reden, wenn sie Tapferkeit, Gerechtigkeit und Besonnenheit im Munde führen. Von Egoismus, privaten Interessen und Willkür seien sie geleitet. Seine Verurteilung würde der Beweis dafür sein, daß auf dem Grund der Polis die Gewalt regiere. Was sollten die Angeschuldigten nun machen? Sie verurteilten ihn wohl oder übel zum Tode. Und so bewiesen sie ihm seine Wahrheit.

Der Tod des Sokrates nimmt sich gegen den von Jesus weniger gewaltsam und demütigend aus. Er wird feierlich inszeniert wie ein Freitod. Eine dezentere Religion als später das Christentum entstand: die Philosophie.

Eigentlich hätte man schon den Sokrates kreuzigen müssen, meint Plato.[14] Er schreibt in der »Politeia«[15]: Der vollkommen Gerechte muß unweigerlich für andere als ungerecht erscheinen. Und umgekehrt muß der vollkommen Ungerechte durch seine Raffinesse bei anderen gerecht erscheinen. So wird man also den ungerecht erscheinenden Gerechten auf die schmählichste und grausamste Weise zu Tode bringen. Das sei eben die Goldprobe der Gerechtigkeit, daß der vollkommen Gerechte trotz übler Nachrede und deren Folgen unwandelbar (in seiner Erscheinung als ungerecht) bleibe bis zu seinem Tode. Er stirbt mit dem Anschein seines Gegenteils. Wie später auch Jesus! Als Todesart sieht Plato deshalb die erniedrigendste vor, die Kreuzigung:

Bei solcher Gemütsverfassung wird der Gerechte gegeißelt, gefoltert, in Ketten gelegt und geblendet werden an beiden Augen, und schließlich wird er nach allen Martern noch ans Kreuz geschlagen.[16]

Jesus wurde mit der Todesart der Römer für jüdische Aufständische bedacht – auf die Forderung der enttäuschten Juden hin, daß er nicht für diese Welt ihr König sein wollte. Sokrates kam mit dem Schierlingsbecher davon. Vielleicht erschien er doch nicht so ungerecht wie später Jesus. Aber zum Image der beiden gehört, daß sie ungerechterweise zum Tode verurteilt wurden; erst dadurch wurden sie in gewisser Weise unsterblich, erst dadurch brachten sie ihre Wahrheit zur Geltung.

Was hat nun diese Wahrheit, für die man stirbt, mit der Wahrheit der Logik zu tun, die kein existentielles oder moralisches Problem zu sein scheint, sondern nur eines des richtigen Denkens? Sie gilt als die sicherste und auch trivialste Form der Wahrheit, denn bei dieser sogenannten analytisch-apriorischen Wahrheit werden neue Vorstellungen aus bereits vorhandenen entwickelt – mit absoluter Sicherheit. Das Standardbeispiel dafür ist dieser Schluß *(Syllogismos)*: »Alle Menschen sind sterblich. Sokrates ist ein Mensch. Also: Sokrates ist sterblich.«

Warum dient gerade der Schluß auf die Sterblichkeit eines einzelnen Menschen als Beispiel, und warum ist dieser Mensch gerade Sokrates? – Bei genauerem Hinsehen erweist sich das Standardbeispiel nicht nur als Demonstrant der Logik, sondern auch als deren Ironie. Die lakonische Rede von der allgemeinen Sterblichkeit gilt nämlich gerade einem ziemlich Unsterblichen, einem solchen, der, für alle Zeiten beispielhaft, sein Leben der Wahrheit geopfert und mit seinem Tod bewiesen hat, daß es auf den lebendigen Leib nicht ankommt. Die Figur des Sokrates im Standardbeispiel der Logik suggeriert: Der Leib ist das Opfer, das gebracht werden muß, damit die Wahrheit sich realisieren kann.

Die Überwindung der Todesangst gehört zur Botschaft der Philosophie und aller Religionen. Die Botschaft der Logik vom reinen Geist hängt sich hier an. Wahrheit ist Sache der Vernunft und nicht des Körpers, so scheint es. Denn was ist das Charakteristische am Schluß als dem Prinzip logischer Wahrheitserzeugung? – Der Schluß subsumiert einen konkreten Fall unter eine allgemeine Regel. In jenem Beispielsatz wird die Regel »Alle Menschen sind sterblich« auf den Fall »Sokrates ist ein Mensch« angewendet (nach dem *dictum de omni et nullo*: Was von allen gilt oder nicht gilt, gilt beziehungsweise gilt nicht auch vom einzelnen). Das heißt: Der Fall wird durch die Regel bestimmt, und zwar durch eine Merkmalsübertragung vom Genos auf ein Mitglied desselben, wie bei einer Vererbung, zum Beispiel der Vererbung eines Fluches, der auf einem ganzen Geschlecht oder einer Sippe lastet. In unserem Fall ist es die Sterblichkeit. Im Schlußsatz erwischt der Tod als Merkmal der Gattung den einzelnen als dessen eigenes Merkmal: den Sokrates.

Für jeden Schluß gilt: Die Konklusion, der Schlußsatz, ist so wahr wie die Prämissen, aus denen er erschlossen wird. Die Prämissen bilden seine Begründung. Der Schluß insgesamt ist also ein Wenn-dann-Satz: Wenn die Prämissen wahr sind, dann ist es auch der Schlußsatz. Diese analytische Grund-Folge-Beziehung ist die logische Wahrheit. Für sie gibt es eine Reihe möglicher Figuren und Modi, die, wie Aristoteles schon in der »Ersten Analytik«[17] gezeigt hat, ein axiomatisches System bilden, das insgesamt nur die Entfaltung des *dictum de omni et nullo* ist, was uns aber hier nicht weiter interessieren soll.

Die Wahrheit der Prämissen ist damit noch nicht berührt. Die Prämissen mögen wieder durch Schlüsse begründet werden können oder auch nicht. Das ficht die Wahrheit des Schließens aus diesen Prämissen nicht an. – Merkwürdig ist nun, daß im Beispielsatz vom sterblichen Sokrates die Regel, durch die der Fall bestimmt wird, weder eine Tatsachenwahrheit noch eine logische Wahrheit bildet, vielmehr die Ironie aller Logik und Tatsachenwahrheit zum Gegenstand hat: den Tod aller. Aber wer merkt das schon, wo es doch um logische Wahrheit geht? Die Regel, der Obersatz »Alle Menschen sind sterblich«, wird unbewußt als wahr hingenommen. Dabei steckt in ihr das ganze Problem der Logik mitsamt aller Tatsachenwahrheit. Denn »das: *Ich denke*, muß alle meine Vorstellungen begleiten *können*«, schreibt Kant in § 16 der »Kritik der reinen Vernunft«.[18] Das sei »der höchste Punkt, an dem man allen Verstandesgebrauch, selbst die ganze Logik (...) heften muß«.[19] Also hängt auch die logische Wahrheit am Ich. Als totes kommt es dafür wohl nicht mehr in Frage! Oder sollte es um der Wahrheit der Logik willen unsterblich sein?

Wenn also die Prämisse des Schlusses auf den sterblichen Sokrates nicht wahr ist, dann ist auch die Behauptung, Sokrates sei sterblich, nicht bewiesen. Gott sei Dank! Die Philosophen können aufatmen. Die Regel von der Sterblichkeit aller Menschen ist keine Tatsachenwahrheit, geschweige denn ein logisch-analytischer oder a priori wahrer Satz. Noch sind ja nicht alle Menschen tot. Nur so könnte die Sterblichkeit aller bewiesen werden. Aber für wen? – Vielleicht sind nicht einmal die vermeintlich Gestorbenen tot. Und wer weiß, ob die Menschen, die es nicht mehr gibt, alle sterblich waren? Vielleicht leben sie noch in anderen Weltgegenden (s. auch Kapitel »Die Schlupflöcher des Realen«, S. 212). Wie dem auch sei: Zumindest ich selbst bin noch eine Lücke in der Realität des Todes und damit ein Einwand gegen die Wahrheit des Satzes. Denn wie anders soll meine Sterblichkeit bewiesen werden als durch meinen Tod? Tot sind immer nur die anderen. Bisher habe ich alle überlebt. Das heißt: Bisher sind alle vor mir gestorben. – Der Satz »Alle Menschen sind sterblich« hat also wohl eine Analyse nötig. Ich zitiere diejenige von Arnold Gehlen:

Betrachten wir den Satz theoretisch, so bedarf er eines Beweises. Zunächst ist er ein Erfahrungssatz, und als solcher nach dem Urteil aller Erkenntnistheoretiker hätte er nur statistische Gültigkeit, er wäre nur ganz außerordentlich wahrscheinlich. Natürlich hat die wissenschaftliche Biologie viele Gründe für ihn, aber er stand schon fest, bevor es noch Wissenschaft gab, nämlich zu allen Zeiten und bei allen Völkern. Drittens ist er im indirekten Beweisverfahren gar nicht nachprüfbar, da wir nicht annähernd »alle Menschen« erfassen können. Wir können nicht einmal von allen, von denen wir annehmen, daß sie gelebt *haben*, dies nachweisen, und zwar gerade deswegen, weil sie nicht mehr nachweisbar, nämlich gestorben sind. Gerade wenn der Satz wahr ist, wäre er niemals zu beweisen. Viertens schließt die Klasse »alle Menschen« auch jedes Ich ein, und gerade hier entsteht eine neue Schwierigkeit: das Ich kann diesen Satz nur abstrakt für wahr halten, aber sich nicht *vorstellen*, daß das Ich aufhören werde, zu sein. Es gibt keine Möglichkeit für das denkende Ich, in der *Einsicht*: ich werde aufhören, zu sein, sich selbst denkend wegzudenken, d.h. diese Einsicht wirklich anschaulich zu vollziehen. Hier ist ein blinder Fleck im Bewußtsein, denn es gibt keine versuchsweise Aufhebung des Ichbewußtseins in der lebenden Reflexion.

Also ist die absolute Geltung des Satzes, die man doch anerkennen muß, nur eine *Gewißheit*. Diese Gewißheit ist keineswegs eine bloße Verallgemeinerung aus der Tatsache, daß seit unbestimmter Zeit alle Menschen, die wir kannten, und die diese wieder kannten usw. gestorben sind, in ununterbrochener Tradition dieser doch nur partiellen Erfahrungen. Vielmehr ist diese Gewißheit »irrational«, d.h. nicht ergründbar. Sie liegt im Kontext der menschlichen Gesamterfahrung, und keine gehäuften Aussagen würden genügen, den Satz so gewiß zu machen, wie er ist – aber die Allgegenwärtigkeit des Todes setzt ihn außer Zweifel. Diese nämlich durchdringt unsere tägliche Existenz, sie sitzt mit uns am Tisch, wenn wir essen, sie lebt in den Kindern, die uns überleben sollen, sie liegt in der Unsicherheit jedes Planes und Gedanken an nächstes Jahr, sie begleitet unsere Schritte auf unseren Wegen als Gefahr, und sie steckt als Vergänglichkeit in jeder verfließenden Sekunde. Wäre der Satz falsch, so wäre der Kontext unserer Gesamterfahrung sinnlos, er hat Teil an der Gewißheit des Lebens. Er ist also ein Certum, trotzdem er für die klare Reflexion nicht einmal vorstellbar ist.[20]

Im Schluß auf den sterblichen Sokrates huschen wir über die rätselhafte Tatsachengewißheit des Sterbens hinweg, stürzen uns fröhlich in die Wahrheit der Logik und in die hypothetischanalytische Wahrheit des Schlußsatzes. Denn was ist die Sterblichkeit des Sokrates gegen die unsterbliche Wahrheit der Logik und gegen die Philosophie der Unsterblichkeit, die wir Sokrates und seinem Tod verdanken?

Im »Phaidon«, Platons Text über die letzten Stunden des Sokrates, empfiehlt uns Plato die Philosophie als Einübung ins Sterben, in die Ablösung der Seele vom Leib. Denn diese Seele ist es ja, die sich in der Reflexion aufs eigene Nichtsein unsterblich macht. Ich überlebe mich virtuell als Seele, wenn ich mir vorstelle, gestorben zu sein. Nur das, was ich außer dieser Seele sonst noch bin, das Physische, überlasse ich dem Tod, das heißt der Auflösung einer Gestalt zugunsten anderer Gestalten physischen Seins durch Verwesung und Verwandlung. Plato legt dieses Plädoyer für den Tod des Philosophen dem zum Tode verurteilten Sokrates in den Mund, als habe dieser mit seiner Hinrichtung genau das erhalten, was er selber wollte. Deswegen vollzieht er die Hinrichtung auch selbst, indem der den Giftbecher austrinkt. Natürlich würde er lieber weiterleben. Aber da er schon zu Lebzeiten nach todesähnlichen Erfahrungen strebte – wie die Mystiker auch –, nämlich nach Erleuchtung und Schau des Schönen, so ist ihm der Tod nicht fremd. Er kann ihn mit dem erstrebten Zustand der Vollkommenheit verbinden. Schließlich ist ja gerade Hades ein Philosoph, sagt Plato im »Kratylos«[21], weil er die reinen, körperlosen Seelen um sich schart und sie wegen ihrer Begierde nach Tugend an sich bindet.

»So nahe als möglich am Gestorbensein« lebend,[22] verachtet der Philosoph alles, was mit dem Leib zu tun hat: die Bedürfnisse, die Lüste und den Schmerz. Nur um die allgemeinen Gegenstände geht es dem Philosophen, und die sind nicht wahrnehmbar. Also kann ihm der nur wahrnehmende, nicht übersinnlich erkennende Leib nichts nützen. Der Leib ist bloß hinderlich beim Erkennen. Wir müssen unsinnlich und leiblos vorgehen, um das Wesentliche zu erkennen: die Besonnenheit, die Tapferkeit und dergleichen. Auch würde der Leib mit seinen Begierden, aus denen Kriege und Unruhen entstünden, uns keine Muße gönnen. – Als hätte man nicht gerade dadurch erst Muße, das gewisse Bedürfnisse befriedigt sind! Die Begierde nach Weisheit kann nichts Leibliches sein, sie wendet sich vielmehr gegen den Leib:

> Und dann erst offenbar werden wir haben, was wir begehren und wessen Liebhaber wir zu sein behaupten, die Weisheit, wenn wir tot sein werden, wie die Rede uns andeutet, solange wir leben aber nicht.[23]

Wer wissen will, wie es an sich ist, wer sich selbst objektivieren will, muß sterben. Er muß nämlich sein Nichtsein oder Außersichsein voraussetzen. Alles Denken von Sein betreibt diese Selbstnegation, den Tod. Jeden Sachverhalt, indem ich ihn als Tatsache erwäge, plaziere ich in eine Welt ohne mich, zum

Beispiel auch meine Bauchschmerzen. Das ›Es gibt das und das‹ erfordert einen unbeteiligten Zuschauer oder die Abtrennung meiner selbst von mir als physischem Vorkommnis in der Welt.

Die objektive Wahrheit ist etwas, das sich gegen meinen Tod indifferent verhält. Es ist die Welt, aus der ich gestrichen werden kann, welche also besteht, auch ohne daß ich es bin, der ihre Tatsachen feststellt. Bin ich auf objektive Wahrheit gerichtet, also sachlich orientiert, dann ignoriere ich mein eigenes Sein, ignoriere die Welt als »bloß meine Vorstellung«, zu der auch die Vorstellung von mir als einem unter anderen vorstellenden Wesen gehört.

Aber noch bin ich ja meinen Körper nicht los. Noch bin ich nicht reiner Geist. Solange das so ist, bleibt die Welt-an-sich nur eine gemeinte, aber auch unerkennbare. Deshalb sagt Kant in seiner »Metaphysikvorlesung« von 1782/3:

> Wir sind uns itzt durch die Vernunft schon als in einem intelligiblen Reiche befindlich bewußt, nach dem Tode werden wir das anschauen und erkennen, und dann sind wir in einer ganz anderen Welt, die aber nur der Form nach verändert ist, wo wir nämlich die Dinge erkennen, wie sie an sich selbst sind.[24]

Was die Wahrheit noch ausstehen läßt, ist dieses: daß wir noch leben. So war es bei Jesus und Sokrates, die sich hinrichten ließen. So ist es bei Kant, der seinen Tod abwartete, und bei Kleist, der ihn gewaltsam herbeiführte. Um genau zu wissen, wie es mit der Wahrheit steht? – Kleist wußte:

> Wir können nicht entscheiden, ob das, was wir Wahrheit nennen, wahrhaft Wahrheit ist oder ob es nur so scheint. Ist das letzte, so ist die Wahrheit, die wir hier sammeln, nach dem Tode nicht mehr – und alles Bestreben, ein Eigentum zu erwerben, das uns auch ins Grab folgt, ist vergeblich.[25]

Der Sterbende verabschiedet sich von der empirischen Wahrheit. Daraus ergibt sich ein Wahrheitsproblem für die Überlebenden, das ich nun zum Schluß noch berühre.

Die Wahrheit über das Sterben kann etwas sein, das man dem Sterbenden nicht mehr mitzuteilen vermag oder nicht mitteilen möchte. Denn wenn der Sterbende und die Zurückbleibenden schon nicht mehr in ganz derselben Welt leben, verliert sich für den Sterbenden die empirische Wahrheit so wie sich die Welt der Lebenden überhaupt verliert. Der wissende Arzt (hier abgesehen von einer grundsätzlichen Unsicherheit bei der Prognose des genauen Todeszeitpunktes) wird sich angesichts des flehenden Blicks des Todkranken dann wohl fragen müssen, was nun Wahrheit ist: der fromme Betrug oder das zurücktretende Tatsächliche. Es geht um die Frage des Sterbenden: Ist, was sich da anmeldet, der Tod, ist er es nicht? Unsere Frage dabei lautet: Wie tatsächlich ist der Tod, wenn er tatsächlich kommt?

In seiner Abhandlung »Der Arzt und die letzten Dinge« erinnert Max Mikorey an die Anfänge der ärztlichen Moral des Verschweigens. Ursprünglich, so auch bei den alten Griechen, wurde der Todkranke totgeschwiegen, nämlich ausgesetzt und sich selbst überlassen.[26] Niemand durfte mit ihm reden, denn er galt als Gefahr für die Gemeinschaft. Der Tod war ansteckend. Weil dem Heilgott Asklepios (= Aeskulap), welcher der Sage nach selbst dafür bestraft worden war, einen Toten erweckt zu haben,[27] die Nähe des Todes unerträglich war, durfte auch der Arzt einen Todkranken nicht behandeln. So steht es im *corpus hippokraticum*. Sokrates, der sich selbst in diese Lage versetzt hatte, als er den Schierlingsbecher nahm, war daher »dem Asklepios einen Hahn schuldig«.[28]

Die moralische Schweigepflicht gegenüber dem vom Tode Gezeichneten hat sich bis in unsere Zeit erhalten. Der Arzt, ansonsten der empirischen Wahrheit verpflichtet, muß gegenüber dem Todkranken das Opfer der Unaufrichtigkeit bringen. Heute spricht man aber auch von einer absoluten Wahrheitspflicht gegenüber dem Kranken. Dahinter vermutet Mikorey die Bemühung, den weitgehend durch kriegerische oder medizinische Apparaturen herbeigeführten beziehungsweise aufgehaltenen, insgesamt objektivierten oder »depersonalisierten« Tod zu einer »personalen Leistung« umzuformen, als sei ohne den personalen Tod der Sinn des Lebens verfehlt.

Sicherlich gehört das Wissen um den Tod zum Personsein des Menschen. Aber, so drückt es Mikorey aus:

Die Weisheit des Schöpfers hat es so eingerichtet, daß der Mensch zwar um seinen Tod weiß und sich vorwegnehmend alle möglichen Bilder von ihm machen kann, ihn aber fast ausnahmslos nicht mehr erkennt, wenn er wirklich vor den Sterbenden tritt. So wahrt der je eigene Tod trotz allen Vorauswissens und aller aus diesem Vorauswissen und Vorwegnehmen gezogenen Künste existentieller Daseinssteigerungen letzten Endes doch sein Inkognito.[29]

Die Voraussage des objektiv absehbaren Todes durch den Arzt würde das Erlebnis des Sterbenden und den Ablauf des Sterbens selbst entscheidend verändern, so daß die Grenze von Wahrheit und Lüge hier verschwimmt. Die allmähliche Abtrennung vom Lebensbaum ist ein natürlicher Demarkationsprozeß, erklärt Mikorey.

Das theoretische und personale Vorauswissen des Todes wird für die Unheilbaren und Sterbenden ganz allmählich in ein Nichtwissen verwandelt.[30]

So kann es also sein, daß der Arzt als Anwalt der Natur die Wahrheit sagt, indem er lügt – und zwar ohne sich auf das grundsätzlich Ungewisse des Todeszeitpunktes zu berufen. Beim Sterben ist es dann auch mit der Wahrheit vorbei, zumindest mit der des Tatsächlichen, obwohl wir nicht einmal logisch oder empirisch sicher wissen können, ob wir denn tatsächlich sterben werden.

›Was ist Wahrheit?‹ bedeutet allemal: ›Was ist der Tod?‹ – Tatsächlich zu sterben, ohne dabei den Tod zu erkennen, ist die bittere Ironie des Menschen, sofern sein Privileg im Vergleich zu den Tieren darin besteht, ein Leben lang an ihn denken zu können – durch das Nichts, das ihm das reflektierende Selbstbewußtsein eröffnet. Die Tiere scheinen sterben zu können ohne diesen Verrat am eigenen Wesen.

Denn das Tier scheint mit dem Ritus der Verwandlung des Lebens auf unschuldige Weise verwachsen zu sein, und so vermag es mit dem ruhigen Erstaunen dessen abzutreten, das seinen Tod nicht kennt, obwohl es ihn erlebt.[31]

Das Rätselkoma

Lügen haben manchmal lange Beine. Während man mit dem berühmten Satz eines Kreters ›Alle Kreter lügen‹ schnell fertig ist, weil aus ihm als gelogenem Satz schlicht folgt, daß »Nicht alle Kreter lügen«, kommt man bei dem Satz des Epimenides ›Ich lüge jetzt‹ (griech. = *pseudomai*) auch nach sechsundzwanzig Jahrhunderten mit dem Schlußfolgern nicht an ein Ende. Die Zwickmühle klappert immer weiter. Fragt man nämlich bei diesem Satz, ob er wahr oder falsch ist, ergibt sich eine Antinomie. Denn dann ist das, was ich sage, wahr (= p), wenn das, was ich sage, nicht wahr ist (= non-p). Aus non-p folgt also p. Es gilt auch die Umkehrung: Wenn es wahr ist, was ich sage, falls ich sage, daß nicht wahr ist, was ich sage, dann ist eben nicht wahr, was ich sage. Aus p folgt non-p. Insgesamt ergibt sich die paradoxe Äquivalenz p ↔ non-p. Sie bildet einen unendlichen Zickzacksyllogismus zwischen kontradiktorischen Sätzen.

Das ermöglicht zwar ein unendliches Denken, doch kommt dieses nicht vom Fleck. Es denkt nichts als sich selbst, läuft dennoch stets, für sich selbst unerreichbar, hinter sich her, ständig sich selbst als Subjekt und als Objekt vertauschend.[1] Was steckt dahinter? Wie kann man entkommen?

Epimenides selbst hat sein Heil im Schlaf gefunden. Der Sage nach soll er sechsundfünfzig Jahre lang geschlafen haben. Ein anderer, Philites (= Freund der Keckheit), soll sich dagegen regelrecht zu Tode gedacht haben. Bertrand Russell, der in der Mengenlehre auf diese Paradoxie negativer Selbstbezüglichkeit stieß,[2] hat sie in seiner sogenannten Typentheorie einfach verboten.[3] Das heißt: er plädierte dafür, die Vermischung von Objektsprache und Metasprache wie in dem Satz ›Dieser Satz ist falsch‹, aber auch wie in dem Satz ›Dieser Satz besteht aus sechs Wörtern‹, zu unterlassen. Wittgenstein faßt das so zusammen:

Kein Satz kann etwas über sich selbst aussagen, weil das Satz-
zeichen nicht in sich selbst enthalten sein kann, (das ist die
ganze »Theorie of types«).[4]

Man kann allerdings auch versuchen, die Antinomie durch
Denken zu entschärfen und so das Rätselkoma zu vermeiden.
Machen wir das nun mit Hilfe der Logik von Hermann
Schmitz, deren Motto heißen könnte: ›Wir müssen es locker
nehmen!‹ Aber die Lockerungsübungen sind, wie die folgenden
Textpassagen zeigen, etwas anstrengend: eine Art Verhal-
tenstherapie zwecks schwindelfreien Denkens.

Es geht darum, aus besagter Äquivalenz keinen Widerspruch, nämlich die Konjunktion der kontradiktorischen Sätze
p und non-p, also p & non-p, schließen zu müssen. Mit diesem
Widerspruch wäre der Satz des Epimenides gar keine Sachverhaltsbeschreibung; diese müßte widerspruchsfrei sein. Man
versteht den Satz aber als eine Sachverhaltsbeschreibung. Er bedeutet den sich selbst dementierenden Lügner.

Schmitz zeigt nun, wie die paradoxe Äquivalenz als objektive, irreduzible Unentschiedenheit verstanden werden kann, so
daß mit dieser Unentschiedenheit die Situation sachgemäß und
widerspruchsfrei beschrieben ist. Die Antinomie wird logisch –
im Hinblick auf den dann nicht mehr notwendigen Wider-

spruch – aufgelöst. Sie kann dann als widerspruchsfreie Sachverhaltsbeschreibung gelten.

Das geht allerdings nicht im Rahmen der klassischen zweiwertigen Logik. Es geht nur mit der »Idee der iterierten Unentschiedenheit«.[5] Die Wahrheitswerte ›wahr‹ und ›nicht wahr‹ werden dabei vermehrt um den Wert der Unentschiedenheit, und zwar nicht nur um den der einfachen oder mehrfachen, sondern schließlich auch um den der unendlich oft iterierten Unentschiedenheit. Das ergibt tatsächlich eine unendlich wertige Logik. Doch gleichzeitig, so phantastisch das klingt, wird der Satz vom ausgeschlossenen Dritten, das heißt non-(p & non-p), nicht preisgegeben.[6] Das ist das Entscheidende, denn dessen Verneinung, mit der die Intuitionisten den Paradoxien der Mengenlehre begegneten, würde ja wieder den Widerspruch nach sich ziehen.[7]

An der Annahme, daß jeder Aussagesatz mindestens wahr oder falsch ist, können wir festhalten. Wir müssen lediglich verlangen, daß die Sätze, auf die der Satz vom ausgeschlossenen Dritten angewendet wird, ihrerseits bestimmt sind, daß sie etwas von etwas im Sinne der Entschiedenheit behaupten.[8] Im Falle der Antinomie wird aber gerade behauptet, daß nicht entschieden ist, ob p oder ob non-p wahr ist. Der Satz des Epimenides hat also eine chaotische Mannigfaltigkeit zum Gegenstandsbereich, etwas, was »in sich unentschieden ist hinsichtlich der Identität und Verschiedenheit seiner Elemente mit und von einander«.[9]

Die Anerkennung chaotischer Mannigfaltigkeiten bedeutet, daß der Satz von der durchgängigen Bestimmung[10] falsch ist. Nach diesem bisher allgemein anerkannten Satz ist es immer möglich, Dinge eindeutig und entschieden auf die von zwei kontradiktorischen Attributen definierten Klassen zu verteilen. Von zwei kontradiktorischen Attributen muß immer eins dem Ding zukommen, meint auch Kant in seiner »Kritik der reinen Vernunft«.[11] Beim chaotisch Mannigfaltigen finden wir aber Unentschiedenheit hinsichtlich Identität und Verschiedenheit der Elemente vor. Bei der ›allmählichen Verfertigung der Gedanken beim Reden‹ (s. auch Kapitel »Über Gedankenverfertigung«, S. 138) ist das der Fall für den Bereich, aus dem sich ein Gedanke herausbildet oder individuiert.

Nun zum entscheidenden Begriff der unendlichfach iterierten Unentschiedenheit! Er bildet einen Wahrheitswert, der, wenn er als wahr angenommen wird, alle anderen Möglichkeiten unwahr macht: 1. daß p wahr ist, 2. daß non-p wahr ist, 3. daß es unentschieden ist, ob p oder non-p wahr ist, 4. daß es unentschieden ist, ob es unentschieden ist, daß p oder non-p wahr ist. 5., 6. und so weiter. – Wie soll man sich aber eine n-fach iterierte Unentschiedenheit der Unentschiedenheit vorstellen, und wie schließlich die durch die kleinste transfinite Kardinalzahl (im Sinne der abgeschlossenen Unendlichkeit der natürlichen Zahlen) definierte Iteration?

Schon bei der Unentschiedenheit der Unentschiedenheit ist es nicht ganz einfach. Um sich davon einen Begriff zu machen, konstruiert Schmitz das Beispiel zwiespältiger Hörigkeit, wo jemand affektiv daran gehindert wird, lediglich – wie Buridans Esel – einfache Unentschiedenheit hinsichtlich seiner Verehrung oder Nichtverehrung z.B. des Epimenides zu behaupten. Es ist für ihn unentschieden, daß er unentschieden ist, ob er verehrt oder nicht verehrt.[12] Theoretisch kann er dann auch noch eine und wieder eine Unentschiedenheit darauf setzen. Aber wo führt das psychologisch hin? – Wird man nicht verrückt dabei oder auch nur schläfrig wie Epimenides selbst?

Zumindest logisch ist soviel von der kaum vorstellbaren, aber doch denkbaren n-fachen Unentschiedenheit sicher: Sie trifft nicht zu für den Satz des Epimenides »Ich lüge gerade«. Denn auch die n-fach iterierte Unentschiedenheit der Unentschiedenheit würde ja, träfe sie zu, ausschließen, daß p oder non-p wahr wären. Zudem wäre sie als zutreffender Wahrheitswert eine für die Antinomie nicht einsichtige Entschiedenheit.

Denke ich mir aber eine abgeschlossen-unendliche Iteration, dann würde die Hemmung aufgehoben, die mich bei n-fach iterierter Unentschiedenheit hindert, eine wahre Entscheidung der Alternative zu treffen. Diese Unentschiedenheit, so erklärt es Schmitz, wäre unendlich relativiert und »gleichsam gegen nichts mehr gerichtet«.[13] Ich kann demnach die Wahrheit von p annehmen. Sie bleibt dann durch die ad infinitum wiederholte Unentschiedenheit der Unentschiedenheit getrennt von dem aus ihr ableitbaren Gegenteil non-p. Ich muß also nicht die widersprüchliche Konjunktion p & non p denken.

Mit dem Begriff der unendlichen, rekursiven Selbstbezüglichkeit der Nicht-Entscheidung löst die Antinomie sich gewissermaßen selbst. Dieser Begriff hat es aber in sich, weil auch er eine Paradoxie birgt. Er benutzt die Operationsform der Antinomie, die Spirale der Wiederholung, mit der sich die Aussage negativ auf sich selbst bezieht. Wie Epimenides sich selbst reflektiert, ohne sich zwischen der Wahrheit der Lüge und der Lüge der Wahrheit entscheiden zu können, so ist es auch im Begriff der unendlichfachen Unentschiedenheit. Er bezieht sich auf eine durch ihn als vorliegend gedachte unendliche und chaotische Mannigfaltigkeit von wiederholtem p und non-p, die ansonsten außerhalb dieser abgeschlossenen Unendlichkeit sehr wohl verschieden und nicht identisch, vielmehr kontradiktorisch sind. Der erlösende Begriff der unendlichfachen Unentschiedenheit von Schmitz ist selbst von der Paradoxie infiziert.

Dennoch gibt es eine sehr naheliegende Realität dieses Begriffes. Das bin ich selbst. Die Bedeutung des Gedankens einer kleinsttransfinit iterierten Unentschiedenheit ist etwas ebenso fundamental Vertrautes wie die des Begriffs ›Ich‹. Ich verstehe ihn, wenn ich den Sinn der Frage ›Wer bin ich?‹ verstehe.[14] Aber wie verstehe ich diese Frage?

In Beantwortung der Frage ›Wer bin ich?‹ kann ich meine Identität konstatieren, indem ich mich mit objektiven Sachverhalten identifiziere, zum Beispiel mit all denen in meiner Biographie. Aber nur ich kann darin mich selbst erkennen, und zwar auf Grund einer vorgängigen, nicht objektivierbaren Vertrautheit mit mir selbst.

Was ich nach Ausweis meines affektiven Betroffenseins bin, das läßt sich – wenigstens in einer gewissen, unverkennbar aufdringlichen Hinsicht – nicht einmal summarisch durch Angabe objektiver Attribute umschreiben.[15]

Die »paradoxe Konkurrenz von Bestimmbarkeit und Unbestimmbarkeit dessen, wonach in der Frage ›Wer bin ich?‹ gefragt wird«, bezeichnet Schmitz als »das Ichproblem«.[16] Dieses Problem ist gelöst, sofern es mir möglich ist, die paradoxe Weise

»meines Besitzes objektiver Attribute widerspruchsfrei gleichsam so locker aufzufassen«, daß sie einerseits als objektive Bestimmtheit, andererseits als objektive Unbestimmtheit oder Unsagbarkeit gelten kann.[17]

Der Begriff der unendlichfachen Unentschiedenheit bietet die logische Lösung des Problems. Durch ihn wird das Bewußtsein meiner Distanz zu mir selbst realisiert. Er betrifft hier die Frage, ob ein objektives Attribut mich bestimmt oder nicht. Sie bleibt unendlichfach unentschieden, wobei mir aber klar ist, daß meine attributivische Bestimmtheit nicht meiner »Unsagbarkeit« widerspricht. Ich bin dieser bestimmte Mensch. Aber nur ich kann es wissen. Wer dieses Ich ist, ist mit jenem bestimmten Menschen noch nicht bestimmt. – Damit ist gezeigt, daß der die Pseudomai-Paradoxie lösende Begriff derselbe ist, durch den ich mich als zugleich subjektiv und objektiv denken kann.

Was das Denkproblem der eigenen ›exzentrischen‹ Seinsweise und das der negativen Selbstbezüglichkeit im Satz des Epimenides verbindet, ist der Todesgedanke, das heißt die sich bei der Frage ›Wie ist es, nicht zu sein?‹ einstellende Paradoxie negativer Selbstbezüglichkeit. Das Problem des Epimenides ist durch den Begriff der unendlichfachen Unentschiedenheit der Unentschiedenheit nicht nur mit dem Ichproblem identisch, sondern auch mit dem Todesproblem. Das Ich, welches ich in diesem Gedanken möglichen Nichtseins bin, ist und ist nicht das objektivierbare, mit Attributen identifizierbare Ich. Das Ichproblem ist das Problem der Möglichkeit, sich seinen Tod selbst bewußt zu machen, sich nämlich von aller Objektivität abstrahieren zu können, ohne dabei denken zu müssen, nicht zu sein.

Das Ichproblem als Todesproblem ist der Kern des Paradoxieproblems und damit auch des Problems des Epimenides, der die ›tödliche‹ Distanz sprachlich exekutiert. Jene Distanz realisiert sich in dem Bewußtsein, nicht aus sich selbst heraus zu können, was aber gleichzeitig schon die Selbstüberschreitung bedeutet. Denn wie sonst kann ich das wissen? Meine rätselhaft paradox gewußte Eingeschlossenheit in mir selbst ist zugleich meine Distanz zu mir als diesem in sich eingeschlossenen Ich.

Schrödingers Katze.

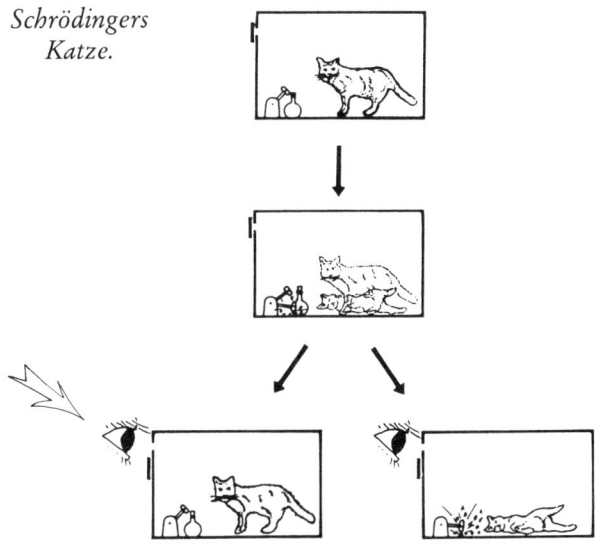

Meine reflexive Selbstüberschreitung bedeutet unendlichfache Unentschiedenheit im Sinne der paradoxen Äquivalenz, in mir und außer mir zu sein. Ich existiere demnach in der Weise der Selbstreflexion, Selbstbeobachtung, Selbstunterscheidung – indem ich als Unterscheidender mich zugleich im von mir Unterschiedenen befinde.[18] Diese unendlichfache Unentschiedenheit ist die Weise, wie ich zur Welt gehöre und nicht gehöre. So geht es mir in gewisser Weise wie Schrödingers Katze.

Der Quantenphysiker und Katzenliebhaber Erwin Schrödinger hat sie 1935 durch ein Gedankenexperiment ins Spiel gebracht – zur immer noch fortwährenden Irritation des physikalischen Weltbildes.[19] Besagte Katze befindet sich in einem geschlossenen Kasten zusammen mit einer Flasche tödlicher Blausäure und einem Mechanismus zum Zerschlagen derselben. Stellt man sich vor, daß dieser Mechanismus durch einen objektiv unbestimmten Quantenprozeß (zum Beispiel die Aussendung eines Alphateilchens beim radioaktiven Zerfall einer Substanz) ausgelöst wird, so muß die Katze objektiv solange als weder tot noch lebendig gelten, bis jemand in den Kasten hineingeschaut hat. Von daher glauben manche, in der Unbestimmtheit der Quantenprozesse auf das Subjektive gestoßen zu sein, zumindest auf den physikalischen »Schatten des Geistes«,[20] der den quantenphysikalischen Mischzustand in Entschiedenheit überführt.[21]

Wagen wir ein Fazit: Unser Entweder-Oder-Denken kann den Tod nicht ergründen, weil er selbst weder ist noch nicht ist. Könnte aber deshalb der Tod nicht gerade der Grund des in uns tätigen Geistes sein? – Über diese Vermutung von Hans Kunz schreibt Max Herzog:

> Der Tod ist bloße Möglichkeit und doch zugleich beständig anwesende Wirklichkeit, die wir immer schon mit dem Namen Sterblichkeit bezeichnen. Diese These legt nahe, das Versagen der Logik am Wissen um den Tod als ein doppeltes aufzufassen: Unfähig den Tod zu ergründen, trifft die Logik zugleich auf ihren eigenen Ursprung; das Sein und das Nichts von Leben und Tod widerspiegelt sich im begrifflich-logischen »Entweder-Oder-Denkzwang«.[22] Wenn hier die Gültigkeit logischer Gesetze zu zerbrechen scheint, »so bezeugt sich darin die Unfähigkeit des Verstandes zur Erhellung seines eigenen Ursprungs; geboren aus dem Nichts des möglichen Todes und in seinem innersten Wesen das Nichts offenbarend, ist er doch seiner nicht mehr Herr.«[23]

Im Gedanken des Todes kann sich das Denken nicht halten. Es taumelt, indem es die Bedingungen der Möglichkeit seiner selbst als getilgt vorstellt. Es ist nicht schwindelfrei.

> Das Gefühl der Unüberbrückbarkeit der Kluft zwischen Bewußtsein und Gehirnvorgang: Wie kommt es, daß das in die Betrachtungen des gewöhnlichen Lebens nicht hineinspielt? Die Idee dieser Artverschiedenheit ist mit einem leisen Schwindel verbunden – der auftritt, wenn wir logische Kunststücke ausführen. (Der gleiche Schwindel erfaßt uns bei gewissen Theoremen der Mengenlehre.)[24]

Vielleicht verweist das spezifische, bei sich selbst spürbare Unvermögen unseres Verstandes, hinter sich selbst zu kommen, zugleich auf sein eigentliches Können, wie es sich an allen anderen Gegenständen außer dem eigenen Nichtsein oder dem Tod bewährt. Alles andere, so scheint es dann, wird gedacht oder vergegenständlicht anstelle des unausdenkbaren Todes und vermöge der Berührung des nicht zu vergegenständlichenden Todes, jenes Nichts, das mich umgibt, sofern ich bin und nicht nicht bin, und mich grundlos dasein läßt. Es spielt »in die Betrachtungen des gewöhnlichen Lebens nicht hinein«.[25] Da denken wir schwindelfrei.

Vom Ursprung
der
Vernunft

Daß alle Kultur im Spiel ihren Ursprung hat, ist die These von Johan Huizinga in seinem Buch »Homo Ludens« (= der spielende Mensch). Aber auch Tiere spielen! Sie kennen Maskerade, Kampfspiele und Rausch wie wir Menschen.[1] Sie ahmen andere nach, täuschen einander und simulieren Kampf und Jagd. Wenn es ums Taumeln geht, um Faxen und Kapriolen, sind sie auch dabei. Sogar Trunkenheit durch gärende Früchte mögen sie. Aber Glücks- und Zufallsspiele, in denen die Beteiligten sich der abstrakten Macht des Fatums unterwerfen, kennen die Tiere – auch Schrödingers Katze – nicht. Hat man sie je beim Würfeln, Auszählen und Losziehen gesehen? Ihr Leben und Sterben verstehen sie wohl nicht als eine Art Lotterie, obgleich sie doch denken können.[2]

Was bedeutet es, daß nur die Menschen, insbesondere die erwachsenen unter ihnen, allenthalben mit Glücks- und Zufallsspielen zugange sind? – Kann es sein, daß gerade in diesen Spielen, die aber Huizinga gar nicht besonders hervorhebt, der Anfang der menschliche Kultur zu erkennen ist?

Ja, meint René Girard in seinem Buch »Das Heilige und die Gewalt«[3]: Am Anfang war das stellvertretende Opfer, der Lynchmord! Die Glücks- und Zufallsspiele der Menschen erinnern an diesen Anfang der Vernunft und der menschlichen Gesellschaft.[4] Was da ausgezählt, per Los oder durch Würfelwurf ermittelt wird, ist das Opfer, das vielleicht ich bin, vielleicht ein anderer. Glück gehabt? Wer weiß; denn Girards Opfer ist heilig, göttlich, auserwählt, einzig. Wer wollte das nicht sein?

Was ist dran an Girards unheimlicher Glücksspielthese? – Girard geht aus von Caillois' Einteilung der Spiele in vier Gruppen: 1. Mimikry: Spiele der Nachahmung, 2. Agon: Spiele des Kampfes, 3. Ilinx: Spiele des Taumels, 4. Alea: Spiele des Glücks.[5] Was bedeuten die Spiele? – Girard meint: In den ersten

*Ausschnitt aus der Szene
des Schachts in der Höhle von
Lascaux (um 13500 v.Chr.).*

drei, schon bei den Tieren vorkommenden Spielarten haben wir die Erinnerung an auch bei Tieren mögliche Gesellschaftsstadien. Die vierte Spielart bietet die Erinnerung an das Besondere der menschlichen Gesellschaft: das stellvertretende Opfer. Dieses erst begründet die spezifisch menschliche Gesellschaft, die als viertes Stadium aus drei vorlaufenden hervorgeht.

Die vier den Spielarten zugeordneten Gesellschaftsstadien sind 1. das Stadium der Nachahmung, 2. das der Rivalität, 3. das der halluzinatorischen Krise und 4. das des Opfers. An letzteres erinnert also die vierte Spielart, die es bei den Tieren nicht gibt, die der Glücks- oder Zufallsspiele. Erst alle vier Spielarten zusammen zeigen in der genannten Folge die Hauptmomente des rituellen Zyklus, der die Entstehung der menschlichen Gesellschaft bestimmt. Girard schreibt:

> Das einzige, was dem tierischen Ritus »abgeht«, ist die Opferung, und das einzige, was dem Tier fehlt, um zum Menschen zu werden, ist das stellvertretende Opfer.[6]

Diese Behauptung vom Opferlynchmord als Grund des spezifisch Menschlichen und damit der menschlichen Vernunft radikalisiert die Lehre vom Todesursprung der Kultur und Vernunft. Die menschliche Vernunft und die menschliche Kultur überhaupt haben nach Girards Vorstellung ihren Ursprung in einer eher positiven als negativen Beziehung zum Tod. Nicht die Todesangst, sondern das Töten ist für die Kultur das Entscheidende. Sie ist weniger Exorzismus des Todes als vielmehr eine Handhabung des Todes als Lebensprinzip – durch Töten. Girard schreibt:

> Der Mensch ist wirklich, wie Malraux sagt, das einzige Tier, das weiß, daß es sterben muß. Doch dieses Wissen kann sich ihm nicht in der heillosen materialistischen Form präsentieren, die es für uns zumeist annimmt, sonst hätte die entstehende Menschheit nicht der Zersetzungskraft dieses Wissens zu widerstehen vermocht.[7]

Der Tod wird meist als eine »unerträgliche Wahrheit« angesehen, die wie von selbst die Kulturkonstruktionen hervorbringt, »um sich dahinter zu verstecken«. Eine solche Auffassung, nach der die Wahrheit des Todes grundsätzlich und ursprünglich unerträglich ist, hält Girard für ethnozentrisch und modern. Vielleicht entspricht sie ja unserer westlichen Gesellschaft. Sie sollte aber nicht von den Anthropologen, Psychoanalytikern und Philosophen zu der Behauptung universalisiert werden, daß die menschliche Kultur immer schon Todesabwehr und Todesverleugnung gewesen sei.

Girard hält das Wissen des Individuums um die Lebenskraft des Todes für wichtiger als das um seine Vernichtungskraft. Auch er setzt also ein Todesbewußtsein an den Anfang der Menschwerdung. Aber sein Todesbewußtsein ist nicht das vom Verlust des individuellen Lebens – wie zum Beispiel bei Arthur Koestler, Luigi De Marchi, Robert Jay Lifton und anderen. Es ist vielmehr das Bewußtsein vom kollektiven Lebensgewinn durchs Töten. Denn für Girard steht das Leben der Gruppe im Vordergrund, nicht das des Individuums. So hat er nur das kollektive Töten, die religiöse, einmütige Gewalt im Sinn. Diese ist das Entscheidende für die menschliche Gesellschaft.

Der Ansatz vom individuellen oder auch kollektiven Todesbewußtsein im Sinne der Angst vor dem eigenen Tod oder dem der Angehörigen und der ganzen Gruppe reicht für Girard zur Kulturerklärung nicht aus. Das liegt, wie wir noch sehen werden, daran, daß dieses Prinzip der Todesreflexion im Lauf der Kultur nicht überholt werden kann, wohl aber das des Opfers. Tatsächlich will Girard das bisherige Kulturprinzip »Opfer« abschaffen zugunsten einer gewalt- oder tötungsfreien Kultur auf der Basis des christlichen Evangeliums.

Sehen wir uns zunächst die ›modernen‹ Anthropologien an, die Girard überholen will. – Arthur Koestler nennt den Menschen schon deshalb einen »Irrläufer der Evolution« ohne Rückkehrmöglichkeit zur tierischen »Normalität«, weil sich der Mensch seiner Sterblichkeit bewußt ist, aber damit nicht zurechtkommt. Er ist für das Todesbewußtsein nicht programmiert. Während sich der menschliche Intellekt ständig mit dem Tod beschäftigt, verdrängen ihn Instinkt und Gefühl. Koestler schreibt:

Ausgeliefert dem Paradoxon eines Bewußtseins, das aus pränataler Leere auftaucht und in postmortalem Dunkel wieder versinkt, lief der menschliche Verstand Amok. Er erfand ganze Heere von Geistern der Verstorbenen, von Göttern, Engeln und Teufeln, bis die Atmosphäre mit unsichtbaren Wesen gesättigt war – bestenfalls launenhaften und unberechenbaren, meist aber böswilligen und rachsüchtigen Dämonen. Sie mußten verehrt, umschmeichelt und besänftigt werden – durch ausgeklügelt grausame Rituale, durch Menschenopfer, Heilige Kriege oder Ketzerverbrennungen. (...) Doch auch dieses Ding hat zwei Seiten. Die Weigerung, an die Endgültigkeit des Todes zu glauben, ließ Pyramiden im Wüstensand entstehen, führte zu festgefügten ethischen Grundsätzen und wurde zum wichtigsten Inspirationsquell künstlerischer Schöpfungen. Gäbe es das Wort »Tod« in unserem Sprachschatz nicht, wären die großen Werke der Literatur nie geschrieben worden. Die Kreativität und die Pathologie des Menschen sind zwei Seiten derselben Medaille, geprägt in demselben evolutionären Münzstock.[8]

Auch für Luigi De Marchi steht »am Anfang der Menschheit die Panikreaktion des menschlichen Affen auf den existentiellen Schock bei der Bewußtwerdung des Todes«.[9] Das menschliche Selbstbewußtsein ist in gewisser Weise immer auch Bewußtsein des Todes, Bewußtsein davon, daß man ist und nicht nicht ist, aber doch bald nicht mehr sein könnte. Die menschliche Kultur erscheint für De Marchi als eine Abwehr der Todesangst und als Ausfüllung der nur »andenkbaren«, aber nicht »durchdenkbaren« Todesvorstellung mittels Unsterblichkeitssymbolisierungen. – Auch Robert Jay Lifton ist dieser Meinung, wenn er schreibt:

> Mit Sicherheit durchdringt unser Wissen um unser Sterbenmüssen alle großen Empfindungen und Ereignisse des Lebens. Und unsere Abwehr dieses Wissens, unsere Todesverleugnung, ist, wie Freud und andere hervorgehoben haben, in der Tat furchtbar. Jedoch kann diese Verleugnung niemals allumfassend sein; es ist uns zu keiner Zeit wirklich unbekannt, daß wir sterben müssen. Vielmehr leben wir unser Leben mit einer Art »zentralen Wissens« um den Tod, einem Teilbewußtsein, das mit Ausdrucksformen und Aktionen einhergeht, die es Lügen strafen. Unsere Abwehr gegen das Sterbenmüssen – die fühllose Seite unseres »zentralen Wissens« – beeinträchtigt und behindert unseren Symbolisierungsprozeß. Wir brauchen aber die Symbolisierung von Fortdauer – den Tod transzendierende Vorstellungen und Bilder –, um unserem Sterbenmüssen wirklich begegnen zu können.[10]

Die Kompensation der Todesfurcht schließt eine gewisse Vitalisierung des Todes nicht aus; das reicht aber nicht zur Auffassung vom Tod als kollektivem Heilsbringer.

Was Freud die »Energie des Todestriebs« nannte, von der sich ein »Aggressionstrieb herleitet«, sehen wir als die Energie unseres kämpferischen Bestrebens, die Todesvorstellung mit Vitalität und Integrität zu verbinden. Daß in einer solchen Konzeption ein Trieb zur Gewalt oder zum Bösen fehlt, bedeutet keinen inhärenten Optimismus. Stattdessen wird damit die menschliche Fähigkeit zum Zerstören und Morden innerhalb einer Dialektik angesiedelt, die ebenso fundamental wie prekär ist – eine Dialektik der Fähigkeit zu Be- und Verurteilung (also zu einer Vorstellung von Gerechtigkeit) auf der einen Seite und dem Tötungsimpuls auf der anderen. Kein Wunder, daß wir so häufig zwischen Tugend und Gewalt schwanken und auf diesen Prozeß manchmal mit Krankheit reagieren.[11]

Tatsächlich scheint Töten die simpelste Weise zu sein, den Tod von sich abzulenken und durch ›aktives‹ Überleben seine eigene Unsterblichkeit zu betreiben, gewissermaßen als »Selbstschöpfung durch Vernichtung«.[12] Canetti meint:

> Alle Absichten des Menschen auf Unsterblichkeit enthalten etwas von der Sucht zu überleben. Man will nicht nur immer da sein, man will da sein, wenn andere nicht mehr sind. (...) Die niedrigste Form des Überlebens ist die des »Tötens«.[13]

Bei den zitierten Autoren außer Girard steht also die Abwehr des Todes im Vordergrund. Allerdings kommt schon bei Lifton und Canetti ein möglicher Tötungsursprung (im Gegensatz zum Todesursprung) der Vernunft in den Blick, nämlich die tötende Gewalt als eine Art Erkenntnispraxis.[14]

Auch die Bibel legt nahe, daß am Anfang der Menschheit die Gewalt des ausgeübten Todes, das Töten, stand und nicht nur die Angst vor dem Tod oder das allgemeine Todesbewußtsein. Die Ursünde geschieht dort trotz der Todesdrohung. Der Mensch kommt erst durch ein Verbrechen zur moralischen Vernunft und damit zu einem habituellen Bewußtsein seiner Sterblichkeit als Sorge um seine Existenz.

Die biblische Geschichte vom Vernunftanfang durch den Sündenfall bedeutet zum Beispiel für Kant, daß die Menschen »den ersten Gebrauch der Vernunft damit gemacht haben, sie (selbst wider den Wink der Natur) zu mißbrauchen«.[15] Die Menschen wählten eine Speise entgegen dem Instinkt, das heißt: entgegen dem göttlichen, im Baum der Erkenntnis repräsentierten Gebot, sich nur von Pflanzen zu ernähren.[16] Wie der Fortgang der Geschichte bis zur göttlichen Erlaubnis nach der Sintflut: »Alles Lebendige, das sich regt, soll euch zur Nahrung dienen«,[17] zeigt, war diese Ursünde die Übertretung des Vegetarismusgebotes, also ein das Töten involvierendes Essen von Lebendigem, worauf die Todesstrafe stand. Aber anstatt nun direkt an falscher Ernährung oder psychogen am Ungehorsam[18] oder durch Selbstabschlachtung, das heißt Kannibalismus zugrundezugehen, leben die Menschen seither mit dem Bewußtsein des Todes und, gemäß dem Zugeständnis Jahwes nach der Sintflut, mit fleischlicher Kost.[19]

Was ist auch schon Besonderes an der Vertilgung von Lebewesen durch Lebewesen? Viele Tiere fressen Fleisch, obwohl auch ihnen zunächst nur Grünzeug verordnet war.[20] Die Schlange, übrigens eine Gestalt Jahwes, macht es in der Bibel dem Menschen vor und verlockt zu dieser Götterspeise. Jahwe verfügt ja nicht nur über Tierfelle,[21] sondern bedarf durchweg der Fleischopfer.[22]

Einerseits ist also der menschliche Umgang mit dem Töten und die Angst, getötet zu werden, natürlich oder tierisch (und im gewissen Sinn göttlich). Andererseits versetzen aber das Töten und der Fleischverzehr den Menschen in jenen spezifisch menschlichen Ausnahmezustand des Todesbewußtseins mit Tötungsappetit. Also muß man den Menschen anthropologisch wohl als unnatürliches Raubtier ansehen. Erst durch die instinktwidrige Jagd auf Lebendiges wäre er menschlich oder vernünftig geworden. Der Anfang der Vernunft läge somit in der seelisch-geistigen Veranstaltung des Tötens. Walter Burkert schreibt in seinem Buch »Homo Necans« (= der tötende Mensch):

> Selbst die Geburt der Musik ist nicht vorstellbar ohne Opfertötung; die reale Verwendung von Knochenflöte, Schildkrötenleier, stierhautbespanntem Tympanon druchdringt sich mit der Idee, daß die überwältigende Macht der Musik von der Verwandlung und Überwindung des Todes herrühre.[23]

Allerdings kann nicht das Töten zwecks Nahrungsbeschaffung allein die Hominisierung vollbracht haben. Das meint auch Wolfgang Giegerich in seinem Buch »Tötungen. Gewalt aus der Seele«. Das Töten von Lebendigem kann nur dann der Anfang des Neuen, des Menschlichen gewesen sein, wenn der Mensch im Getöteten auf sich selbst gestoßen ist. Giegerich schreibt:

Im gejagten oder geopferten Tier erkennt sich der Mensch selbst. Über das Töten des Tieres (oder eines anderen Menschen im Fall des Menschenopfers) gewann der Mensch seine erste Selbsterkenntnis, sein erstes Gewahren seiner selbst, wobei sich die Selbsterkenntnis dann später in seinen Götterbildern und Göttergeschichten formuliert. (...)
Der tötende Speerwurf oder Axthieb ist ein Schuß oder Hieb in die Dumpfheit des animalischen Lebens hinein. Mit dem Schock des tötenden Axthiebes hat sich die Seele selber aus dem Dunkel der bloß-biologischen Existenz herausgeschockt. Sie hat sich *inmitten* dieses Dunkels und *aus* ihm heraus erstmals den lichten Seelenraum als eine kleine Insel freigehauen.[24]

Für Giegerichs Vernunftsursprung gibt es keinen anderen Grund als das mehr oder weniger instinktwidrige Morden. Vernunft scheint selbst eine Art Mordlust. Girard beharrt aber auf einer natürlichen Motivation für den vernunfterzeugenden Mord. Für ihn kommt es darauf an, warum und wen man tötet und wie man das macht. Girard meint: Getötet wird aufgrund der Lebensbedrohung durch allgemeine Gewalttätigkeit zwecks Beseitigung derselben. Getötet wird das stellvertretende Opfer, der Sündenbock, der gar nicht Schuld an dem Übel haben muß, welches durch seinen Tod beseitigt werden soll. Und es wird einmütig getötet, das heißt: einvernehmlich von allen Mitgliedern der bedrohten Gemeinschaft.
Girards Sündenbock bildet ein reales und zugleich symbolisches Opfer. Ihn real zu töten, ist ein Verbrechen von der Art, welche eigentlich zu verhindern ist: Mord. Ihn als Symbol aller Gewalttäter zu töten, ist das Gute schlechthin, ist heilige Gewalt. Erst diese einmütige, aber nicht mehr allgemein gegenseitige Gewalt bringt die Menschen oder die Noch-Tiere zur moralischen Vernunft. Der Fetisch dieser Vernunft ist der Tod. Dennoch ist ihr Sinn der Friede. Denn: Die unerträglich gewordene zirkulierende Gewalt macht zu ihrer Beruhigung ein einmütiges Opfer nötig.
Anlaß zum Töten ist deshalb nicht Nahrungsnot, sondern Friedensnot. Die vermeintliche Rückkehr zum instinktwidrigen Raubtierverhalten kann Girard als Opferbeschaffung er-

klären. Krieg und Jagd, so meint er, dienen ursprünglich dem Menschen- und Tieropfer. Aus der Opfertierhaltung ergibt sich dann die Domestizierung von Tieren. Die frühen Tier- und Menschenabbildungen, zum Beispiel in der Höhle von Lascaux, passen zu dieser Vorstellung von Hominisation.

Die natürliche Ausgangssituation für die Menschwerdung ist nach dieser Theorie also eine Notlage tierischer Sozialisation. Die Intensivierung des natürlichen, bei Primaten üblichen Nachahmungsverhaltens (= *Mimesis*) führt zur allgemeinen Gewalttätigkeit, die eine ›unnatürliche‹, menschliche Lösung erfordert: das blutige Opfer des erwählten Unschuldigen. Vor der Hominisation muß demnach die mimetische Macht sich so gesteigert haben, daß keine direkten, zu tierischen Sozialisationsformen führende Lösungen mehr möglich waren, sondern nur noch eine indirekte Lösung. Nicht die jeweiligen Übeltäter oder am Rivalitätskampf Beteiligten werden dann belangt, sondern ein Repräsentant oder Stellvertreter. Das ist die Lösung durch den Opfermechanismus.

Girard meint auch, daß die einzigartigen Eigenschaften des menschlichen Gehirns mit der Entfaltung und Intensivierung der Simulationsfunktion zu tun haben, die schon bei den Primaten mit ihren bereits relativ voluminösen Gehirnen beginnt. Das Gehirn könnte dann im Zuge der Intensivierung mimetischen Verhaltens gewachsen sein.

> Die bedeutende Rolle, welche mimetische Reize in der menschlichen Sexualität spielen – denken wir an die Erregung, an die Rolle des Voyeurtums usw. – lassen vermuten, daß der Übergang von der periodischen Brunst des Tieres zur dauernden Sexualität des Menschen auf die Intensivierung der Mimesis zurückzuführen ist.[25]

Girard stellt sich vor, daß durch Nachahmung des Aneignungsverhaltens Rivalitäten in bestimmten Primatenpopulationen überhandnahmen. Durch den ständigen Kampf um Positionen wurden schließlich die Subordinationsbeziehungen *(dominance patterns)* der Primatenverbände zerstört. In den Primatengesellschaften ahmen die Dominierten nämlich im allgemeinen nicht das Aneignungsverhalten der Dominierenden nach. Jeder hält sich an die Subordinationsordnung. Nur bei freigewordenen Positionen (durch Alter, Unfall, Krankheit) gibt es den mimetischen Kampf, in dem der eine will, weil und was der andere will.

Je intensiver der Mimetismus wird, desto »ansteckender« werden die Konflikte, die er heraufbeschwört, und die darauf folgenden Lösungen. Somit werden die mimetischen Rivalitäten, je mehr sie sich zuspitzen, um so mehr Beteiligte (sie) in sich verwickeln (und diese sind um das sakralisierte Opfer geschart), dem doppelten Imperativ des Verbots und des Rituals unterstellt. Die Menschengemeinschaft leitet sich offensichtlich von dieser Versammlung ab.[26]

Die rituelle Liquidierung des erwählten Opfers beseitigt das Übel und schafft Frieden. Das Übel ist für Girard der Zusammenbruch der gesellschaftlichen Ordnung, des allgemeinen Lebenszusammenhanges.

Auch bei Girard haben wir also wieder eine Abwehr des Todes, aber des Todes als des gesamtgesellschaftlichen Unterganges. Der Tod des Ganzen wird durch den gewaltsamen Tod des Einzelnen für eine Weile vermieden, bis der nächste Zyklus des Opfermechanismus mit den Stationen Mimesis, Rivalität und Krise abläuft und ein neues Opfer fordert.

Diese Konstruktion des versöhnenden Opfers ist nur durch die Annahme eines kollektiven Todesbewußtseins, wie es zur allgemeinen Gewalttätigkeit als Gefährdung des Ganzen gehört, von der bisherigen Todesabwehrlehre verschieden. Girard spricht statt vom Tod von der Gewalt, welche die bestehenden gesellschaftlichen Unterschiede auflöst. Und statt vom Leben spricht er von Gesellschaft. Er will insgesamt darauf hinaus, daß wir die Vergeblichkeit einsehen, mit dem Opfermechanismus die Gesellschaft am Leben zu erhalten, wenn die Gewalt an der Basis, welche der Aneignungsmimesis entspringt, nicht aufhört. Am Ende steht bei ihm, vorerst als Utopie, die absolute Gewaltlosigkeit, wie er sie bei Jesus zu finden glaubt (so daß er natürlich das meiste aus dem »Neuen Testament« streichen und den Rest uminterpretieren muß). Eine Art ewigen Lebens hat er im Sinn, obwohl die Menschheit beim Versuch, jeder irgendwo auftretenden Gewalt durch leerlaufendes Erdulden, also gewaltlos auszuweichen, aussterben könnte.

Man soll nicht zögern, sein Leben hinzugeben, um nicht zu töten und um damit aus dem Teufelskreis des Mordes und des Todes herauszukommen. (...) Wer es hinnimmt, sein Leben zu verlieren, bewahrt es für das ewige Leben.[27]

Sehen wir uns nun Girards Lehre vom Ursprung der Vernunft aus dem Opfertötungsritual an. – Die Vernunft beginnt mit dem Ungeheuerlichen, nämlich mit der »nichtinstinktiven Aufmerksamkeit« (...) »auf den Leichnam des kollektiven Opfers«.[28] Die Leiche ist das erste Zeichen oder Signifikante. Die Signifikanz entsteht aber nicht aus der Identifizierung mit dem Opfer als totem *alter ego* wie bei Giegerich, sondern durch den Effekt der Tötung. Dieser ist die Beruhigung des Taumels, die Stillegung der allgemeinen Gewaltsamkeit, also der Wechsel von Gewalt zu Frieden. Girard schreibt:

Das Symboldenken hat seinen Ursprung im Mechanismus des versöhnenden Opfers. (...) Wer Ursprung des Symboldenkens sagt, sagt ebenfalls Sprache, wahres *fort / da*, aus dem jede Benennung, das ungeheure Wechseln von Gewalt und Frieden hervorgeht. Wenn der Mechanismus des versöhnenden Opfers die Sprache hervorbringt und sich so als erstes Objekt durchsetzt, dann kann man sich vorstellen, daß die Sprache zuerst die Verbindung von Gut und Böse ist – göttliche Epiphanie, der Ritus, der ihrer gedenkt, und der Mythus, der sich ihrer erinnert. Die Sprache bleibt lange vom Heiligen durchdrungen, und nicht grundlos scheint sie dem Heiligen vorbehalten und vom Heiligen aufgezwungen.[29]
Schon in der elementaren Form erregt der Opfermechanismus eine Aufmerksamkeit neuer Art, die erste nichtinstinktive Aufmerksamkeit. Von einem gewissen Grad der Phrenesie (des Wahnsinns) an erfolgt die mimetische Polarisation auf den einen, zum Opfer Auserkorenen. Nachdem die Gewalttätigkeit an diesem Opfer ihren Durst gestillt hat, bricht sie zwangsläufig ab; auf den Lärm folgt das Schweigen. Dieser überaus große Kontrast zwischen der Entfesselung und der Besänftigung, dem Tumult und der Ruhe schafft für das Er-

wachen dieser neuen Aufmerksamkeit die denkbar günstigsten Bedingungen. Da der Geopferte das Opfer aller ist, heften in diesem Moment sämtliche Glieder der Gemeinschaft den Blick auf ihn. Über das reine Instinktobjekt, über die Nachahmungs- und Sexualobjekte oder den dominierenden Artgenossen hinaus richtet sich eine erhöhte Aufmerksamkeit auf den Leichnam des kollektiven Opfers.[30]

Die Bedeutung des Opfers wird zum ersten Begriffenen: ›Gewalt weg, Friede da – durch heiliges Schlachten‹. Das Opfer selbst ist das erste Bedeutsame, das erste Zeichen. Es tritt aus der Masse hervor. Wie ich, wie du?

Damit sind wir bei der eingangs zitierten Auszeichnung des Glücksspiels als etwas spezifisch Menschliches durch Caillois. Denn das rudimentärste, einfachste Modell für diese Zeichenerzeugung ist das Glücksspiel oder die Lotterie, das Modell »des kurzen Strohhalms: einzig der kürzeste Strohhalm ist bezeichnend. Der Rest bleibt unbestimmt«.[31] Das Entscheidende, was die Tiere nicht kennen, weil sie dadurch schon Menschen wären, ist das Ritual der Erwählung des heiligen Opfers, an welches die Glücksspiele erinnern.

Zum Begriff vom erwählten Opfer gehört die Unterscheidung von Gut und Böse, nämlich von guter (reiner) und böser (unreiner) Gewalt. Die zum Opfer gehörende Vernunft ist also ursprünglich, wie in der Bibel, moralische Vernunft. Sie geht als solche über den Verstand der Tiere oder den tierischen Verstand des Menschen hinaus. Die Bibel setzt ja, wie Kant es in seiner Paraphrase zur Sündenfallgeschichte betont,[32] für ihre Genese der moralischen Vernunft den denkenden und sprechenden Menschen voraus, einen solchen sogar, der bereits die Todesdrohung, mit der der Baum der Erkenntnis belegt war, verstehen konnte. Denken, Sprechen und Verstehen (wozu, wie man neuerdings weiß, auch die Bedienung von Computerspielen gehört[33]) sind Fähigkeiten, die der Mensch prinzipiell mit dem Tier gemeinsam hat. Was die neue, anscheinend spezifisch menschliche Vernunft ausmacht, ist die Reflexionsfähigkeit des Einzelnen auf sein Dasein im Ganzen. Ihr Grundbegriff ist nach Girard der des Erwähltseins zum stellvertretenden Opfer.

Bei Girard scheint es, daß zunächst nur die anderen diesen Begriff haben – für den anderen. Denn dieser Begriff stellt sich bei denen ein, die einer Opferung beiwohnen. Dazu ist aber doch sicher auch Identifikation mit dem Opfer nötig, also das, was Giegerich für das Entscheidende beim Tötungsakt hielt; so daß sich jeder der Beiwohnenden, auch wenn ›nur‹ ein Tier geopfert würde, als mögliches Opfer, und das heißt als möglichen Toten verstehen kann. In diesem Falle wäre noch der Begriff der Stellvertretung für die neue Vernunft entscheidend. Da Girard aber darauf nicht näher eingeht, bleibt seine Zentralvorstellung des Erwähltseins durch die Anderen oder der Repräsentanz des Allgemeinen im Einzelnen doch etwas rätselhaft. Nur über den Begriff der Stellvertretung kann er den Glücks- und Zufallsspielen die Bedeutung geben, von der wir oben ausgegangen sind. Diese Spiele sollten ja an das stellvertretende Opfer als Ursprungshandlung der menschlichen Kultur erinnern.

Profaner ist Rudolf Bilz' Modell für Krisenbewältigung, das aus dem Tierreich bekannte Krähengericht (*Kraketing*), auch Mobbing oder Anstoßnehmen genannt. Es betrifft Individuen, die sich in sozialen Rängen befinden, welche ihnen biologisch nicht zustehen. Die Diskrepanz zwischen sozialem und biologischem Rang wird durch Mobbing beseitigt: »Da fielen sie über ihn her und hackten auf ihm herum«.[34] Ein solcher Sündenbockmechanismus ist in den Augen Girards noch eine direkte Lösung von Krisen. Sie funktioniert ja ohne Stellvertreterschaft, ohne ein heiliges Opfer. Denn es wird das, woran man Anstoß nimmt, direkt beseitigt. Erst ein heiliger Sündenbock, der gar nichts mit dem zu beseitigenden Übel zu tun haben braucht, stiftet bei Girard die menschliche Sozietät jenseits tierischer *dominance patterns*. – Wenn denn die menschliche Gesellschaft, in der es als vernünftig gilt, »mit den Wölfen zu heulen«, tatsächlich jenseits der tierischen Sozietäten wäre! Bilz erinnert an Auschwitz:

Man ernennt Menschen zu Feinden, mit denen man nicht im feindlichen Kontakt stand, weil man sich zu der Majorität der Wölfe nicht in einen Gegensatz stellen will. Man fügt sich dieser Gruppe ein, um ihr Anstoßnehmen nicht auf sich zu ziehen, und billigt damit deren Grausamkeiten, ja, wird zum Mittäter.[35]

Girards Vorstellung vom Opfertod als kollektivem Lebensspender, den er an den Anfang der Menschheit stellt, könnte also auch eine bestialische Perfidie sein. Tatsächlich glaubt er, in ihr den Teufel erwischt zu haben, dem es durch Jesus den Garaus zu machen gilt. Denn Jesus sei der Stifter einer neuen, noch nicht bestehenden, nicht sakrifiziellen Gesellschaft. Vielleicht verfolgt Girard sogar eine diabolische Hinterlist, wenn er die Gewalt, die heilige wie die verbrecherische, als den Teufel identifiziert und diesen als das Geheimnis der bisherigen sakrifiziellen Religion hinstellt. Denn der Teufel läßt sich diese Aufdeckung nicht ohne weiteres gefallen. Girard schreibt:

> Das Religiöse beschützt den Menschen solange, als sein Geheimnis nicht enthüllt wird. Wird das Ungeheuer in seinem letzten Versteck aufgescheucht, dann läuft man Gefahr, es ein für allemal zu entfesseln. Wer die Unwissenheit der Menschen zerstört, der riskiert, die Menschen einer erhöhten Gefahr auszusetzen; er beraubt sie eines Schutzes, der in der Unwissenheit besteht, und nimmt der menschlichen Gewalt den letzten Hemmschuh.[36]

Was einstweilen herrscht, muß man nicht gleich Teufel nennen. Die Bilzschen »biologischen Radikale« bilden eine profane Erklärung. Zum spezifisch Menschlichen, das wir oben die moralische Vernunft nannten, scheint einfach eine merkwürdigerweise als unmenschlich oder bestialisch bezeichnete Weise zu gehören, das Töten zu handhaben. Der Grund dafür könnte dann doch, wie oben erwogen, die Todesangst sein, die René Girard für den Vernunfturspsprung nicht ausreichend schien. – Luigi De Marchi teilt diesbezüglich eine psychoanalytische Spekulation von Otto Rank mit:

> Die Todesangst wurde im Ich durch Tötung oder das Opfer des anderen gemildert; das Subjekt befreite sich damit vom Sterben, vom Getötetwerden als einer Bestrafung. Diese Hinweise erklären in nuce den Opfermechanismus des Sündenbocks und jede andere Form von paranoider Destruktivität.[37]

Wenn dem so ist, dann greift die Erklärung Freuds, daß es »die Situation des Überlebenden gegen den Toten war, die den primitiven Menschen zuerst nachdenklich machte«.[38] Die treibende Kraft für den Ursprung der Vernunft war dann nicht das intellektuelle Problem des Todes, sondern der Gefühlskonflikt zwischen Befriedigung und Trauer. Die Vernunft hat nach Freud ihren Anfang an der Leiche der geliebten Person und nicht, wie bei Girard, an der des stellvertretenden Opfers.

Freud schreibt:»Die erste theoretische Leistung des Menschen« war »die Schöpfung der Geister«,[39] aus denen wegen des Schuldgefühls bei der »Befriedigung, die der Trauer beigemengt war (...), böse Dämonen wurden«.[40] Flankiert wurde der Geisterglauben vom Unsterblichkeitsglauben (wegen der Präsenz des Toten im Traum und in der Erinnerung) und vom ersten moralischen Tabu:

> *Du sollst nicht töten.* Es war als Reaktion gegen die hinter der Trauer versteckte Haßbefriedigung am geliebten Toten gewonnen worden und wurde allmählich auf den ungeliebten Fremden und endlich auch auf den Feind übertragen.[41]

Dabei ist die »Mordlust« älter als die »Liebe«.[42] Auf diese Mordlust konnte sich Girard berufen. Er erklärte sie aus der Intensivierung der Mimesis des Aneignungsverhaltens. Auch wenn man ihm dann nicht mehr folgen mag, bleibt dieser furchtbare Verdacht des Anfangs der Vernunft beim Morden, beim gewaltsamen Tod, bestehen.

Kehren wir zum Anfang unserer Überlegungen zurück, zu den Spielen bei Mensch und Tier. Im Glücks- und Zufallsspiel findet Girard die Erinnerung an den grausigen Vernunftursprung bei der Erwählung des Opfers. Aber ist das das einzige Spielerische, was die Tiere nicht kennen? Hat er (und auch Caillois) nicht etwas übersehen, das sich ebenfalls nicht bei den Tieren findet, aber doch bei uns, insbesondere bei unseren Kindern, eine Art Spielen bildet? – Ich meine das Bekritzeln von Flächen und dann das Malen. Welche anthropologische Bedeutung hat diese spielerische Beschäftigung? Ist sie womöglich auch eine Art Erinnerung an den Anfang der spezifisch menschlichen Vernunft?

Hermann Schmitz vertritt in seinem »System der Philosophie« die These, der Anstoß zur Vernunft könnte durch die Begegnung mit der Fläche, das heißt beim Kritzeln und beim Malen gekommen sein. Diese These ist nicht minder überraschend als die von Girard über das Glücksspiel, aber weniger grauslich. – Falls es nicht um die Fläche geht, auf der man das Opfer zeichnet! Das würde bedeuten: Beim Glücksspiel wird jemand erwählt oder erwischt, beim Kritzelspiel auf der Fläche wird er durchs Konterfei dingfest gemacht. Also doch Jägervernunft? Sehen wir genauer hin.

Das erste Signifikante ist bei der Schmitzschen These jedenfalls nicht das Schlachtopfer oder der geliebte Tote, sondern – lax gesagt – Makkaroni (von *makaria* = Glückseligkeit). Gemeint sind nudelschlingenartige Kritzeleien auf der Fläche, zum Beispiel auf den Wänden der Eiszeithöhlen und unserer Kinderzimmer. Man nennt sie tatsächlich so: Makkaroni-Linien.

Der selbstbewegte Punkt gleitet spielerisch über die Fläche und bildet erste Figuren.[43]

Um hier einen Anstoß zur Vernunft zu erkennen, müssen wir uns vorzustellen versuchen, wie es ist, ein Kleinkind zu sein. Zu was provoziert uns dann die Fläche? – Es könnte sein, meint Schmitz, daß Tiere Flächen überhaupt nicht wahrnehmen. (Eine heikle Vermutung, da doch zum Beispiel Tauben sehr wohl auf Fotos Menschen von anderen Objekten unterscheiden können.[44]) Sie würden deshalb auch nicht zeichnen. Irgendwann beginnen aber unsere Kinder damit.

Zunächst gibt es Flächen gar nicht, meint Schmitz, das heißt: Es gibt sie nicht für die unvernünftige Wahrnehmung. Vernunft meint hier: ein von Affektivität entlastetes Abtaxieren der Körperwelt. Die Fläche ist nämlich etwas Leibfremdes. Sie kann am eigenen Leib, das heißt beim eigenleiblichen Spüren »ohne (...) Besehen und Betasten des eigenen Körpers«, gar nicht gespürt werden.

Mit der Fläche kommt etwas Leibfremdes in den Raum; flächenlose Wahrnehmung, wie Hören, Riechen und klimatisches Spüren, wirken daher leibnäher, leiblich verstrickender und beanspruchender als Sehen und Tasten, wo diese es mit Flächen zu tun haben und daher eher Gelegenheit zu beobachtender, gleichsam neutraler Abstandnahme vom Begegnenden bieten.[45]

Die Fläche terminiert, das heißt: begrenzt oder beendet Blicke und Greifrichtungen durch punktuelle Ziele auf ihr. Und sie verbindet diese Richtungsziele auch zu einem Netzwerk beim spielerischen Hin-und-Her des Blickens und Greifens. So kann ich schon vor dem Hintergrund des freien Himmels durch Herumfuchteln mit der Hand ein Lineament entstehen lassen. Erst recht geht das vor einer Fläche als Hintergrund, auf der meine Finger Spuren hinterlassen können – zum Beispiel im Sand oder mit Kreide auf der Wand.

Diese Wahrnehmung der Fläche und dann der Linien auf ihr hat etwas Besonderes – vergleichbar der Wahrnehmung des (leeren) Raumes vor den Dingen, die für das perspektivische Zeichnen nötig ist, welches es vor dem fünfzehnten Jahrhundert anscheinend nicht gegeben hat (s. auch Kapitel »Die Sache mit der Perspektive«, S. 191). Die Wahrnehmung der (leeren) Fläche ist entlastet von »leiblicher Kommunikation«.[46]

Mit ›leiblicher Kommunikation‹ bezeichnet Schmitz die nicht auf einen physikalischen Raum reflektierende unmittelbare Wahrnehmung. Sie ist in gewisser Weise affektiv belastet, nämlich ohne distanzierende Abschätzung und beurteilende Beobachtung. Auf eine affektiv belastete, nicht objektivierende Wahrnehmung scheinen sich die Tiere weitgehend zu beschränken. Ihre Wahrnehmung ist dann im wesentlichen suggestives, distanzloses Betroffensein von etwas, zum Beispiel von Blicken, Geräuschen, Stimmen, Klängen, Luftzügen, Gestalten, Gerüchen und Farben. Solche Wahrnehmung kann verlockend sein oder schreckhaft, manchmal auch dösig.

Sichtbares wird wahrgenommen in den Richtungen des Greifens, Blickens oder Sichhinbewegens. Wenn aber eine wahrgenommene Fläche, sei es Haut, Erde, Wand, Papier, Bildschirm oder Firmament, zu diesen Richtungen quer steht, unterbricht sie diese. Es gibt dann zunächst auf ihr nichts Besonderes zu sehen, nichts als die leibfremden Punkte der Richtungsziele, mit denen man die Fläche abtastet und auf ihr hin und her schweift. Die Verbindungen der Punkte bilden etwas, dessen Wahrnehmung von leiblicher Kommunikation, also von Suggestion, Schreck oder Dösen, entlastet ist. Jetzt kann die Phantasie im Zuge beliebiger Aus- und Umgestaltungen der Makkaroni-Linien, welche die Richtungsziele miteinander verbinden, spielerische Identifizierungen machen. Irgendwann erscheint dann dort der erste Mensch: ein Kopffüßler, der erste Doppelgänger.

Die Fläche ist so gleichsam das Laboratorium, die Amme der kombinatorischen Phantasie.[47]

Die als solche wahrgenommene Fläche gibt möglicherweise einen Anstoß zur personalen Emanzipation. Diese ist in gewisser Weise der Ausstieg aus mir selbst als Leib, meine Verwandlung in einen Körper mitsamt einem von ihm distanzierten körperlosen Ich. Trifft die These vom Anstoß zur personalen Emanzipation durch die Fläche zu, heißt das: Die Fläche ermöglicht meine Vergegenständlichung in einem Körper unter anderen Körpern im physikalischen Raum. Ohne Fläche kommt es nicht zur Dimensionierung des Raumes, den ich zunächst durch die leiblichen Richtungen, insbesondere durch den Blick und das Greifen, erlebe. Der leibliche Raum des Fallens, Laufens, Greifens und Blickens ist ja noch einsinnig, ein »Richtungsraum«.[48] Er geht von mir aus, wobei ich mich in seinem Zentrum, am absoluten Ort befinde. Ich bin der absolute, nicht relative Quell leiblicher Richtungen. Darüberhinaus gebe ich mir selbst aber auch noch einen relativen Ort durch Abstände zu anderen Körpern. Diese Lokalisation wird erst durch »die spiegelnde Leistung der querenden Fläche« möglich,[49] an der die einsinnigen leiblichen Richtungen zu umkehrbaren Richtungen werden.

Die einzelnen Richtungsterme, in denen sich Blicke, Griffe, Gebärden pp. partiell sättigen, würden wie ihre Verbindungen Episoden bleiben, die den unumkehrbaren Zug leiblicher Richtungen aus der Enge in die Weite nicht umzukehren vermöchten, wenn sie nicht in der Fläche als einem leibfremden

Sammelbecken zusammenfänden, in dem sie dem wahrnehmenden Subjekt so gegenübertreten, daß aus unumkehrbaren Richtungen umkehrbare Verbindungen werden, die ebenso vom Objekt zum Subjekt wie vom Subjekt zum Objekt abgelesen werden können.[50]

Vor der Fläche kann ich einen relativen Ort einnehmen und Körper sein, weil die wahrgenommene Fläche selbst als Körperoberfläche erscheint. Sie ist dann etwas, das auf mich als Körper zurückweist, einen Abstand zu mir hat. Die Reflexion oder Umkehrung der leiblichen Richtungen an der Fläche gibt mir als einem am absoluten Ort befindlichen Leib zusätzlich einen relativen Ort. Zusätzlich zum Leib erhalte ich einen Körper. Und zusätzlich zum eigenleiblichen Spüren wird meine Wahrnehmung auch Körperwahrnehmung und entsprechend Wahrnehmung anderer Körper. Ich werde über das eigenleibliche, unmittelbare Spüren hinaus selbst objektivierbarer Körper, das heißt mir selber fremd, so fremd wie andere Körper auch. Ich betaste mich und staune: ›Bin das ich?‹ – zum Beispiel wenn das Bein eingeschlafen ist. Ich sehe mich und staune: ›Ist das meine Hand, die da hinter dem Buch zu sehen ist?‹

Der gespürte Leib ist mir näher als der objektiv gesehene und getastete Körper. Denn daß er meiner ist, muß ich wieder eigenleiblich spüren. Wenn es nun so etwas wie Geist oder Subjektivität gibt, dann sind Geist und Subjektivität in diesem Spüren, und das heißt: auf einer anderen Seite als auf der des Körpers, gewissermaßen diesseits des Körpers. Wozu dann die Fläche den Anstoß gibt, ist die Trennung von Körper einerseits und subjektivem Spüren, Bewußtsein und Geist andererseits.

Die Trennung von Körper und Seele entspricht der Unterscheidung von relativem und absolutem Ort meiner selbst, durch die ich mich wie ein Phantomglied (s. auch Kapitel »Phantome und Doppelgänger«, S. 176) vom wirklichen Körper unterscheide. Deshalb ist der Gedanke nicht absurd, keinen Körper mehr zu haben und nur in dieser Weise des Getrenntseins tot zu sein. Es muß ja nicht jeder Körper auch eigenleibliches Spüren haben. Das Getrennte befindet sich allerdings jetzt noch am selben Ort, da ich bei der Berührung meines Körpers ganz derselbe bin: zugleich gespürter Körper und spürender Leib an diesem Doppelort des Schmerzes. Dennoch muß ich mich als objektiven Körper mit physischen Zuständen trennen von mir als erlebendem, mit subjektiv-psychischen Zuständen, wenn ich mich der Vernunft bediene. Wir nehmen uns als Körper in einer Welt der Körper wahr kraft der objektivierenden Vernunft, die uns vom Leib emanzipiert. Der Körper ist die Leiche des Leibes.

Sind wir nun beim Bekritzeln von Flächen zur Vernunft gekommen oder an der Leiche des stellvertretenden Opfers? – Wir müssen das nicht entscheiden. Jedenfalls ging es beidemal um dieses: Wie bin ich an diesen Körper gekommen, der sterben kann, und wie der Körper an dieses Ich, das genau das nicht versteht? – Vielleicht wenden wir uns noch einmal an die Tiere. Ob wir sie wohl für Glücksspiele und fürs Zeichnen begeistern könnten, ohne daß sie gleich so werden müßten wie wir?

Was ging vor
im Denken Hegels?

Hegels Texte stellen eine besondere Form von Literatur dar: fiction-science (nicht umgekehrt!), Fiktionswissenschaft mit dem Ziel universeller Bedeutungsverleihung. Freilich sieht er es selbst wohl nicht so. Er will lediglich das Reale als das Vernünftige beweisen, also nichts als die Wahrheit, denn die ist die Übereinstimmung eines realen Gegenstandes mit seinem vernünftigen Begriff. Hegel bedarf dazu einer besonderen Erfahrung wie alle diejenigen, welche die endgültige Wahrheit gefunden zu haben glauben. Von dieser Erfahrung geleitet betreibt er, wie andere sich auf ihre übersinnliche Erfahrung berufende Heilslehrer auch, einen Exorzismus der sinnlosen Realität, indem er ihr spekulativ einen Mehrwert verschafft. Was naturwissenschaftlich über die Realität zu sagen ist, reicht nicht hin. Und was die philosophische Tradition bislang erwog, sank mit Fichtes »Wissenschaftslehre« in die Nacht des Ich zurück.

Ohne die vielen alltäglichen, kulturspezifischen Bedeutungsprojektionen für das Reale scheint menschliches Leben nicht auszukommen. In der Hauptsache wurden sie bisher religiös gerechtfertigt. Für Hegel existiert das religiöse Leben nicht mehr, es ist jedenfalls nicht lebendig genug, so daß er mit seiner spekulativen Philosophie einspringt. Er verschafft sich damit eine quasi-wissenschaftliche Erfahrung einer nun durchaus bedeutsamen Realität. Dabei läßt er das Einzelne nur als Bedeutendes, oder, wie er sagt, als Besonderes zu: als Inkarnation des Allgemeinen. Typisch dafür ist sein Bericht über Napoleons Ritt durch die Straßen von Jena am 13. Oktober 1806:

> Den *Kaiser – diese Weltseele* – sah ich durch die Stadt zum Recognosciren hinausreiten. Es ist in der Tat eine wunderbare Erfahrung, ein solches Individuum zu sehen, das hier, auf

einen Punkt concentrirt, auf einem Pferd sitzend, über die Welt übergreift und sie beherrscht.[1]

Hegel steht mit seinem Mehrwertwahn nicht allein da, wenngleich er ihn in größter Vollkommenheit und Wirkmächtigkeit ausgebreitet hat. Die imaginäre Bedeutungsverleihung ist typisch für die Philosophie überhaupt, so daß man Hegel durchaus als Philosophen bezeichnen kann. Darauf hat Clément Rosset in seinem Buch »Das Reale. Traktat über die Idiotie« hingewiesen. Die von Platon herausgestellten philosophischen Tugenden des Erstaunens und der Bewunderung sind nämlich mehrdeutige Dispositionen.

Denn wenn sich der Philosoph zu Recht darüber wundern kann, daß die Dinge existieren (daß das Sein existiert), so darf er umgekehrt keinesfalls darüber erstaunt sein, daß die Dinge gerade so und nicht anders existieren und ihnen deshalb eine wie auch immer geartete okkulte Bedeutung beimessen. Eine ebenso dunkle wie tautologische Bedeutung: die Dinge können nicht zufällig gerade so sein, wie sie sich darstellen, dekretiert eine bestimmte philosophische Vernunft (die wahre Vernunft dagegen müßte eher zu folgenden Überlegungen führen: wenn die Dinge nun einmal sind, wie sie sind, so deshalb, weil sie nicht umhin können, irgendwie zu sein). Der große Philosoph der imaginären Bedeutung ist Hegel: er denkt, jedes Reale sei vernünftig, nichts geschähe zufällig, alle Ereignisse trügen das Zeichen eines verborgenen Schicksals, und es sei die Aufgabe des Philosophen, dies zu verstehen und aufzudecken.[2]

Die Kehrseite der Hegelschen Sinnverleihung ist die Entwirklichung des Realen. Was Hegel in seinem Diktum über die Wirklichkeit des Vernünftigen und die Vernünftigkeit des Wirklichen das Wirkliche nennt, hat er selbst erläutert: Es ist das Notwendige. Weil »eine zufällige Existenz nicht den emphatischen Namen des Wirklichen verdiene«![3] Keineswegs meint Hegel, daß das Wirkliche erst vernünftig werden oder die Vernunft verwirklicht werden soll. Das Notwendige ist nämlich, so erklärt er, das Sein der Idee, »welche nicht so ohnmächtig ist, um nur zu sollen und nicht wirklich zu sein«.[4] Insofern hat Marx doch Recht, wenn er bei Hegel die Welt auf den Kopf gestellt findet. Nur den rationellen Kern der von ihm umgestülpten Dialektik gibt es nicht. Auch Marxens Dialektik ist Mystifikation, sogar noch in seiner Theorie des Zusammenbruchs akkumulierenden Mehrwerts, des Kapitals. Denn auch Marxens Bedeutungsverleihung an das Reale geht über das unbedeutende Einzelne hinweg.

Wie funktioniert eine solche Bedeutungsverleihung, die anscheinend heute noch fasziniert, denn man rechnet Hegel zu den Geistesheroen – zumindest im Land der Dichter und Denker. An Hegel ist sogar etwas ganz Besonderes:

> Wir wissen, daß wir noch immer nicht sagen können, was eigentlich vorgeht in Hegels Denken.[5]

Das schreibt nach 200 Jahren Hegelrezeption ein hervorragender, sprachkompetenter Hegelforscher. Hätte er etwas gewußt, hätte er es gesagt. Oder wußte er Unsägliches, letzte Dinge? – Ich versuche im folgenden zu sagen, was in Hegels Denken vorging, und zwar in Anschluß an das, was Marx über Hegels Dialektik schon zehn Jahre nach Hegels Tod gesagt hat.

> Tod und Liebe sind die Mythe von der (negativen) Dialektik, denn die Dialektik ist das innre einfache Licht, das durchdringende Auge der Liebe, die innre Seele, die nicht erdrückt wird durch den Leib der materialischen Zerspaltung, der innre Ort des Geistes. Der Mythus von ihr ist so die Liebe; aber die Dialektik ist auch der reißende Strom, der die Vielen und ihre Grenze zerbricht, der die selbständigen Gestalten umwirft, alles hinabsenkend in das eine Meer der Ewigkeit. Der Mythus von ihr ist daher der Tod.
> Sie ist so der Tod, aber zugleich das Vehikel der Lebendigkeit, der Entfaltung in den Gärten des Geistes, das Schäumen in den sprudelnden Becher von punktuellen Samen, aus welchen die Blume des einen Geistesfeuers hervorsprießt.[6]

Das steht in Marxens Vorarbeiten zu seiner Dissertation von 1841 (›negativ‹ ist in Marxens Manuskript kaum zu entziffern). Tod und Liebe sind letzte Dinge. Um sie geht es auch in Marxens ›positiver‹ Dialektik, was im nächsten Kapitel noch zu zeigen sein wird. Mit Marx ist schon eine erste Antwort auf die Frage gegeben, was vorging im Denken Hegels: Die Mythe »Tod und Liebe«.[7]

Tatsächlich bilden für Hegel Tod und Liebe das Wesen der Vernunft. Denn Vernunft bedeutet für den von ihr Betroffenen Selbstaufhebung und Selbstfindung im Anderssein. Die Verwandtschaft von Tod und Liebe, wie sie in den von Hegel zitierten Versen des »vortrefflichen Dschelaleddin Rumi« zum Ausdruck kommt, ist für Hegel selbstverständlich.

> Wohl endet Tod des Lebens Not,
> Doch schaudert Leben vor dem Tod.
> So schaudert vor der Lieb' ein Herz,
> Als ob es sei vom Tod bedroht.
> Denn *wo die Lieb' erwachet, stirbt*
> *Das Ich, der dunkele Despot.*
> Du laß ihn sterben in der Nacht
> Und atme frei im Morgenrot.[8]

Die Umarmung des Todes in der Liebe soll für Hegel der Aufgang des Geistes als des eigentlichen Lebens sein. Der Geist liebt den Tod um des Lebens willen. Er hat nekrophile Zauberkraft. Er gewinnt aus dem Tod das unendliche, ewige Leben.

> Aber nicht das Leben, das sich vor dem Tode scheut und von der Verwüstung rein bewahrt, sondern das ihn erträgt und in ihm sich erhält, ist das Leben des Geistes. Er gewinnt seine Wahrheit nur, indem er in der absoluten Zerrissenheit sich selbst findet. Diese Macht ist er nicht als das Positive, welches von dem Negativen wegsieht, wie wenn wir von etwas sagen, dies ist nichts oder falsch, und nun, damit fertig, davon weg zu irgend etwas anderem übergehen; sondern er ist diese Macht nur, indem er dem Negativen ins Angesicht schaut, bei ihm verweilt. Dieses Verweilen ist die Zauberkraft, die es in das Sein umkehrt. – Sie ist dasselbe, was oben das Subjekt genannt worden, welches darin, daß es der Bestimmtheit in seinem Elemente Dasein gibt, die abstrakte, d.h. nur überhaupt *seiende* Unmittelbarkeit aufhebt und dadurch die wahrhafte Substanz ist, das Sein oder die Unmittelbarkeit, welche nicht die Vermittlung außer ihr hat, sondern diese selbst ist.[9]

Drohender Tod, Zerrissenheit, Verrücktheit, Liebe und Verurteilung – das ist alles zugleich der Anfang einer Heilsbewegung zur Überwindung der Bedrohung. Bei einer bloßen Regression zurück in die (mütterliche) Macht und Nacht des Nichts und des Todes, oder auch bei einer mystisch entzückten Verschmelzung von Ich und allgemeiner Substanz soll es nicht bleiben. Hegel möchte beweisen, daß die Substanz (männliches) Subjekt und Geist ist.[10] Er selbst will als Subjekt die Vereinigung mit der allgemeinen Substanz überleben, will sich in ihr erhalten. Er glaubt auch, das mit seiner Philosophie geschafft zu haben. Am Ende der »Phänomenologie des Geistes«, die man gern sein Hauptwerk nennt, »schaudert der Geist« noch einmal von der nun überwundenen »*selbstlosen* Substantialität zurück«.[11] Und die »Enzyklopädie« von 1830 besiegelt Hegel nach einem dreifachen Zusammenschluß von Logik, Natur und Geist mit einem Aristoteles-Zitat über die Vernunft als Leben:

> Aristoteles *Metaphysik* XII$_7$: »(...) Und Leben wohnt in ihr; denn der Vernunft wirkliche Tätigkeit ist Leben, die Gottheit aber ist die Tätigkeit; die Tätigkeit an sich ist ihr bestes und ewiges Leben. Die Gottheit sagen wir, ist das ewige, beste lebendige Wesen, also Leben und stetige, ewige Fortdauer wohnet in der Gottheit; denn sie ist Leben und Ewigkeit.«[12]

Bereits in einem seiner frühesten uns erhaltenen Texte aus dem Jahre 1793 schreibt Hegel über die Liebe als eine Art sinnlicher, affektiver oder konkreter Vernunft. Er kritisiert so Kants rigorose Vernunftmoral, die nur den sogenannten intelligiblen Charakter des Menschen, das heißt: den Menschen als Vernunftwesen, und nicht den empirischen Charakter, das heißt den Menschen als Sinnenwesen, gelten läßt.

> Das Grundprinzip des empirischen Charakters ist Liebe, die etwas Analoges mit der Vernunft hat, insofern als die Liebe in anderen Menschen sich selbst findet oder vielmehr sich selbst vergessend sich aus seiner Existenz heraussetzt, gleichsam in anderen lebt, empfindet und tätig ist.[13]

Später, in der sogenannten »Jenaer Realphilosophie«, heißt es:

Dies Erkennen ist die *Liebe*. Es ist die Bewegung des Schlusses, so daß jedes Extrem vom Ich erfüllt, unmittelbar so im Andern ist, und nur dies Sein im Andern vom Ich sich abtrennt und ihm Gegenstand wird.[14]

Nun ist die Liebe, wie übrigens alles andere auch, ein Vernunftschluß. Das heißt: Hegel hat in das allgemeine Prinzip ›Vernunft‹ das Prinzip ›Liebe‹ aufgenommen. Das Vernunftleben ist Schließen, und dieses Schließen ist Liebe, spekulative oder logische Liebe. Vernunft und Liebe sind allerdings definitionsgleich mit der Verrücktheit: »Das verrückte Subjekt ist daher in dem Negativen seiner selbst bei sich«, heißt es in der »Enzyklopädie III«.[15] So kann Hegel den Teufel mit dem Beelzebub austreiben und alle Realität therapeutisch behandeln, denn überall droht der Tod, der Untergang des Individuellen und Einzelnen.

Hegels Grunderfahrung ist die der Bedrohung des Einzelnen durch das Allgemeine, oder anders gesagt: die Erfahrung der Verurteilung. Er rettet sich vor ihr in seiner Philosophie durch die Versöhnung des Einzelnen mit dem Allgemeinen im Urteil. Der Schluß bewirkt genau diese Versöhnung. Durch ihn verbindet sich das Einzelne derart mit dem Allgemeinen, daß das Einzelne als Inkarnation des Allgemeinen erscheint. Der Schluß begründet das Urteil durch die Herbeiführung einer Mitte. Das bedeutet für Hegel, daß das Einzelne in der Verbindung (dem Urteil) nicht untergeht, sondern aus ihm als das Besondere (Mitte) hervorgeht. Der Schluß ist die nicht tödliche Aufhebung der Verurteilung von Subjekt und Substanz, er ist das eigentliche Leben, das aus der Umarmung des Schreckens hervorgeht. Was im philosophischen Denken Hegels geschieht, ist ein solches spekulatives Schließen.

Von Anfang an ist Hegels Grunderfahrung die eines Lebendigkeitsverlustes: Entfremdung des Subjekts von der Substanz. Als dreiundzwanzigjähriger Theologe beklagt er die »Scheidewand zwischen Leben und Lehre« und vermißt eine »Volksreligion«.[16] Seit seiner Studienzeit im Tübinger Stift ist er von den Bildern unmittelbarer Lebendigkeit bei Rousseau und den Griechen begeistert, einer Lebendigkeit, die er bei sich und in seiner Umgebung nicht mehr findet. In der »Phänomenologie des Geistes« kennzeichnet er das unglückliche Bewußtsein als Wissen um den »*ganzen* Verlust«, »daß *Gott gestorben ist*«.

Die Bildsäulen sind nun Leichname, denen die belebende Seele sowie die Hymne Worte, deren Glauben entflohen ist.[17]

Wie ein Geburtstrauma beschreibt Hegel in der sogenannten *Differenzschrift* von 1801 die Ausgangslage für seine Philosophie: die Entzweiung. Und er beschreibt die Aufgabe der Philosophie: die Versöhnung mit dem Abgrund des Anfangs.

Das Absolute ist die Nacht und das Licht jünger als sie, und der Unterschied beider sowie das Heraustreten des Lichts aus der Nacht eine absolute Differenz, – das Nichts das Erste, woraus alles Sein, alle Mannigfaltigkeit des Endlichen hervorgegangen ist. Die Aufgabe der Philosophie besteht aber darin, diese Voraussetzungen zu vereinen, das Sein in das Nichtsein – als Werden, die Entzweiung in das Absolute – als dessen Erscheinung, das Endliche in das Unendliche – als Leben zu setzen.[18]

Seiner Grunderfahrung der Seelenfinsternis gibt Hegel unter dem Eindruck von Fichtes »Bestimmung des Menschen«, gemäß der das absolute Ich sich in einem wahnsinnigen Traum ohne Träumer verliert, und unter dem Eindruck der gerade erschienenen »Nachtwachen. Von Bonaventura«, die Fichtes Ich-Drama ironisch-grotesk zuspitzen, schaurigen Ausdruck:

Der Mensch ist diese Nacht, dies leere Nichts, das alles in ihrer Einfachheit enthält, ein Reichtum unendlich vieler Vorstellungen, Bilder, deren keines ihm gerade einfällt oder die nicht das gegenwärtige sind. Dies ist die Nacht, das Innre der Natur, das hier existiert – *reines Selbst*. In phantasmagorischen Vorstellungen ist es ringsum Nacht; hier schießt dann ein blutiger Kopf, dort eine weiße Gestalt plötzlich hervor und verschwindet ebenso. Diese Nacht erblickt man, wenn man dem Menschen ins Auge blickt – in eine Nacht hinein, die *furchtbar* wird; es hängt die Nacht der Welt einem entgegen.[19]

Einem befreundeten Arzt berichtet Hegel von seinen eigenen Hypochondrie-Erfahrungen:

– dieses Hinabsteigen in dunkle Regionen, wo sich nichts fest bestimmt und sicher zeigt, allenthalben Lichtglänze blitzen, aber neben Abgründen, durch ihre Helle vielmehr, getrübt, verführt durch die Umgebung, falsche Reflexe werfen als erleuchten – wo jeder Beginn eines Pfades wieder abbricht und ins Unbestimmte ausläuft, sich verliert und uns selbst aus unserer Bestimmung und Richtung reißt. – Ich kenne aus eigener Erfahrung diese Stimmung des Gemüts oder vielmehr der Vernunft, wenn sie sich einmal mit Interesse und ihren Ahndungen in ein Chaos der Erscheinungen hineingemacht hat und wenn sie, des Ziels innerlich gewiß, noch nicht hindurch, noch nicht zur Klarheit und Detaillierung des Ganzen gekommen ist. Ich habe an dieser Hypochondrie ein paar Jahre bis zur Entkräftung gelitten, jeder Mensch hat wohl überhaupt einen solchen Wendungspunkt im Leben, den nächtlichen Punkt der Kontraktion seines Wesens, durch dessen Enge er hindurchgezwängt und zur Sicherheit seiner selbst befestigt und vergewissert wird, zur Sicherheit des gewöhnlichen Alltagslebens, und wenn er sich bereits unfähig gemacht hat, von demselben ausgefüllt zu werden, zur Sicherheit einer innern, edlen Existenz. – Fahren Sie getrost fort, die Wissenschaft, die Sie in dies Labyrinth des Gemüths geführt, ist allein fähig, Sie herauszuleiten und zu heilen.[20]

Eine Art Wahnsinn, die Echolalie als Gärungsprozeß, stellt Hegel an den Anfang seines ersten Systems. Aus ihm geht die Welt hervor. Er knüpft damit an das Logos-Evangelium des Johannes an.

(Der noch tote Gott) *spricht* sich in sich selbst (...) zu sich aus, und ist eben so das *Vernehmen seines ewigen Wortes*, die absolute *Melodie und Harmonie des Universums*.[21]

Hegel projiziert für die Durchführung seiner Philosophie die Erfahrung der eigenen Zerrissenheit und Verrücktheit auf Fichtes Ich in der grotesk-ironischen Darstellung durch Bonaventura (das ist E.A.F. Klingemann, der Regisseur der ersten öffentlichen Faust-Aufführung). Die Grunderfahrung des verrückten Beisichseins »im Negativen seiner selbst«[22] bildet sein Dialektik-Prinzip.

Entscheidend für die Durchführung seiner dialektischen Philosophie ist, daß Hegel die Erfahrung der Zerrissenheit oder des Im-Negativen-seiner-selbst-Seins in der Sprache und beim Sprechen macht, so daß wir sie durch seinen Bericht darüber selbst nachempfinden können. Auch die Hegelsche Heilung erfolgt dann durch Sprache und Sprechen. Die Erfahrung der Zerrissenheit und des Lebensverlustes bildet Hegels Voraussetzung der spekulativen Wissenschaft. So fordert er in der Vorrede zur »Phänomenologie des Geistes«[23] als Bedingung für Wissenschaft die »Zerstörung des Urteils« durch die »Anstrengung des Begriffs«.

> Worauf es deswegen bei dem *Studium der Wissenschaft* ankommt, ist, die Anstrengung des Begriffs auf sich zu nehmen. Sie erfordert die Aufmerksamkeit auf ihn als solchen, auf die einfachen Bestimmungen, z.B. des *Ansichseins*, des *Fürsichseins*, der *Sichselbstgleichheit* usf.; denn diese sind solche reine Selbstbewegungen, die man Seelen nennen könnte, wenn nicht ihr Begriff etwas Höheres bezeichnete als diese.[24]

Der Begriff als solcher, auf den wir aufmerksam werden sollen, ist das »Ansichsein«, das »Fürsichsein« und die »Sichselbstgleichheit«. Das sind Positionen für Begriffe im dialektischen Schema und zugleich Positionen der Seele während der Denkbewegung, also Seelenzustandsbegriffe, oder »Seelen«, wie Hegel lapidar sagt: 1. die unmittelbare Einheit (Ansichsein), 2. die Entzweiung mit sich (Fürsichsein) und 3. die Aufhebung der Entzweiung (Sichselbstgleichheit). Die Aufmerksamkeit auf den Begriff als solchen unterbricht das gewöhnliche Denken, das entweder, wie Hegel sagt, materiell gegenständlich oder formell, das heißt subjektiv orientiert ist, das also als freies Vorstellen bei seinem Ich und als materielles Vorstellen beim Ding sein will. Mit der Beobachtung des Begriffs gerät das Denken in die Krise. Denn wenn der Denkende die Hegelsche Begriffsbeobachtung tatsächlich durchführt, dann findet er sich entweder nicht mehr bei sich selbst, sondern außer sich im Gegenstand, oder er findet sich umgekehrt bei sich, aber getrennt vom Gegenstand.

Man kann das bei jedem Satz ausprobieren, in den hinein sich das Denken artikuliert, um Wahres zu behaupten. Die einfachste Form ist das (kategorische) Urteil, die Bestimmung eines Subjektes durch ein Prädikat, zum Beispiel ›Rita ist schön‹. Achtet man hier auf den Begriff als solchen, das heißt auf die ›einfachen Bestimmungen‹, auf das Subjekt ›Rita‹ und dann auf das Prädikat ›schön‹, so erfährt man, nach Hegel, zwar einen Schock, aber auch, wenn man es richtig durchführt, ein Bedürfnis nach spekulativem Denken. – Betrachten wir mit Hegel diesen Vorgang genauer. Natürlich ist das eine Zumutung. Aber nur so können wir erkennen und dann sagen, was in Hegels Denken vorgeht. Die akademische Hegelforschung konnte das bisher nicht. Hegel schreibt:

> Das vorstellende Denken (...) wird (...) in seinem Fortlaufen gehemmt. Es erleidet (...) einen Gegenstoß. Vom Subjekte anfangend, als ob dieses zum Grunde liegen bliebe, findet es, indem das Prädikat vielmehr die Substanz ist, das Subjekt zum Prädikate übergegangen und hiermit aufgehoben; und indem so das, was Prädikat zu sein scheint, zur ganzen und selbständigen Masse geworden, kann das Denken nicht frei herumirren, sondern ist durch dies Schwere aufgehalten.[25]

Wir merken, Hegel achtet genau auf das, was in seinem Denken vorgeht. Er beobachtet, was bei ihm passiert, wenn das Subjekt ›Rita‹ mit dem Prädikat ›schön‹ zusammengebracht wird. Dabei wird das Subjekt unter die allgemeine Bestimmung ›schön‹ subsumiert. Das Subjekt ›Rita‹ geht gewissermaßen in die Masse des Schönen ein und wird, wie Hegel findet, zu »ihrer Seele«. Zugleich geht mit dem Denker selbst etwas vor, mit dem Ich, das die beiden Begriffe verknüpfen wollte. Es sieht sich genarrt. Es wollte vom Satzsubjekt ›Rita‹ zum Prädikat ›schön‹ übergehen, findet aber nun dort, im Schönen, eben das Satzsubjekt als dessen Seele wieder. Das Ich, das denkende Subjekt, kann sich also gar nicht von dem Satzsubjekt trennen, um es zu bestimmen. – Hegel hat das so ausgedrückt (ich ergänze mit [ ]):

> Indem aber jenes erste Subjekt [Rita] in die Bestimmungen [z. B. schön] selbst eingeht und ihre Seele ist, findet das zwei-

te Subjekt [ich], nämlich das wissende, jenes, mit dem es schon fertig sein und worüber hinaus es in sich zurückgehen will, noch im Prädikate vor.[26]

So kommt man also nicht weiter. Das heißt: Mit Sätzen wie ›Rita ist das und das‹ kann man nicht denken, bekommt man keine Wahrheit zustande. Es führt zu nichts, weil das Denken samt seinem zu bestimmenden Satzsubjekt, hier Rita, in der Prädikatsvorstellung festgehalten wird. Ende, aus! – Aber jetzt kommt Hegels Lösung.

Das Denken muß aus seiner Hemmung befreit werden – hier also das Subjekt ›Rita‹ aus der Prädikatsmasse ›schön‹. Hegels Lösung: Die Identifizierung des Subjekts (des zu bestimmenden Objekts ›Rita‹) mit der Substanz der Bestimmung, dem Prädikat ›schön‹, muß selbst als Erkenntnis und nicht als deren Blockade erlebt werden. Denn was haben wir beim Denken erfahren? – Das Urteil ›Rita ist schön‹ ist durch die Aufmerksamkeit auf den Begriff als solchen zu einem identischen Satz geworden: ›Rita ist das Schöne, das Schöne ist Rita und so weiter.‹

Hegels Lösung ist schlagend einfach – wenigstens der Idee nach: Er nimmt den identischen Satz als allgemeine Form der spekulativen Erkenntnis, also als Tautologie. Er nennt ihn den spekulativen Satz. Das heißt: Es gibt nur tautologisches Erkennen. Hegel fordert,

daß die Natur des Urteils oder Satzes überhaupt, die den Unterschied des Subjekts und Prädikats in sich schließt, durch den spekulativen Satz zerstört wird, und der identische Satz, zu dem der erste wird, den Gegenstoß zu jenem Verhältnisse enthält.[27]

Das hat natürlich nur Sinn, wenn alles Wissen, alle mögliche Wahrheit in den identischen Satz gepackt werden kann, denn darauf kommt es Hegel ja an. Deshalb nimmt er als Beispiel für den identischen oder spekulativen Satz den Satz »Gott ist das Sein«. Damit ist nun auch schon *alles* gesagt.

Hält man sich an den Satz »Gott ist das Sein«, so kann dem Denken nichts mehr passieren, es kann von nun an sicher in ihm rotieren. Dabei ist die oben beschriebene Hemmung zwar nicht verschwunden, aber sie wird als Rotationsmotor genutzt. So wird immer wieder die Rückkehr in sich möglich – durch Reflexion als Gegenstoß.

Hegels Aufgabe besteht jetzt nur noch darin, alles Wissen in diese Form, in diesen einen Satz also, unterzubringen. Das erfordert, den Begriff Gottes als des allerrealsten Wesens systematisch zu entfalten (oder, mit Kant gesprochen: den Begriff des *ens realissimum* »durchzubestimmen«). – Hegel hat das in seiner »Enzyklopädie« durchzuführen versucht. Ich analysiere hier nur seine Methode, gleichsam sein Strickmuster, das er thesenhaft für seine Habilitation 1801 so formuliert hat: »Der Widerspruch ist die Regel der Wahrheit, der Nichtwiderspruch die Regel des Falschen. Der Schluß ist das Prinzip des Idealismus. Das Dreieck ist das Gesetz des Geistes«.[28] Er hat 1804 auch eine Zeichnung vom göttlichen Dreieck gemacht, die erst 1939 von Häussermann im »Zentralblatt für Psychotherapie« veröffentlicht wurde.[29] – Rosenkranz schreibt 1844 über Hegels Dreiecksprinzip des Idealismus:

> Diese trianguläre Konstruktion ist nun von Hegel im speziellen noch durch die Natur hindurchgeführt, jedoch mit häufigem Verlassen der vorausgesetzten Vorstellung und mit eigentümlicher Mischung rein logischer und bildhafter Bezeichnungen. Die Sonne wird die *negative Einheit* ihres Systems genannt. Die *Erde* soll den Gegensatz von Luft und Wasser erzeugen, und zwar so, daß sie nicht *faul* auseinandertreten, sondern daß sie das Entgegengesetzte an sich selbst ausdrücken und sich zerstören, die Luft sich mit Wasser, das Wasser sich mit Luft *mästet* und zugleich dadurch beide *so gespannt* werden, daß sie auf den *Sprung* kommen, jedes in sein Entgegengesetztes überzugehen usw.[30]

Hegel beansprucht die christliche Dreifaltigkeit als Grundmuster seiner Geistheilung und zugleich als Muster des logischen Schlusses. Das ist das »göttliche Dreieck«, wie wir es oben von Hegel als Ansichsein, Fürsichsein und Beisichselbstsein bezeichnet fanden. Und weil es drei aristotelische Schlußfiguren gibt, wird daraus ein Dreieck von Dreiecken. Gottvater ist das Ansichsein, Gottsohn das Fürsichsein (oder Außer-sich-

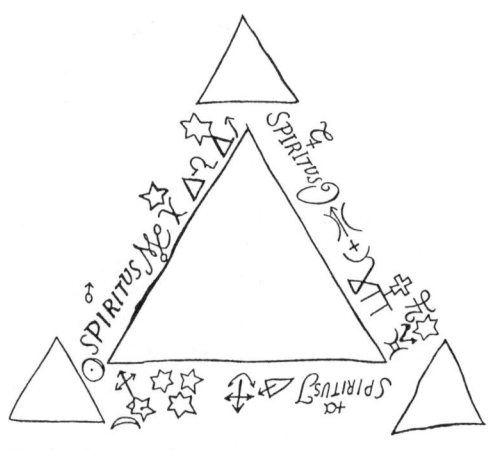

Hegels Zeichnung des
»Göttlichen Dreiecks«.

sein) und der heilige Geist ist die Rückkehr zu sich selbst als Bei-sich-selbst-Sein, also die vollendete Versöhnung nach der Entäußerung Gottes im Sohn.

Der Schluß ist die Heilsform für das Denken, das sich in der Anstrengung des Begriffs gehemmt und sabotiert findet. Denn im logischen Schluß garantiert ein Mittelbegriff die wahrheitsstiftende Verbindung von Einzelheit und Allgemeinheit, von Subjekt und Prädikat. Dieses Dritte ist die Synthese, in die hinein das Denken sich retten kann, wenn es im Gegensatz von Einzelheit und Allgemeinheit auseinandergetreten ist. Nur das, was so gerettet und durchs erlittene Leiden gerechtfertigt ist, ist wahr. Bei Rita und Schönheit wäre das erst dann der Fall, wenn das Denken – bei geschlossenen Augen oder mystisch – einen Grund für die notwendige Verbindung fände.

In der »Phänomenologie des Geistes« tritt jenes Dritte, welches die Zerrissenheit der Verurteilung aufhebt, persönlich auf, als Mittler, als Erlöser, zugleich als Diener der beiden Teile des Urteils, der Einzelheit (E) und der Allgemeinheit (A). Es ist Jesus, der in Hegels Bewußtsein als Erlöser auftritt.

> Diese Mitte ist selbst ein bewußtes Wesen, denn sie ist ein das Bewußtsein als solches vermittelndes Tun; der Inhalt dieses

Tuns ist die Vertilgung, welche das Bewußtsein mit seiner Einzelheit vornimmt.[31]

Das Urteil (A–E), um das es im Zenit der »Phänomenologie des Geistes« geht, ist die Verurteilung zum Unglück, als Einzelheit (E) unwesentlich und wandelbar zu sein, statt wesentlich und unveränderlich wie das Unwandelbare oder Allgemeine (A), letztlich wie Gott selbst. Es geht darum, daß die Einzelheit aus der Verbindung mit dem Allgemeinen als das Besondere (B) hervorgeht und eben nicht untergeht oder in ewigem Kampf mit der unwandelbaren Allgemeinheit verwickelt bleibt.

Hegel inszeniert die Erlösung des unglücklichen Bewußtseins wie ein Bühnenstück. Der Diener stellt die Personen A und E einander vor, vermittelt sie, nachdem er zunächst rechts von A und E, also in der Konstellation A-E-B gestanden hat, und dann links von A und E, also in der Konstellation B-A–E. Das entspricht der dritten und zweiten aristotelischen Schlußfigur.[32] Der erlösende Schluß ist dann die erste Figur oder der vollkommene Schluß A-B-E.

Das unglückliche Bewußtsein geht also dreifach als das Besondere (B) aus dieser ›Beziehungskiste‹ hervor. Es findet sich 1. in A-E-B auf seiten der Einzelheit. So ist es mit dem Unwandelbaren, dem Allgemeinen (A) weniger vermittelt als von ihm getrennt. E liegt ja zwischen ihm und dem Unwandelbaren (A). 2. sieht es sich in B-A-E auf seiten des Unwandelbaren. Das heißt: Erst über das Unwandelbare hinweg sieht es die Einzelheit da stehen. 3. ist es in A-B-E selbst die Vermittlung von A und E. – Das Ganze mit Hegels Worten:

> *Einmal* geht es selbst sich wieder hervor als entgegengesetzt dem unwandelbaren Wesen; und es ist in den Anfang des Kampfes zurückgeworfen, welcher das Element des ganzen Verhältnisses bleibt. Das *andere Mal* aber hat das *Unwandelbare* selbst *an ihm* die *Einzelheit* für es; so daß sie Gestalt des Unwandelbaren ist, an welches hiermit die ganze Weise der Existenz herübertritt. Das *dritte Mal* findet *es sich selbst* als dies Einzelne im Unwandelbaren. Das *erste* Unwandelbare ist ihm nur das *fremde* die Einzelheit verurteilende Wesen; indem das *andere* eine *Gestalt der Einzelheit* wie es selbst ist, so

wird es *drittens* zum Geiste, hat sich selbst darin zu finden die Freude, und wird sich, seine Einzelheit mit dem Allgemeinen versöhnt zu sein, bewußt.[33]

Auf diese ›logische‹ Weise befreit sich das Bewußtsein aus der unseligen Alternative ›Ichverlust oder Weltvernichtung‹, also aus der Alternative, sich gemäß der ersten Figur nach dem Unwesentlichen zu richten oder sich gemäß der zweiten an das Unwandelbare zu halten. Die Erlösung durch den Vermittler bedeutet nichts anderes, als daß dem Verstand das logische Schließen zur Verfügung gestellt wird, nämlich das Prinzip der vernunftimmanenten Wahrheitsfindung allein durch Vorstellungsvergleich. Vielleicht ist es das, worum Hegel ringt, und das, was er nun durch die syllogistische Behandlung seines unglücklichen Bewußtseins neu errungen zu haben glaubt.

Nur dasjenige, was so sicher ist, wie ein durch den Schluß begründetes Urteil, ist überhaupt wirklich im emphatischen Sinne. Nur das verdient den Titel ›wirklich‹. Die schöne Rita verdient ihn nicht. Sie ist ein Zufall, falls nicht alle Frauen *a priori* schön sind. Oder sie ist, wie Hegel sagt, eine »Ohnmacht der Natur«.

Schließen ist eine allgemeine Form aller Dinge. Alle Dinge sind besondere, die sich als ein Allgemeines mit dem Einzelnen zusammenschließen. Die Ohnmmacht der Natur bringt es dann aber mit sich, die logischen Formen nicht rein darzustellen. Eine solch ohnmächtige Darstellung des Schlusses ist z.B. der Magnet.[34]

Der Magnet kommt nämlich nicht zur dialektischen, sondern nur zur unmittelbaren Einheit seiner beiden Pole – »in der Mitte«. Er veranschaulicht das sogenannte »unendliche Urteil«.[35] – Entsprechend rücksichtslos gegenüber der Natur oder den erforschbaren Tatsachen führt Hegel dann auch seine gesamte Philosophie des apriorischen Wissens aus. Alles läuft ab nach dem Schema der dialektischen Dreiheit, als iteriertes, spiraliges Kreisen. So bringt Hegel alles auf einen Begriff: Gott. Wen sollte das nicht befriedigen? – Das Wirkliche ist dann das Vernünftige und umgekehrt, und sollte es einmal nicht so sein, dann ist es um so schlimmer für das Wirkliche.[36]

Was also geht vor im Denken Hegels? – Gott geht vor im Denken Hegels. Und zwar geht er vor gegen seine eigene, von ihm selbst zugelassene Äußerlichkeit, gegen den Verstand, den Hegel die Güte Gottes nennt. Hegel hält sich für sein Erkennen des Entfremdungsprozesses und dessen Therapie an das alte gnostische Modell des Abfalls von Gott und der Rückkehr zu ihm, wobei er sich selbst während der Bewegung des Abfalls und der Rückkehr in der Rolle des Abgesandten Gottes, des Erlösers, sieht. Der gnostische Christus geht vor im Denken Hegels. Hegel schreibt:

> Der Verstand ist hiernach demjenigen entsprechend zu betrachten, was man die *Güte Gottes* nennt, insofern darunter dies verstanden wird, daß die endlichen Dinge *sind*, daß sie ein Bestehen haben.[37]

Der trennende Verstand zerreißt die Seele. Er muß deshalb selbst zerstört werden zugunsten mystischer Vernunft. In ihr wird die verlorene Einheit wiederhergestellt. Zugleich werden dabei die Positionen des Verstandes auch konserviert oder aufbewahrt. Die Liquidierung der Verstandespositionen ist lediglich ihre dialektische Aufreihung durch ein gewisses, rhythmisches Sinngleiten. Die Mannigfaltigkeit des Wissens bleibt dabei erhalten. Hinzu kommt nur noch – und erst das ist das Heilsame – die Einheit, die syllogistische Totalität, das System, die »Enzyklopädie«.

Die zur spekulativen Mystik führende Zerstörung des Verstandes ist Sache der Gerichtsmacht Gottes. Sie ist ein Akt göttlicher Gerechtigkeit:

> Wenn früher gesagt wurde, der Verstand sei als dasjenige zu betrachten, was in der Vorstellung von der *Güte* Gottes enthalten ist, so ist nunmehr von der Dialektik in demselben (objektiven) Sinn zu bemerken, daß das Prinzip derselben die Vorstellung von der *Macht* Gottes entspricht. Wir sagen, daß alle Dinge (d.h. alles Endliche als solches) zu Gericht gehen, und haben damit die Anschauung von der Dialektik als der allgemeinen unwiderstehlichen Macht, vor welcher nichts, wie sicher und fest dasselbe sich auch dünken möge, zu bestehen vermag.[38]

Bei dieser Prozedur leidet der Betroffene an dem, was seine Heilung einleitet: an der »Güte Gottes« als »Verstand«. Die unwiderstehliche Macht Gottes besorgt die »Heilung«. Diese sieht Hegel als Wiederherstellung der Einheit Gottes durch das Vorgehen Gottes gegen seine eigene Entzweiung. Im Sinne der christlich-gnostischen Dreifaltigkeit ist dies die Wiedervereinigung des in seinem Sohne außer sich geratenen Gottes durch den heiligen (heilenden) Geist. Hegels Geist übernimmt diese Dreifaltigkeit als Dialektik – und wird so selbst göttlich.

Hegels Denken ist also durch und durch bestimmt von der Erfahrung des dreifaltigen Gottes, der sich im Sohn entzweit und durch das Töten des Sohnes die Entzweiung aufhebt. Im Denken Hegels geht Gott gegen seine eigene Güte, gegen den Sohn als sein eigenes Fürsichsein vor (oder gegen sich selbst als einen anderen). Hegel behandelt so seine Heautoskopie, das Entfremdungserlebnis des Sichselbstsehens. Mit den drei Stadien der »Enzyklopädie« bezeichnet bedeutet das: Ich als natürliches Wesen erscheine mir selbst anschaulich als Geist und bin gehalten, dieses Anschauen zu erkennen. Hegel hat darüber gesagt:

> Das Anschauen Gottes als seiner selbst ist das ewige Erschaffen des Universums, in welchem jeder Punkt für sich als relative Totalität seinen eigentümlichen Lebenslauf hat. Dies Auseinandergehen des Realen, dies Gesetztwerden des Mannigfaltigen ist die Güte Gottes. Allein das Einzelne hebt sich auch als Einzelnes auf und zeigt damit seine Allgemeinheit. Dieser Akt ist das Erkennen des Anschauens, der absolute Wendepunkt, die Gerechtigkeit Gottes, welche als absolute Macht an dem Realen die negative Seite hervorkehrt und es damit aus seinem Fürsichsein in die Einheit mit allem anderen verkehrt. (...) Gott, als Richter der Welt, muß, weil er die absolut allgemeine Totalität ist, das Herz brechen.[39]

Die Heautoskopie ist eine Art Todeserfahrung. Hegel hat dafür die Therapie: die Rückkehr aus der Andersheit zur Gewißheit seiner selbst – durch Erkennen des Anschauens. Letzteres ist das, was sein Denken, wie wir es in den Texten finden, betreibt. Aber die Voraussetzung dafür ist das Anschauen oder die Entäußerung, die für sich allein tödlich wäre. Am Schluß der »Phänomenologie« nennt er den Geist ohne den geordneten Reigen seliger Geister »das leblose Einsame«.[40] Hegel denkt also um sein Leben. Er kann sich nur als Gott retten. Deshalb kann er von seiner Dialektik, dem Erkennen des Anschauens als Liquidierung des Verstandes, sagen:

> Dies ist der Rhythmus, das reine, ewige Leben des Geistes selbst, und hätte er diese Bewegung nicht, wäre er das Tote.[41]

Was vorging im Denken Hegels, also das, wonach hier gefragt war, hat sich als ein das Denken heimsuchender Gott herausgestellt, der gegen sich selbst vorgeht, gegen seinen Tod und gegen seine Einsamkeit. Wie sollte es uns jetzt noch schwer fallen, für Hegels Denken Verständnis zu haben? Hegel selbst hat allerdings von dem, was in seinem Denken vorging, nichts verstanden. Insofern ist er Opfer. Damit wir nun unsererseits nicht wieder Opfer Hegels werden, sollten wir sagen, was in Hegels Denken vorging: Die Zerstörung des ›gesunden Menschenverstandes‹ aus Todesangst zugunsten gnostischen Erlösungswissens, das heißt: ein religiöser Wahn.

Wie war das
mit
Marx?

Er war der Philosoph der Massen und der Intellektuellen.
Seine Lehre vom einzig menschenwürdigen Leben war Religion. Für sie ging man in den Tod und brachte andere zu Tode.
Kein anderer Philosoph hatte je mit seiner Lehre einen solchen
Erfolg. Nach ihm richtet sich immer noch die politische Ideolo-
gie des bevölkerungsreichsten Staates der Erde – Karl Marx, der
unheimlichste der Denker![1]

Marx hat die letzten Dinge »Tod und Liebe« als die Mythe
der Dialektik Hegels herausgestellt.[2] Aber, so meinte er im
Nachwort zum »Kapital I«, Hegels Dialektik sei verkehrt:

> Sie steht bei ihm auf dem Kopf. Man muß sie umstülpen, um
> den rationellen Kern in der mystischen Hülle zu entdecken.[3]

Was mag das für ein Vorgang sein: den Kern von etwas auf
dem Kopf Stehendem durch Umstülpen in seiner mystischen
Hülle zu entdecken? – An der zentralen Stelle des »Kapital I«,
im Kapitel »Der Fetischcharakter der Ware und sein Geheimnis«, hilft Marx uns auf die Sprünge. Da geht es um einen zugleich auf Kopf und Füßen stehenden Tisch und seine Grillen,
durch die er noch viel wunderlicher scheint als ein tanzender
Tisch. Er ist das Sinnbild des zur Ware mystifizierten Dings,
welches darum zugleich sinnlich und übersinnlich ist.

> Es ist sinnenklar, daß der Mensch durch seine Tätigkeit die
> Formen der Naturstoffe in einer ihm nützlichen Weise verän-
> dert. Die Form des Holzes z.B. wird verändert, wenn man aus
> ihm einen Tisch macht. Nichtsdestoweniger bleibt der Tisch
> Holz, ein ordinäres sinnliches Ding. Er steht nicht nur mit
> seinen Füßen auf dem Boden, sondern stellt sich allen ande-
> ren Waren gegenüber auf den Kopf und entwickelt aus seinem
> Holzkopf Grillen, viel wunderlicher, als wenn er aus freien
> Stücken zu tanzen begänne.[4]

Der verkehrte Fetisch-Tisch ist Marxens »letztes Ding«. Er bildet die entscheidende Provokation für seine existentielle Selbstfindung. Zu dieser Provokation wurde das sinnliche Ding durch die Grille des Eigensinns, durch Entfremdung von der »natürlichen« Beziehung seines Erzeugers zum Holz, das heißt durch die Emanzipation des Holzes selbst.

Holz ist seit alters der Name für den Stoff, aus dem das Leben ist: *hyle, mater, materia.* Es ist auch das Material der alttestamentarischen Götzen. Marx stellt die Grundforderung, die Entfremdung des Holzes aufzuheben, an welcher er selbst leidet. Bei dieser Vorstellung spielt sich das Abgründige nicht mehr als Grille im Holzkopf des Tischs ab, sondern in Marxens Gemüt. Die relevanten Grillen sind Marxens Gedanken über das richtige und verkehrte Verhältnis zum Holz, wie er sie überall in seinen Schriften mitgeteilt hat.[5]

Marx erhebt seine Forderung nach Aufhebung der Entfremdung angesichts fremdgehender, nicht direkt dem Produzenten zurückgeführter Produkte. Er hat dabei die sogenannten Proletarier im Sinn, deren Daseinszweck die Produktion von Nachwuchs (lat. *proles* = das Hervorwachsende) ist, die aber gerade dieser Produkte beraubt werden. Marxens Forderung wird auch heute noch vom Oberhaupt der katholischen Kirche erhoben. Mit den Worten der päpstlichen Enzyklika vom 1. 5. 1991 bedeutet sie, »daß der, der arbeitet und produziert, die Früchte seiner Arbeit genießen kann«.[6] Weder der Papst noch die Marxisten oder ihre Kritiker haben bemerkt, daß Marx als Anwalt der Proletarier nicht nur an die Produkte ökonomischer, sondern vor allem an die sexueller Arbeit denkt. Der ökonomische Sinn ist sogar nur vordergründig. Der tiefere Sinn betrifft eben die soziale Bedeutung des Wortes *proles*, die Engels zur Geltung bringt, wenn er meint, »daß unsere Proletarier auch nach wie vor durch zahlreiche proles ihrem Namen Ehre machen werden«.[7]

Neben der ökonomischen Aufhebung bisheriger Gesellschaft durch Verhinderung der Produkt-Emanzipation hat Marx immer auch die Gesellschaftsveränderung durch sexuelle Verhinderung der Nachwuchs-Emanzipation im Sinn. Dieser Hintersinn macht seine Lehre erst so faszinierend, weil man ihn nicht direkt bemerkt, aber doch latent spürt. Mit der marxistisch-ökonomischen Revolution war ja immer auch die Idee einer sexuellen Revolution verbunden. Man spürt, daß es bei Marx um die letzten Dinge geht, um Liebe und Tod, um die Sexualität als Mittel der Einverleibung der Gattung und um eine Art ewigen Lebens. Man spürt auch, daß Marx das ganz radikal meint. Sexualität als Mittel der Selbstobjektivierung und Einverleibung eigener Objektivation macht auch vor dem Tod nicht halt. Sie ignoriert insbesondere das Inzesttabu.

Die Gesellschaft durch Aufhebung des Inzesttabus zu verändern bedeutet allerdings, sie in ihrer bisherigen Form grundsätzlich zu verhindern. Denn bisher war dieses Tabu ein unabdingbares Prinzip menschlicher Gesellschaften. Es kann nach Claude Lévi-Strauss als Forderung formuliert werden, den weiblichen Nachwuchs ›wegzutauschen‹.

[Das Inzestverbot] bedeutet, daß in der menschlichen Gesellschaft ein Mann eine Frau nur von einem anderen Mann erhalten kann, der sie ihm als Tochter oder Schwester abtritt.[8]

Marxens proletarische Vernunft geht aber weiter. Hinter ihr steckt der Anspruch des Mannes auf den uneingeschränkten Zugang zum Körper der Frau, insbesondere der eigenen Tochter – aus der Angst, sonst nicht seiner Identität mit der Gattung, also seines (proletarischen) Menschseins, sicher zu sein. Er sieht im Nachwuchs oder Proles die Selbstvergegenständlichung des Erzeugers, die nicht aus der Hand (lat. *manus*) gegeben, also emanzipiert werden darf, damit sein Erzeuger nicht die Selbstverwirklichung in der Gattung (durch Begattung) verfehlt und seiner selbst entfremdet wird.

Die Vorstellungen vom gesellschaftlichen Unheil der Produktentfremdung und vom Heil des wahren, symbiotischen Gattungslebens sind in allen Texten Marxens präsent: in den frühen Gedichten, den Abiturarbeiten, der Dissertation, den journalistischen Arbeiten, und, wie schon zitiert, im »Kapital I« (die weiteren Kapital-Bände wurden von Engels unter Verwendung der Marxschen Aufzeichnungen geschrieben). Marxens obsessive Vorstellungen könnten in einer traumatischen Erfahrung der frühen Kindheit ihren Ursprung haben, worüber aber hier nicht zu handeln ist. Halten wir uns an einige Texte Marxens aus Büchern, die zu den meistverbreiteten und meistzitierten auf der Erde gehören. Beginnen wir mit dem Hauptwerk, dem »Kapital I«, durch dessen zufällig begonnene Lektüre Lenin sofort ein begeisterter Marxist wurde.

Was einem bei der Lektüre des Anfangsstücks des Kapitals ins Auge springt, ist die ständig wiederholte, eindringliche Beschreibung der entfremdeten Arbeit. Tatsächlich ist sie die Hauptsache im »Kapital«: sie ist das Kapital selbst. Stereotyp wird sie mit dem Wort »Gallerte« von Marx etikettiert.[9] Im Wortregister wird das mit »schleimige Masse« erläutert.[10] Was anderes als Sperma könnte damit gemeint sein, mit was sonst wird die produktive Arbeit, die Marx als »Zeugungsprozeß« bezeichnet, betrieben? Später[11] erfahren wir dann, daß ein riesiger Vampir aus dieser Kapitalmasse bestehen soll beziehungsweise sich von dieser schleimigen Masse ernährt, indem er sie einsaugt.

Marxens Kapital ist ein gigantischer Säugling. Von einem vampiristischen Säugling handelt schon Marxens frühes Gedicht »Die Mutter«. Marx beschreibt den Sauger als das sich gegen die Mutter als Erzeugerin wendende nur scheintote »theure Gut«, das sich, in Gestalt einer Natter, als vampiristisches Ungetüm entpuppt:

> Die Mutter preßt sie höhnend / An's Herz im Ungestüm; / Ein Angstschrei, dumpf und stöhnend, / Und Sieg dem Ungethüm![12]

Im »Kapital« nennt Marx dieses Biest auch »Moloch«, was schlicht König bedeutet. Es verlangt »die ganze Welt als das ihm gebührende Opfer« – so wie im Alten Testament Jahwe die Völker frißt[13] – und speziell den Nachwuchs (lat. *proles*), das heißt die Erstgeburt und den ersten Schub menschlicher Arbeitserzeugnisse.[14] Im vampiristischen Leben des Molochs erkennt Marx das »ununterbrochene Opferfest der Arbeiterklasse«.[15] Er sieht überhaupt alles durch die Brille alttestamentarischer oder talmudischer Bilder, so auch das proletarische Paradies der klassenlosen Gesellschaft. Es ist das verheißene Land der Israeliten, wo »Milch und Honig«[16] fließen. Erst im kommunistischen

Gattungsleben kann man seine Produkte und damit seine Substanz selbst genießen, anstatt sie als fremdgehende Lebenssubstanz einem Fremden, also dem Kapitalisten als dem personifizierten Kapital, zu überlassen.

»Der Tausch oder der Tauschakt ist (...) der entäußerte Gattungsakt«, erklärt Marx[17] und nennt in den sogenannten »Pariser Manuskripten« den Zusammenhang von Produzent und Genießer »Prostitution«.[18] Was der eine nimmt und der andere gibt, ist die lebendige Arbeit. Diese wird von Marx in jenen sinnlichen Dingern personifiziert, die, wie eingangs zitiert, als umgekehrte Tische auftreten, das heißt als Huren. Schon die Weggabe des weiblichen Nachwuchses zwecks Heirat nennt Marx »Verschachern«, weil hier die Frau zur Ware und so ihrem Produzenten entfremdet würde. Im »Kapital« läßt er die Waren als eine Menge Leinwand auftreten, also in der Gestalt, die als Heiratsaussteuer ihren Wert ausmacht.

Solche Waren, also die sich von ihrem Produzenten abwendenden und anderen ein Ja-Wort gebenden Frauen, sind Fetische. Ihr Glanz ist die käufliche Liebe. Jede Ware ist ein Köder, meint Marx.[19]

> Die Phantasie der Begierde gaukelt dem Fetischdiener vor, daß ein ›lebloses Ding‹ seinen natürlichen Charakter aufgeben werde, um das Jawort seiner Gelüste zu sein.[20]

Das schreibt Marx, nachdem er bei Charles de Brosses vom Fetischismus als dem Kultus der sinnlichen Begierde und des tierischen Menschen gelesen hatte.[21] Die Fetische jener Israeliten, die, wie es in der Bibel heißt, fremden Göttern nachhurten, waren ja auch aus Holz und geschmückt wie Metzen, das heißt verführerische Huren.[22]

Der weibliche Teufel heißt im hebräischen Mythos Lilith. Lilith tritt im »Alten Testament« nur an einer Stelle auf, und zwar als »Nachtgespenst« oder, wie Luther übersetzte, als Kobold.[23] Lilith war Adams erste Frau, die nicht immer unter ihm liegen wollte und deshalb auf Adams Protest hin von Gott aus dem Verkehr gezogen und in die Wüste geschickt wurde. Die von Lilith beanspruchte ›verkehrte‹ Stellung beim Geschlechtsakt wird von Marx in seinem Bild vom Fetisch, also jenem umgekehrten, dennoch auf seinen Füßen stehenden Tisch, angezeigt. – Woher hat er diese Vorstellung?

Aus dem Talmud! Liliths emanzipatorische Stellung beim Geschlechtsverkehr wird im Talmud ausdrücklich verboten. Es ist die Stellung, bei der der Mann die »Ferse« beziehungsweise die »Schmutzstelle« der Frau sehen könnte.[24] Dort[25] steht, daß lahme Kinder dadurch entstehen, daß die Männer ihren »Tisch« umwenden. Marxens Fetisch ist also der umgewendete Tisch aus dem Talmud.[26]

Es sind dieselben Grillen der Emanzipation bei Marxens Tisch und bei Lilith, durch die beide einerseits so attraktiv, andererseits so verrucht erscheinen. Marx hat die Angst vor beiden in den »Mill-Auszügen« so beschrieben:

> Unser eigenes Produkt hat sich auf die Hinterfüße gegen uns gestellt, es schien unser Eigentum, in Wahrheit aber sind wir sein Eigentum.[27]

In seinem Gedicht »Männerl und Trommerl« stellt er das erotische Emanzipationsdrama als gewaltsame Entjungferung mit Todesfolge dar. Eine hölzerne Trommel, die nicht mehr so tanzen will, wie ihr Erzeuger es möchte, wird im Sinne einer blutigen Holzverletzung zerstört. Ich zitiere aus dem zweiten Teil des Gedichts. Nachdem im ersten Teil die Emanzipation des Produkts beschrieben wurde, folgen hier Wut und Rache:

> »Ha! Trommerl, He! Trommerl, was lachst de, was klapperst so hohl, / Du treibst mir de Narrn und schneidst Fratzen wohl! / Verwünschtes Trommerl, das grinst de, das treibst de mer zur Schand, Was klapperst, wenn i schlag' und was

hängst de, wo i band! / Hab ich drum dich aus dem Holz-
stamm zu 'ner Trommerl rauf gebracht, / Daß de's treibst so
für dich, als hätt'st dich schön selber gemacht! / Sollst tanze,
wenn i schlag' und schlage, wenn i sing, / Sollst weine, wenn
i lach' und lache, wenn i spring'!« / Das Männerl, das grinzt
auf de Trommerl in der Wuth, / Und donnernd zerschlägt er's
und de Trommerl springt Blut.[28]

Im »Kapital« weist Marx darauf hin, daß beim Verkehr mit
den Waren, unter denen »oft sehr zarte Dinge« vorkommen,
stets Gewalt lauert, weshalb sie auf dem Markt der Zuhälter be-
dürften, gewisser Hüter.

Die Waren sind Dinge und daher widerstandslos gegen den
Menschen. Wenn sie nicht willig, kann er Gewalt brauchen, in
anderen Worten, sie nehmen.[29]

Doch damit nicht genug. Als geradezu biblisches Monster
erweist sich Marx schließlich selbst durch seine Rechtfertigung
des Holzraffens, einem Gewohnheitsrecht der Rheinländer. In
seiner ersten ökonomischen Schrift, der Artikelfolge über das
Holzdiebstahlsgesetz in der »Rheinischen Zeitung« von 1842,
kritisiert Marx die Kriminalisierung des Gewohnheitsrechtes,
Holz zu raffen, Hasen zu jagen oder Fallobst zu sammeln.
Denn das, meint Marx, würde bedeuten, die genannten Sachen,
Holz, Hasen und Obst, in Waren zu verwandeln. Das Holz
würde so zum »Fetisch der Rheinländer« und der Umgang mit
ihm zum »Tierdienst«, wobei »hölzerne Götzen siegen, und die
Menschenopfer fallen«.
    Das klingt biblisch. Von Ökonomie hatte Marx damals,
nach seinem Philosophiestudium, noch wenig Ahnung. Als
Neffe und Enkelsohn von Rabbinern kannte er aber nicht nur
die Bibel, sondern auch ihren talmudischen Kommentar. So
konnte er als Schriftgelehrter das Problem des Holzdiebstahls
behandeln. Tatsächlich rechtfertigen die Bibel und entsprechend auch der Talmud jene genannten Gewohnheitsrechte.[30]
Marx bezieht sich aber nicht ausdrücklich darauf. Er erkennt, so
scheint es, das Recht des Holzraffens schon aus der Natur der
Sache, des Holzes oder der Bäume. Die Natur selbst, so erklärt

Marx, stellt diese Produkte, insbesondere das nachwachsende Holz, also *proles*, allen zur freien Verfügung. Allerdings spricht Marx von der Aneignung dieser *proles* mit einem talmudischen Wort, das sonst nirgends vorkommt: »Holzverletzung«.[31] Was ist das? – Es ist das Ungeheuerlichste, was mir bisher in der philosophischen Literatur vorgekommen ist.

Marx rechtfertigt den Holzdiebstahl der Rheinländer als Holzverletzung in Hinblick auf dasjenige Verhältnis, das ein Holzeigentümer zu einem Holzdieb seiner Meinung nach haben sollte. In bestimmten Fällen kann der Waldeigentümer einen gewissen Schaden geltend machen, ohne daß aber damit die Verletzung kriminalisiert beziehungsweise das verletzte Holz zur Ware geworden sei. Wir lesen bei Marx:

> Durch die Erstattung des Werts und noch gar eines besonderen Schadenersatzes existiert kein Verhältnis mehr zwischen dem Holzdieb und dem Waldeigentümer, denn die Holzverletzung ist vollständig aufgehoben. Beide, Dieb und Eigentümer, sind in die Integrität ihres früheren Zustandes zurückgetreten.[32]

So wie im Talmud gewisse Holzverletzungen entschuldbar sind, kann auch bei Marx die Holzverletzung ausgeglichen werden: durch die Wiederherstellung des früheren Zustandes beziehungsweise durch eine Entschädigung, die im Talmud »Morgengabe« heißt.

Für Marx geht es wie im Talmud um ein Liebesverhältnis mit dem Holz, wobei eben das Holz verletzt wird. Es geht sogar um mehr:

> (Ein) tatkräftiges Liebesverhältnis des Waldhüters zu seinem Schützling, in welchem er gleichsam mit dem Holz verwächst.[33]

Wieso? – Deshalb, weil Marx den Holzdiebstahl gemäß dem talmudischen Begriff der Holzverletzung als sexuellen Akt im Sinn hat. Holzverletzung bedeutet im Talmud eine sexuelle Handlung zwischen Erwachsenen und Minderjährigen, insbesondere die »Beiwohnung eines Mädchens unter drei Jahren«.[34] Holzverletzung meint Entjungferung, genauer: eine gewaltsame, mehr oder minder mechanische Entjungferung, auch die ohne Geschlechtsverkehr, das heißt: nicht »durch Fleisch«,[35] sondern manuell oder durch Gegenstände. Damit soll diese Art Entjungferung als Ehehindernis, zumindest für Nicht-Priester, ausgegrenzt werden.

Auch die »Beiwohnung eines Mädchens unter drei Jahren« wird unter der Rubrik Holzverletzung im Talmud abgehandelt und in gewisser Weise entschuldigt, denn, so lesen wir da: Es »wächst die Jungfernschaft wieder nach«.[36]

Genau das ist der Fall beim Marxschen Gewohnheitsrecht des Holzraffens oder der Holzverletzung der Rheinländer, also da, wo es um die nachwachsenden Äste der Bäume geht, das heißt um den hölzernen Nachwuchs oder die Proles. Marx verteidigt dieses Recht genauso wie der Talmud die Holzverletzung als Entjungferung Minderjähriger oder – mit Marxens Worten – eines sehr zarten Dinges.

Angesichts dieser Ungeheuerlichkeit verschlägt es einem die Sprache. Das soll das Zentrum der Marxschen Lehre sein? Ja, es ist so. Ein Abgrund, das Letzte! Hat man es nicht bemerkt, weil es so abwegig, oder weil sexueller Mißbrauch so normal ist? – Ich weiß es nicht, darf aber daran erinnern, daß die Bibel[37] den Vater-Tochter-Inzest bei ansonsten umfassender Aufzählung des dem Manne bei Todesstrafe verbotenen (heterosexuellen) Geschlechtsverkehrs mit Blutsverwandten nicht aufführt. Das heißt: Nicht ausdrücklich verboten ist hier nur der Geschlechtsverkehr mit der Tochter. Wäre es anders, hätte man es[38] beim generellen Verbot des Verkehrs mit einer Blutsverwandten belassen und nicht noch sämtliche möglichen Fälle, bis auf den einen, aufgezählt.

Für Marx gehört die Holzverletzung zum symbiotischen Gattungsakt, dem Genuß der eigenen *proles*. Vielleicht litt er am Trauma des eigenen Ursprungs aus der Mutter und suchte das vermißte Wesen in der Selbstvergegenständlichung, um eine ursprüngliche Ganzheit, das proletarisch-biblische Milch-und-Honig-Paradies oder das unbeschränkte Gattungsleben wiederherzustellen. Mit der Aneignung der eigenen Produkte rächte er sich dann für die Abtrennung seiner selbst als eines Produktes von seinem Ursprung.

Marxens Wut auf die Ware ist Haßliebe. Einerseits will er seinen absoluten oder konkreten Selbstwert (= Gebrauchswert) im Gattungsakt absoluter Liebe realisieren. Andererseits will er diesen Wert aber auch bestimmen, abschätzen können durch den Gegenwert in Waren. Aber die Realisierung des unmittelbaren oder absoluten Wertes durch den spekulativen oder abstrakten Wert der Waren ist unmöglich.

In seiner Schrift »Die heilige Familie« lesen wir von Marxens Zurückweisung der Spekulation zugunsten direkten Fruchtgenusses:

> Was sich daher in der Spekulation freut, ist, alle wirklichen Früchte wiederzufinden, aber als Früchte, die eine höhere, mystische Bedeutung haben, die, aus dem Äther deines Gehirns und nicht aus dem materiellen Grund und Boden herausgewachsenen, die Inkarnationen »der Frucht«, des absoluten Subjekts sind. Wenn du also aus der Abstraktion, dem übernatürlichen Verstandeswesen »die Frucht«, zu den wirklichen natürlichen Früchten zurückkehrst, so gibst du dagegen den natürlichen Früchten auch eine übernatürliche Bedeutung und verwandelst sie in lauter Abstraktionen.[39]

Die Verteufelung des Kapitals entspricht der verfluchten Angewiesenheit auf fremde Produkte, die den gesellschaftlichen Verrat der eigenen Absolutheit bedeuten. Gegen dieses Unwesen muß Marx seine Absolutheit durch die Inbesitznahme seiner Proles behaupten. Das Ganze ist ein Selbsterzeugungsmythos. In den sogenannten »Pariser Manuskripten« heißt es darum:

> Indem aber für den sozialistischen Menschen die ganze sogenannte Weltgeschichte nichts anderes ist als die Erzeugung des Menschen durch die menschliche Arbeit, als das Werden der Natur durch den Menschen, so hat er also den anschaulichen, unwiderstehlichen Beweis von seiner Geburt durch sich selbst, von seinem Entstehungsprozeß.[40]

Sein Dasein muß man sich selbst verdanken. Das fordert Marx gegen den Ursprung aus der Mutter, gegen die Herkunft aus einem fremden Grund. Er will keinen Grund außer sich haben,[41] er will selbst die Gattung ›Mensch‹ sein. Und dies nicht abstrakt als Allgemeines durch Denken, sondern konkret und in der Tat. So trifft Marxens Obsession mit dem Delirium des taumelnden Spinetts zusammen. Der Spruch »Ich bin nichts, und ich müßte alles sein«,[42] den Marx als Revolutionsmotto von Abbé Sieyès übernahm, bezeichnet seinen kannibalischen Solipsismus.

Insgesamt bildet Marxens Denken, wie schon das von Hegel, ein Beispiel für ein von den letzten Dingen ›Tod und Liebe‹ heimgesuchtes und dadurch gänzlich verstörtes Denken. Die Marxsche Umstülpung der Hegelschen Dialektik gilt dem phallischen Kern unter der mystischen Hülle. Schon Hegels Dialektik sucht die Subjektwerdung der Substanz, die Wiedervereinigung des männlichen Subjektes mit der entfremdeten mütterlichen Substanz und zugleich deren Verwandlung in das absolut Besondere des sich als Gattung und durch Begattung realisierenden Mannes. Solch mythisches Denken, hier wie da im Gewande der Wissenschaft auftretend, erweist sich leider als unaufhaltsam einleuchtend und wirksam im Gemüt der von den letzten Dingen bewegten Menschen. So sehr, daß dies zu bemerken und zu publizieren vergeblich scheint.

Theologie
und
Philosophie

Nach einem Wort Nietzsches war Philosophie, zumindest die deutsche, bisher weitgehend »hinterlistige Theologie«.[1] Hat er recht damit? Kommt das daher, daß sich beide, Theologie und Philosophie, um die letzten Dinge kümmern, vor allem um das allerhöchste: Gott, das sogenannte allerrealste Wesen? Woher dann aber die Hinterlist in der Philosophie? – Um es gleich vorweg zu sagen: weil hier Seelsorge, und zwar Sorge um die eigene gottähnlich-männliche Seele, als Wissenschaft verkleidet ist.

Systematisches Nachdenken über etwas, das immerhin charakterisiert beide, Philosophie wie Theologie. Anscheinend aber denken sie über Verschiedenes nach: Der Gegenstand der Philosophie ist eigentlich alles und insofern nichts Bestimmtes. Der Gegenstand der Theologie ist etwas ganz Bestimmtes: Gott, der angeblich alles ist. Also sind beide womöglich doch dasselbe, wenn nämlich ›alles‹ und ›Gott‹ dasselbe sind? Je nach Gotteserfahrung und Gottestheorie sind sie es tatsächlich.

Der Theologe Karl Rahner hat eine solche Gottesdefinition gegeben. Gott bezeichnet demnach 1. »das eine Ganze der Wirklichkeit« für den Menschen und 2. »das eine Ganze seines Daseins«, also insgesamt 3. »das Ganze von Welt und Selbst«.[2] Den Gegenstand der Philosophie kann man ziemlich gleichlautend definieren. Der Philosoph Clément Rosset zum Beispiel hat es so gemacht. Der spezifische Gegenstand der Philosophie ist seiner Meinung nach nichts Besonderes, sondern das Reale überhaupt: Die Philosophie sucht eine »Theorie der Wirklichkeit im Allgemeinen«.[3] Macht das nicht auch die Theologie? Sie nennt lediglich die Wirklichkeit im Ganzen ›Gott‹, während die Philosophie diesen Namen vermeidet. Hinterhältigerweise?

Mag ihr Gegenstand auch gleichlautend definiert sein, so gehen Philosophie und Theologie bei ihrer Theoriebildung doch unterschiedlich vor. Ihr Gegenstand, die Wirklichkeit im Allgemeinen oder im Ganzen, ist ihnen nämlich auf verschiedene Weise gegeben. Die Philosophie hat als Nachweis für ihren Gegenstand nur die Vernunft und überprüfbare Wahrnehmungen. Die Theologie hat zusätzlich noch den Glauben, also ein andersartiges Evidenzerlebnis für Realität, als es die wissenschaftliche Empirie mit ihrer experimentellen Erfahrung hat.

Die methodische Beschränkung auf Vernunft und Wahrnehmung bedeutet für die Philosophie, daß ihr Gegenstand, also alles, niemals etwas gänzlich Gegebenes sein kann. Wie sollte das Reale in seiner Gesamtheit auch vergegenständlicht werden können, wo doch das vernünftige Individuum selbst ein Teil davon ist? Alle Wahrnehmung bleibt perspektivisch. Das Reale in seiner Gesamtheit ist allenfalls als Idee da. Und was das eigene Selbst wie auch das der anderen angeht, ist vollständige Kenntnis davon erst recht nicht zu haben. So gewiß damit der Philosophie ein einzelnes Reales als gegeben vorkommen mag, so ungewiß bleibt ihr das Reale im Ganzen. Zu diesem ist keine objektivierende Distanz möglich.

Dasselbe gilt für Gott. So jedenfalls sieht es Kant in seiner »Kritik der reinen Vernunft«. Für die theoretische Vernunft ist Gott nur eine überschwengliche Idee. In diesem Leben, das heißt vor dem Tod, kann es keine Erkenntnis von diesem Gegenstand geben. Kant meint aber, daß das moralische Gewissen ein verläßliches Datum dafür ist, daß es Gott gibt.

Im Unterschied zur Philosophie hat die Theologie das »Ganze von Welt und Selbst« oder »den Gott« vor aller Theorie bereits als gegeben erfahren. Die Theologie beruft sich auf den Glauben. Was ist das? – Nach Clément Rosset meint Glauben Gewißheit oder Evidenz als einen Zustand des Glaubenden.[4] Er bietet damit eine Gewißheit, wie sie mit kritischer Vernunft nicht zu haben ist, denn der Glaube verlangt eine Art Aussetzung oder Relativierung der Vernunft. Die Glaubensgewißheit macht »das Ganze von Welt und Selbst« zu einer den Glaubenden umfassenden Realität. Der Glaube bindet das »Ganze der Wirklichkeit« für den Menschen mit dem »Ganzen seines Daseins« zusammen. So entspricht er genau Karl Rahners oben zitierter Gottesvorstellung.

Beim Glauben, so bemerkt Rosset, geht es demnach nicht so sehr darum, was der Glaubende und das Geglaubte im einzelnen jeweils sind, ob zum Beispiel ich dieser Bestimmte bin, der ich auch gestern war, oder ob ich diese Aussage für wahr halte oder jene. Das alles ist ziemlich belanglos. Geglaubt wird der Glaube selbst als Bindungsakt und als Zustand des Glaubenden. Er ist eine Art Umhüllung und Verkleidung, ein »Panzer«, wie Paulus[5] sagt. Und der Mystiker Meister Eckehart schreibt:

> Der Mensch, der sich gänzlich mit allem dem Seinen aufgegeben hätte, wahrlich, der wäre so völlig in Gott versetzt, daß, wo man den Menschn (auch) anrühren sollte, man zuerst Gott anrühren müßte; denn er ist rundum in Gott, und Gott ist um ihn herum, wie eine Kappe mein Haupt umschließt, und wer mich anrühren wollte, der müßte zuerst mein Kleid anrühren.[6]

Der Glaubende entwirft sich ganz neu im Gewande der umgreifenden Realität, identifiziert sich mit der ihn vereinnahmenden Ganzheit. Durch diese scheint er sicher zu sein, sicher *vor* allem, weil *in* allem.

Der Glaube funktioniert darum wie eine uneinnehmbare Festung. Denn sowohl auf der Seite der Realität wie auf der des Subjektes kann alles und jedes zu seiner Bestätigung herangezogen werden, erst recht Widersprüchliches. Als Sicherheitssystem ist er immun gegen Einwände bezüglich beider Seiten der Bindung. So betreibt er eine Art Exorzismus des Realen und aller subjektiven Instabilität. Wechselnde Erscheinungsweisen des Realen und des Subjektes werden einfach abgefangen, abgespalten.

> Der Glaube, definiert als reiner Bindungsakt, unabhängig davon, woran er bindet, ist klinisch betrachtet eindeutig ein *Symptom*: denn er rekuriert nicht darauf, was seinen Inhalt ausmacht, sondern bezeichnet immer etwas anderes. Das, woran er glauben macht, ist nichts, der Glaubensakt ist alles.[7]

Letztlich ist das Geglaubte das schlechthin Unverstehbare. Rosset geht so weit zu behaupten, man könne nur wirklich an das glauben, was man nicht versteht. Denn erst dann glaubt man an etwas Unanfechtbares.[8] Der Gott, an den man glaubt, ist die Eliminierung aller anderen Dinge, aller Dinge überhaupt. Er kann dann auch ohne weiteres als einmal das eine, dann das andere geglaubt werden. Der Glaube bezieht seine Substanz aus der Abwesenheit jeder Sache. Seine Sicherheit ist absolut. Sie bedeutet paranoische Ausschließung der verunsichernden Vernunft durch diese selbst. – Das zeigt auch schon der Wortsinn von ›Religion‹. Das lateinische Wort *religio* bedeutet nämlich keineswegs ›Rückbindung‹ (als käme es von lat. *religere*), sondern (von lat. *legere* = lesen) ›gewissenhaftes Befolgen‹ – von was auch immer!

In der Philosophie, zumindest in der neuzeitlichen, ist das ganz anders. Ihr Instrument ist erklärtermaßen die Vernunft, abgegrenzt gegen Glauben und Wahnsinn. Dem Vernünftigen bleibt immer Ungewißheit. Zwar ist auch Gewißheit gefragt, aber sie gibt es nur in den innervernünftigen Angelegenheiten, nämlich in Logik und Mathematik. Und in der leeren Selbstgewißheit des Ich! Die hat Descartes zum Vorbild aller gegenstandsbezogenen Gewißheit gemacht. Aber hier ergibt sich dann eine paradoxe Situation. Hält man an der Selbstgewißheit des ›Ich denke‹, des *ego cogito*, fest, geht die Realitätsgewißheit verloren, nämlich die Sicherheit, daß es noch etwas anderes gibt als das Ich und seine Vorstellungen, daß es noch etwas Reales gibt, auf das sich die Vorstellungen beziehen. Macht man umgekehrt die äußere Realität zum einzig sicheren, so kann man für das Ich überhaupt keine Realität mehr geltend machen, denn es ist dann selbst nichts Reales, sondern nur noch ein Reflex.

Den Philosophen, zum Beispiel Descartes, Kant und Hegel, ist nicht entgangen, daß im Gottesglauben das Realitätsproblem und damit das Todesproblem gelöst wird. Die umfassende Realität, das heißt die unterstellte Einheit von Ich und Welt, ist dem Glaubenden gewiß. Da sich der Philosoph aber nicht selbst auf den Glauben berufen möchte – schließlich will er, emanzipiert von religiöser Bevormundung in Sachen Wahrheit, doch Wissenschaftler sein –, versucht er auf seine Weise, durch wissenschaftliche Vernunft, an den Realitätsausweis ›Gott‹ heranzukommen. Er versucht rationale Gottesbeweise, bis Kant kommt und die Sache ungemein erschwert. Auf die Existenz Gottes zu schließen ist seitdem nicht mehr möglich.

Allerdings hat Kant selbst einen, aber nur scheinbar gangbaren Weg gewiesen, wie man doch ans *ens realissimum*, das allerrealste Wesen, herankommt: durch eine sogenannte durchgängige Bestimmung aller Realität. Aber der »Satz von der durchgängigen Bestimmbarkeit eines jeden Dinges«, den Kant voraussetzt, ist, wie oben (bei der Besprechung von Hegels »göttlichem Dreieck« in Kapitel »Was ging vor im Denken Hegels?«, S. 80) schon erwähnt, leider falsch. Ein einzelnes Reales ist nämlich nicht immer von der Art, daß ihm kontradiktorische Prädikate wie ›rot‹ und ›nichtrot‹ nicht gleichzeitig zukommen oder nichtzukommen müssen. Viele Dinge sind chaotische Mannigfaltigkeiten, zum Beispiel der kontinuierlich vielfarbige Abendhimmel oder die Hegelsche ›Nacht des Ich‹, aus der sich die Gedanken, Begriffe und Worte herausindividuieren, die hier aufs Papier kommen.

Den Weg der Durchbestimmung der Realität ist Hegel gegangen (nicht zuletzt, um der für ihn furchtbaren ›Nacht des Ich‹ zu entkommen), indem er alle Realität auf Begriffe brachte und einen durchgehenden (dialektischen) Zusammenhang konstruierte, der dann das *ens realissimum* selbst darstellte: Gott. Für Hegel war also Gott der alleinige und genuine Gegenstand der Philosophie, nämlich Gott als alles Wirkliche, das zugleich auch vernünftig, das heißt begriffsgefügig war: das oben vom Theologen Rahner bezeichnete »Ganze von Welt und Selbst«.[9]

Auch für die Theologen war Kants Widerlegung aller möglichen Gottesbeweise ein schwerer Schlag, obwohl sie eigentlich keinen Gottesbeweis nötig hatten. Aber es war ihnen immer sehr recht gewesen, besonders in Zeiten wachsender Aufklärung, daß Gott nicht nur geglaubt, sondern auch gewußt werden konnte. So hält die katholische Kirche, trotz Kant, immer noch am sogenannten physikotheologischen Gottesbeweis fest, bei dem Gott aus der Natur erschlossen wird beziehungsweise überall in ihr gefunden werden kann.

Bleiben wir bei der Philosophie ohne Glaubensgewißheit. Diese Philosophie muß bei ihrer Theorie der Realität im Ganzen und Allgemeinen mit Ungewißheit leben. Allerdings fällt ihr das nicht mehr so schwer, seit nicht nur die Gottesbeweise philosophisch in Mißkredit gerieten, sondern auch die Glaubensgewißheit selbst zu einer Art Neurose erklärt werden konnte – durch die Psychoanalyse.

Die Glaubensbindung betrifft psychoanalytisch ein prinzipiell aufklärbares Begehren. Es gilt dem unbestimmten Anderen, der mich erhält, trägt und auffängt. So sind hinter jenem Ganzen der Wirklichkeit und des eigenen Daseins, das Rahner als ›Gott‹ definierte, unschwer die den einzelnen umgreifende Ganzheit der Mutter und die sie später aufbrechende und ersetzende Macht des Vaters zu erkennen.

Das läßt sich auch phänomenologisch durch beschreibende Analyse des religiösen Erlebens zeigen. Dieses betrifft die ergreifende Macht von Gefühlen.[10] Wir wissen alle um unsere Anfälligkeit für Gefühle des Zorns, der Scham, des Stolzes, der Leere, der Zufriedenheit, der Bangnis, der Euphorie, der Sehnsucht. Gefühle ergreifen einen leibhaftig. Sie sind am ganzen Leib spürbar, oft herbeigerufen durch bestimmte Vorstellungen oder Bilder und Gedanken. Beim Glauben nun scheint es um das Gefühl des Gefühls schlechthin zu gehen, um das Gefühl einer uns umgreifenden Macht überhaupt. Mit Rudolf Otto nennt man das auch »das Numinose«.[11]

Die Macht, von der man ergriffen wird, sich als Person vorzustellen und einen Gott oder eine Göttin zu nennen, ist nicht das Wesentliche. Die Tendenz zur Personalisierung rührt wohl daher, daß solche Gefühlserlebnisse zuerst in Zusammenhang mit Personen gemacht werden, besonders den Eltern und ersten Liebesobjekten. Im Buddhismus zum Beispiel kann es bei der unpersönlichen Vorstellung des Göttlichen bleiben. Das Nirwana-Glück, das vom Samsara, der Kette von Geburt, Tod und Wiedergeburt, erlösen soll, mag sogar das Nichts genannt werden.[12] Das Göttliche ist hier also etwas, was einem widerfährt wie der heilige Geist. Es erleuchtet die Seele, macht sie gewissermaßen selbstlos, nichtig. Auch das chinesische Tao ist dem verwandt. Es ist eine unfaßbare und grenzenlose, aber doch räumlich ergossene Wonne-Atmosphäre, die einen umhüllt. Merkwürdigerweise wird sie auch als etwas »Tief-Weibliches« beschrieben.[13] Sollte das eine Art Erinnerung und Wiederholung des Zustandes im Uterus sein? – Die Mystiker sprechen oft von solchen ekstatischen Wonne-Erlebnissens des Umfangenseins, von Seligkeit und Frieden oder von jenem ozeanischen Gefühl, das Romain Rolland Freud gegenüber als Urgefühl der Religion geschildert hat.[14] Auch die Mach-Erfahrung, die bei Parmenides durch eine Göttin repräsentiert ist (s. auch Kapitel »Das taumelnde Spinett«, S. 9), gehört hierher.

Wie kommt es aber dann zu einer männlichen Personalisierung des Göttlichen? – Warum gibt es, wenn schon personalisiert werden soll, nicht nur Göttinnen oder die »Eingöttin«? Daß sich ein Göttinnenbeweis nicht stellt, weist womöglich darauf hin, daß der männliche Eingott weniger selbstverständlich ist als das Göttliche überhaupt.

Der Gegenstand der Theologie, der männliche Gott, hat wohl noch einen anderen Grund als prä- oder postnatale Wonnen im und am Leib der Mutter. Nehmen wir zum Beispiel Jahwe. Er erscheint als Person, sogar in mehreren Personen gleichzeitig und in verschiedenen Gestalten, zum Beispiel als Paradiesesschlange. Aber er ist auch begleitet von einer unpersönlichen, bloß räumlichen Atmosphäre, genannt Schechina.

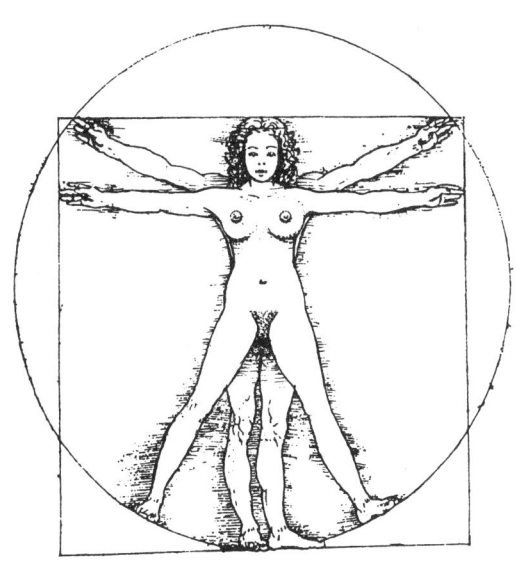

Diese atmosphärische Präsenz Jahwes wird in der frühen rabbinischen Literatur als weibliche Hypostase Gottes verstanden,[15] also als etwas, das in der Reduzierung der Gotteserfahrung auf die Begegnung mit einer männlichen Person verlorengeht. – Siegmund Hurwitz schreibt mit Bezug auf die jüdische Mystik:

> Indem Gott von seiner eigenen weiblichen Seite abgeschnitten wird, sind – psychologisch gesprochen – Geist und Gefühl nicht mehr in harmonischer Verbindung.
> Die Schechina, die ihren Ort bei Gott verloren hat, zieht nun mit dem jüdischen Volk ins *Exil*.[16]

Jahwe gilt gemeinhin als übermächtiger Vater, der dann als Christengott im »Neuen Testament« sogar das von Abraham verlangte Sohnesopfer an Jesus exerziert, und den Rudolf Otto im folgenden »so wundervolle(n) Gebet« verherrlicht (nicht verfraulicht) findet:

> So lasse denn kommen, JHVH, unser Gott, Deine Furcht über alle Deine Geschöpfe und ehrfürchtiges Bangen (emateka!) vor Dir über alles, was Du erschaffen, daß Dich fürchten Deine Geschöpfe und vor Dir sich bücken alle Wesen (...).[17]

Die Personalisierung des Gefühls einer umgreifenden Macht, wie sie uns in der Gottesvorstellung geläufig ist, hängt wohl mit der Entweiblichung Gottes in den großen theistischen Religionen zusammen. Der männliche Gott ist nicht primär wonniglich umgreifende Macht, sondern personalisierte Streitmacht. Machthaber sehen sich als Repräsentanten Gottes in der Welt. Und die Gläubigen sehen sie auch so. Der Vatergottglaube wird durch patriarchalische Zurichtung indoktriniert – durch Machterfahrung und Machtausübung. Aber dieser männliche Gott ist eigentlich ein Transsexueller.

Jenes wesentlich weiblich-mütterliche Numinose, das Wonnegefühl der Mystiker, spielt nur eine untergeordnete Rolle in den Großreligionen. Dem entspricht die untergeordnete Rolle der Frau in ihren Institutionen. Theologen und Priester sind fast durchweg Männer, wie auch die Philosophen. Religion und Philosophie dienen dem Patriarchat, der Selbstabgrenzung des Männlichen vom Weiblichen, dem männlichen Selbstbewußtsein. Ihre Seelsorge ist Männersorge. Von den Frauen übernehmen sie die Kompetenz für die letzten Dinge: Geburt, Tod und ewiges Leben. Nietzsches Erwägung, daß die Wahrheit ein Weib sein könnte (s. auch Vorwort, S. 7), weist auf die fällige Rehabilitation des bei der Geschlechtsumwandlung des Göttlichen Verdrängten hin, also auf das Ende der bisherigen Theologie samt ihrer hinterlistigen Spielart, der Philosophie.

Philosophie
für
Frauen

Das von der traditionellen Philosophie am meisten gemiedene und gleichwohl zu den tiefsten Problemen des Lebens gehörende Thema ist die sexuelle Differenz. Die feministische Philosophie hat sie zu ihrem vorrangigen, wenn nicht gar einzigen Thema erklärt. Aber dadurch bringt sie sich in Legitimierungsschwierigkeiten. Ist das, was sie macht, denn noch Philosophie?

Für die traditionelle Philosophie ist besagte Differenz kein Thema. An die traditionelle Philosophie muß die feministische aber anknüpfen, wenn sie zum selben Fach gehören will, in das hinein die Gelder für Lehrstühle und das Vertrauen der Leute fließen, die an die großen Denker glauben. Wie soll die feministische Philosophie das nun machen?

Für den problematischen Anschluß der feministischen an die traditionelle Philosophie wähle ich die Philosophin Luce Irigaray mit ihren Schriften über die »Genealogie der Geschlechter« (1989) und die »Ethik der sexuellen Differenz« (1991) als Beispiel. Bei ihr heißen die großen Anschlußdenker Platon, Feuerbach und Heidegger. Irigaray ist auch ein Beispiel für den anscheinend unverzichtbar religiösen Charakter einer Philosophie, die sich um die letzten Dinge wie Liebe und Tod oder Kinderkriegen und Unsterblichkeit kümmert.

Irigaray entnimmt ihr Programm der Bibel. Es ist das Hybris-Programm der Selbstvergöttlichung des Menschen. Sie setzt bei ihrem eigenen Vergöttlichungsunternehmen auf das weibliche Geschlecht, denn bisher, so stellt sie zutreffend fest, war dieses Programm nur eines für den Mann. Sie findet bereits bei Platon, Feuerbach und Heidegger Ansätze, dieses Programm auf die Frau umzustellen. Das heißt aber nicht, daß ihr die durchgängig festzustellende maskulinistische Neurose der traditionellen Philosophie verborgen geblieben wäre. Sie hat sich vielmehr um die Aufklärung derselben in früheren Schriften durchaus verdient gemacht.[1]

Diese Neurose zeigt sich schon darin, daß die sexuelle Differenz für das Denken selbst und für die Bestimmung des Wahren in der traditionellen Philosophie keine Rolle spielen darf. So bedeutet die Behauptung der reinen, geschlechtslos allgemeinen Vernunft nicht nur die Verdrängung einer womöglich typisch weiblichen Intelligenz durch die männliche, sondern auch den Ausschluß der sexuellen Differenz aus der Vernunft.[2] Dagegen betont Irigaray zurecht die elementare Bedeutung dieser Differenz für die philosophische Suche nach Wahrheit. Sie schreibt:

> Die sexuelle Differenz stellt eine der Fragen oder die Frage dar, die in unserer Epoche zu denken ist. Jede Epoche hat – Heidegger zufolge – eine Sache zu »bedenken«. Nur eine. Die sexuelle Differenz ist wahrscheinlich diejenige unserer Zeit. Diejenige, die uns, wäre sie gedacht, die »Rettung« bringen würde?[3]

Wieso »Rettung«, wird man fragen. – »Nur ein Gott kann uns retten«, erklärt Irigaray[4] im Einklang mit Heidegger[5] und greift zu Heideggers rettendem »Bündnis zwischen Göttern und Sterblichen«.[6] Offenbar scheint ihr etwas am Menschen verdorben oder krank zu sein, weil die sexuelle Differenz nicht bedacht worden ist. Verdorben sind die Beziehungen zwischen Göttern und Menschen und zugleich die zwischen Mann und Frau, meint Irigaray. Wie ist das zu verstehen? Was hat es mit der Geschlechterdifferenz in Hinblick auf die Differenz zwischen Menschen und Göttern auf sich?

Die Differenz der Geschlechter ist wirklich etwas ganz Elementares. Freud sagt es so:

> Männlich oder weiblich ist die erste Unterscheidung, die Sie machen, wenn Sie mit einem anderen menschlichen Wesen zusammentreffen, und Sie sind gewöhnt, diese Unterscheidung mit unbedenklicher Sicherheit zu machen.[7]

Tatsächlich ist das sexuelle Erkennen, also die Identifizierung anderer Lebewesen als Begattungspartner oder Begattungskonkurrenten, die elementare Weise, wie Tiere und Menschen ihre Gattung oder ihr Geschlecht realiter definieren. Durch genitales sexuelles Erkennen werden sie Angehörige dieser Gattung, ihres *Genos*. Insofern ist die Begattung das Prinzip der Gattung, das heißt der Wesensbestimmung der Tiere und auch des Menschengeschlechts. Doch was hat die philosophische Tradition mit dieser Unterscheidung philosophisch angefangen? Sie hat, zum Beispiel bei Hegel, die reale Gattungstätigkeit, deren Mythe, wie wir von Marx hörten (s. auch Kapitel »Was ging vor im Denken Hegels?«, S. 80), Tod und Liebe sind, in der (dialektischen) Begriffslogik versteckt und eine Herrschaft des phallischen Begriffs errichtet. Oder die Vernunft hat, zum Beispiel bei Kant, die Geschlechterdifferenz aus sich herausgesetzt und aus ihr den Gegensatz Vernunft und Unvernunft (oder Sinnlichkeit) gemacht (s. auch Kapitel »Vernunft und Sexualität«, S. 165).

Lapidarer und plastischer als die Philosophie zeigt die Bibel, wie die Geschlechterdifferenz zu behandeln ist. Bekanntlich fängt die biblische Lehre vom Menschen mit der Geschlechterdifferenz an. Die Bibel berichtet, daß die Menschen zugleich als Mann und Frau geschaffen wurden[8] – und zwar »nach dem Bilde« oder auch »im Bilde« Elohims, der Götterschar. Die muß dann wohl zur Hälfte weiblich gewesen sein, wie sonst könnte sie Mann und Frau nach ihrem Bilde schaffen? Indem seit alters Elohim einseitig und das heißt falsch mit ›Gott‹ übersetzt wird, sind alle Bibeltexte von der ersten Seite an auf die Verdrängung des Weiblichen aus dem Göttlichen programmiert.[9]

Das patriarchalische Bibel-Programm läßt sich als Glaubensbekenntnis so formulieren: Elohim ist allein der Jahwe, alle anderen Elohim sind Elilim (hebr. = Nichtse). Die Geschlechterdifferenz wird damit aus dem Göttlichen getilgt. Denn der Gott namens Jahwe[10] ist männlich.

Daß »Elohim« ein Plural, nämlich der Plural von »El« (= Gottheit) ist, merkt man noch an einigen Textstellen, zum Beispiel wenn Elohim auf der ersten Seite der Bibel sagt: »Laßt *uns* Menschen machen als *unser* Abbild, *uns* ähnlich«.[11] Aber dann setzt sofort die Zensur ein, denn es heißt weiter: »Als Mann und Frau schuf *er* sie«.[12] Die Frau wird damit auf ein männliches Urbild zurückgeführt und auf dessen Ähnlichkeit oder Nachahmung verpflichtet.

Der biblische Gott steht also für die patriarchalische Korrumpierung der Geschlechterbeziehung. In gewisser Weise hat Irigaray mit ihrem Heidegger-Spruch also Recht: »Nur ein Gott kann uns retten.« Denn dieser biblische Gott hat schließlich Schuld am sexuellen Elend, sofern er für die Geschlechterbeziehung in der westlichen Kultur prägend war. Aber muß es denn zur Beseitigung des Elends *wieder* ein Gott sein? Ist es nicht naheliegender, diesen falschen Gott der Bibel in seiner Vorbildfunktion endlich abzuschaffen?

Im Islam verhält es sich mit der sexuellen Differenz nicht anders als im Christentum. Für die Erinnerung an die zwei Koran-Verse, in denen Mohammed aus missionsstrategischen Gründen vorübergehend den drei weiblichen Göttinnnen, den Vögeln oder Engeln Lat, Uzza und Manat, Verehrungswürdigkeit zugestand,[13] wird man heute mit dem Tode bedroht. Mohammed selbst hat sie ja auch nachträglich als vom Satan eingegeben bezeichnet. Satan ist nämlich die verdrängte Weiblichkeit des Manngottes. In der Bibel, beim sogenannten Sündenfall, taucht er (beziehungsweise sie) als Schlange auf. Der hebräische Mythos personifiziert diese abgespaltene Weiblichkeit auch als Lilith, von deren Verkehrtheit wir schon oben durch Marx hörten. Sie ist »Adams erste Frau«,[14] von der er sich scheiden läßt, weil sie nicht immer unter ihm liegen will.[15] Sie gilt nun als der weibliche Teufel.

Das zweite Kapitel des ersten Buches der Bibel, also Genesis 2 (ein Stück aus der Schrift des Jahwisten, während Genesis 1 aus der Priesterschrift stammt), ersetzt diese »erste Eva«[16] durch die zweite, allgemein als einzige bekannte Eva. Diese, hergestellt aus Adams Rippe, ist ein Ableger des Mannes, gleichsam aus dem Mann geboren. Die Geschlechterdifferenz wird patriarchalisch festgeschrieben – als Abhängigkeitsverhältnis.

Eine besondere Begründung dafür liefert die Sündenfallgeschichte. Scham, so lesen wir da, war die erste Reaktion auf das von der Frau verschuldete verbotene Essen, durch das zumindest die Frau klug werden wollte wie Gott.[17] Das Wort für

»klug« bedeutet im Hebräischen auch »nackt«. Für beides hat sich die Frau zu schämen, für Klugheit und Nacktheit. Für das weibliche Geschlechts- oder Gattungsorgan der Frau steht im Deutschen dasselbe Wort wie für die Reaktion auf eine gescheiterte, bloßstellende Initiative, nämlich die Scham.

Evas Initiative hinsichtlich Klugheit, Nacktheit oder Schamlosigkeit war eine Gottwerdungsinitiative des Menschen. Sie ist auf- oder untergegangen in das noch bestehende Patriarchat. Nur von Adam sagen die als Eingott auftretenden Götter: »Er ist geworden wie wir«.[18] Wir, das ist also er, *der* Gott. – Man darf aber eigentlich nur sagen: Gott. Der bestimmte Artikel wird weggelassen, um die Einschiebung schmähender Adjektive zu verhindern. Nicht so beim Teufel.[19] Ich plädiere für die Wiedereinführung des bestimmten Artikels beim Gott. – Adam (hebr. = der Mensch) überträgt im Sinne seiner Gottwerdung die Herrschaft des Gottes über die Menschen auf die Geschlechterdifferenz. Mit ihm beginnt die Herrschaft des Mannes über die Frau.

Evas Initiative könnte jedoch erneuert werden. Das hat Luce Irigaray im Sinn. Sie will die weibliche Scham zur un-verschämten Geltung bringen und sie für eine endgültige Gottwerdung des Menschen, insbesondere auch der Frau, fruchtbar machen. Dafür geben ihr die ansonsten durchweg patriarchalischen Philosophen Platon, Feuerbach, und Heidegger bereits positive Hinweise. Jedenfalls versteht sie diese Autoren so.

Beginnen wir mit Platon. Immerhin hat er in seinem Höhlengleichnis aus der »Politeia«, wie Irigaray weiß,[20] die vergängliche, nichtige und unreine Welt des Sinnlichen[21] mit dem Uterus identifiziert. Uterus oder Gebärmutter heißt Hystera, was auch das Spätere und Zurückgebliebene bedeutet. Das Wort Hys klingt an, die griechische Bezeichnung für Schwein. Umgekehrt bezeichnet auch das Wort für die weibliche Scham, Choiros, das Schwein. Denn das Schwein, besser die Sau, ist das typische Mutterkulttier.[22]

Angesichts des Verhängnisses, im Gefängnis der Weiblichkeit wie in einem Schweinestall zur Welt gekommen zu sein, ist eine zweite Geburt nötig. Das lehrt die platonische Philosophie. Diese Wiedergeburt führt aus der Geburtshöhle hinaus durch

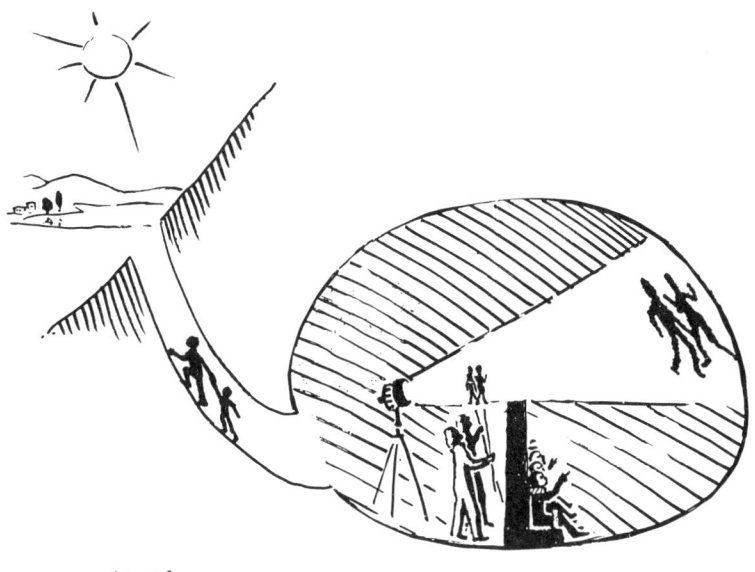

*Zu Platons
Höhlengleichnis.*

die Scham ans Licht der männlichen, staatstragenden Vernunft. Bereits wiedergeborene Philosophen geben die Geburtshelfer dafür ab. Den Einstieg für den Ausstieg aus der finsteren Welt sinnlich-weiblichen Schein-Seins, also die Initiation für die Umorientierung der Menschen, besorgt die Knabenliebe. Das läßt Platon die Diotima, eine ironische Maske des Sokrates, sagen.[23]

Diotima/Sokrates verlangt im Namen der Liebe die Abkehr der Männer von der weiblichen, als häßlich geltenden Scham und die Hinwendung zum eigenen schönen Geschlecht. Die Bezeichnung »das schöne Geschlecht« für Frauen ist eine komische Beschönigung. Sie meint – bezüglich des Geschlechtsteils – genau das Gegenteil.

Die Umorientierung ist nötig, um unsterbliche, das heißt: geistige Kinder zu zeugen – wie Homer und Hesiod[24] und natürlich Platon selbst es mit ihren Schriften fertigbrachten. Dennoch hat Irigaray bei Platon eine Stelle entdeckt, wo die weibliche Scham von göttlichem Nutzen scheint. Ihr Fund ist dieser Doppelsatz in Platons »Symposion«:[25]

Die Vereinigung nämlich von Mann und Frau ist Zeugung. Es ist dies aber ein göttlicher Vorgang (...).[26]

Sie schreibt dazu:

Diese Aussage der Diotima scheint nie verstanden worden zu sein. Sie (...) legt (...) den Akzent auf den göttlichen Charakter des Zeugens und Hervorbringens in der Vereinigung zwischen Mann und Frau, auf die Präsenz des Unsterblichen in den sterblichen Geschöpfen. Jede Liebe sei potentiell göttliche Schöpfung, Weg zwischen Sterblichen und Unsterblichen. (...) So ist, Diotima zufolge, die Liebe zwischen Mann und Frau schön, harmonisch, göttlich. (...) Und der Erguß, der das Kind erzeugt, ist eine Folge der Freude über die Annäherung an ein schönes Objekt.[27]

Höchstwahrscheinlich stammt gerade der erste Teil des Doppelsatzes, auf den es ankommt, »Die Vereinigung nämlich von Mann und Frau ist Zeugung«, nicht von Platon selbst. Léon Robin[28] nennt die Stelle eine Interpolation, und der Übersetzer Rudolf Rufener[29] setzt sie in Klammern. In der von Ernesto Grassi betreuten Ausgabe der Schleiermacher-Übersetzung[30] kommt der fragliche Satz gar nicht vor. Grassi tut Recht daran. Schließlich betont Platon immer wieder, besonders im Dialog »Phaidon«, daß Unsterblichkeit nur der Seele zukommt und nur durch die Seele erreicht werden kann. Um deren geistiges Zeugen und Gebären geht es. Das bleibt Männersache.

Wie ist es zu dieser Einschiebung gekommen? – Vor ihr steht der Platon-Satz über das Zeugen der Seele. Er lautet: »Erzeugen aber kann sie in dem Häßlichen nicht, sondern nur in dem Schönen«.[31] Dann folgt der Satz: »Es ist dies ein göttlicher Vorgang«.[32] Dem Satz über das Zeugen im Schönen, das im nächsten Satz als göttlich bezeichnet wird, sollte also wohl durch den späteren Zusatz »Die Vereinigung nämlich von Mann und Frau ist Zeugung« die päderastische Eindeutigkeit genommen werden, denn »der Schöne« ist der schöne Knabe. Seine Schönheit hat »einführende« und »geburtshelfende« Funktion.

Damit ist auch der anale Koitus gemeint, wenn es dann hinsichtlich des Zeugens im Schönen weiter heißt:

> Deshalb, wenn das Zeugungslustige dem Schönen naht, wird
> es beruhigt und von Freude durchströmt und erzeugt und befruchtet; wenn aber vom Häßlichen, so zieht es sich finster
> und traurig in sich zusammen und wendet sich ab und
> schrumpft ein und erzeugt nicht, sondern trägt mit Beschwerde seine Bürde weiter.[33]

Denn der Same selbst gilt als Seele, wie Erich Bethe in seiner Untersuchung über die dorische Knabenliebe zeigte.[34] Platons befiederte Seelenwagen[35] sind damit wohl geflügelte Genitalien: Eroten, Genien oder Putti, das heißt Engel. Deshalb ist es nicht abwegig, wenn bei Platons ›Zeugen im Schönen‹ die Seele anal, also »über die Pyge eingeführt werde«.[36] Erst durch die päderastische Initiation können geistige oder unsterbliche Kinder, das heißt Tugenden und Werke, zustandekommen. Sie demonstrieren und beschwören den Sieg über Tod und Teufel, insgesamt über die Weiber. »Heiligtümer«, schreibt Platon, seien »um solcher Kinder willen« errichtet worden, »der menschlichen Kinder wegen aber nie«.[37]

Irigarays Rehabilitierung der weiblichen Scham durch die angeblich göttliche Zeugung in derselben ist also ein Mißgriff. – Sehen wir uns Irigarays zweiten Beleg dafür an, daß die mögliche Vergöttlichung des Menschen durch die weibliche Scham bereits in der traditionellen oder nicht-feministischen Philosophie vorgedacht worden sei: Feuerbach.

Feuerbach geht es um einen Gattungs- oder Wesensbegriff des Menschen.[38] Dieser ist eine zur Idee verklärte Bestimmung dessen, was die Menschen durch Begattung, also durch das sexuelle Erkennen des Begattungspartners und Begattungskonkurrenten, realiter herstellen. Das ist das Gattungsleben oder das gesamte Menschengeschlecht. Es ist Produkt des Menschen. Von hier hat Marx sein Programm gattungsmäßiger Selbstverabsolutierung, auf das Max Stirner ausdrücklich verzichtet.[39]

Die traditionelle Gottesvorstellung ist für Feuerbach lediglich die Personalisierung der Wesens- oder Gattungsvorstellung des Menschen. Der Mensch macht aus seinem Gattungs-

Phallosvogel
(Griechisch, Skyphos,
1. Hälfte des 5. Jhs. v. Chr.).

begriff eine Art idealen Doppelgänger, gleichsam den wegweisenden Genius und Schutzgeist der Menschheit. Daß dieser Genius der männlich-genitalen Definition der Gattung entspricht, reflektiert Feuerbach nicht. Er folgt lediglich dem Programm Hegels, welches das Durcharbeiten und die Aufhebung eines typisch männlichen Verhängnisses verlangt. Es gilt, »die Schätze, die an den Himmel verschleudert worden sind, als Eigentum der Menschen (...) zu vindizieren«, das heißt zu beanspruchen und zu retten.[40] Marx hat, wie ich (s. Kapitel »Wie war das mit Marx?«, S. 98) dargelegt habe, hier angeknüpft und dieses Ejakulat auf die Erde zurückgeholt. In den sogenannten *Pariser Manuskripten* postuliert er das Geschlechterverhältnis als gutartige, das heißt natürliche Begattungsbeziehung und macht diese zum Maßstab für die Emanzipation der menschlichen Gattung. Dagegen erscheint ihm die bestehende kapitalistische Bürger-Gesellschaft als Gesellschaft der Prostitution.[41]

   Ohne den Hintersinn der Entfremdungsproblematik bei Hegel, Feuerbach, Marx oder Stirner zu bedenken, findet auch

Irigaray, daß das Heil der Gattung »Mensch« aus der natürlichen Begattung kommen muß und nicht aus der unnatürlichen, das heißt der Unzucht. Die Gattung ist göttlich. Das übernimmt sie von Feuerbach. Sie übernimmt auch dessen christlich-neutestamentarische Bestimmung der Gattung, obgleich Feuerbach seine Untersuchung über das Christentum ursprünglich »Kritik der reinen Unvernunft« genannt hat. Der spätere Titel »Das Wesen des Christentums« stammt vom Verleger.

Die Vergöttlichungsverheißung im »Neuen Testament« stützt sich auf eine asexuelle Verbindung von Mensch und Gott, die von Gott ausgeht. Er schickt seinen Sohn Jesus auf die Erde. Dieser verwandelt sich in Fleisch, das heißt: er inkarniert sich als Leibesfrucht einer Jungfrau und nimmt sich auch später keine Frau zur fortzeugenden Begattung. Vielmehr opfert er sein ›im Blute lebendes Fleisch‹[42] den Menschen zur kannibalisch-eucharistischen Speise, damit die Menschen dadurch die Kraft zur Vergöttlichung bekommen, nämlich die Kraft, in den Tod zu gehen wie er.[43] Das Gattungsleben der Menschen sollte nach urchristlicher Vorstellung sowieso innerhalb der nächsten Generation nach Jesus mit dessen Wiederkehr zu Ende sein,[44] weshalb Jesus von Begattungsverbindungen abriet. Ohne Sex und Kinder kommt man leichter in den Himmel.

Im christlichen Gottesbild sah Feuerbach eine hilfreiche Gattungsprojektion des Menschen zwecks Selbstvervollkommnung beziehungsweise Selbstvergöttlichung. Das kam vielleicht daher, daß die biblische Gottesvorstellung bei ihm weitgehend durch die philosophische Tradition, besonders durch Hegels Theologie, bestimmt war. Der Gott der Philosophen war das *ens perfectissimum* mit dem Hauptkennzeichen der Omnipotenz.

»Gott ist der Spiegel des Menschen«, schrieb Feuerbach.[45] Bislang sei lediglich nicht bemerkt worden, daß der Mensch sich selbst diese Vorstellung konstruiert, und zwar als die Vorstellung seines eigenen Wesens. Diesem bleibe er entfremdet, wenn er es als etwas anderes aus sich heraussetzt. Erst mit der Aufklärung über die Herkunft der Gottesvorstellung gewönne der Mensch sein göttliches Gattungsbewußtsein. Soweit Feuerbach.

Der Mensch? – Nein, bloß der Mann, meint Irigaray. Denn es seien die Wesensprädikate des Mannes, die den Feuerbachschen Gott ausmachen. Genau das habe den Frauen gefehlt: die Vorstellung ihres eigenen Wesens als des Wegweisers der Selbstvergöttlichung.

> Der Frau fehlt der Spiegel, um Frau zu werden. Einen Gott haben und seine Gattung werden, ist nicht voneinander zu trennen. Gott ist der andere, den wir unbedingt brauchen, um zu *werden*. Wir brauchen die Ahnung einer Vollkommenheit, um zu werden. (...) Ein weiblicher Gott steht noch aus. (...) Jeder Mann (Feuerbach zufolge) und jede Frau (...) muß sich einen Gott vorstellen. (...) Nur ein Gott kann uns retten und schützen.[46]

Die alte, einseitige Gottesvorstellung muß also geändert werden. Feuerbach wußte bereits, woran es beim alten Männergott haperte: am Sex. Irigaray fragt deshalb rhetorisch mit Feuerbach:

> Ist Gott in unserer Tradition nicht immer krank gewesen durch das Fehlen der Hochzeit? (...) Es ist uns häufig gesagt worden, daß die Hochzeit erst im Himmel stattfinden könne. Aber das, was uns vom Himmel dargestellt wird, drückt es nicht etwas vom weiblichen Göttlichen aus?[47]

Im Himmel gäbe es bereits jetzt Hochzeitsfeste mit »Musik, Farben, Gesten, Tänzen«. Dieser Himmel müsse auf die Erde kommen und die Frau Gott werden, so schwärmt Irigaray.

Es ist eine Doppelhochzeit, die sie im Sinn hat: die doppelte Paarung von Göttern und Menschen und von Mann und Frau. Dafür gibt es ein biblisches Vorbild: Die Engel-Ehen. Das sind die Hochzeiten der Göttersöhne (der Söhne der Elohim) mit den schönen Menschentöchtern,[48] die zur Sintflut führten. Diese Festlichkeiten endeten damals in allgemeiner Perversion des Fleisches, in Unzucht zwischen Menschen, Göttern und Tieren, in Riesenwuchs und Kannibalismus.[49] Wenn Irigaray darauf zurückkommt, dann nur mit der Zuversicht, daß die Engel-Hochzeit im Zeichen des späteren Menschenerlösers, im Kreuzzeichen Christi, nicht mehr schiefgehen kann. Sie schreibt:

Das Band, das Männliches und Weibliches erstmals oder wieder vereinigt, muß horizontal und vertikal, irdisch und himmlisch sein. Wie – unter anderen – Heidegger schreibt, muß es ein Bündnis zwischen Göttern und Sterblichen verwirklichen. Dann ist die sexuelle Beziehung ein Fest, eine Feier und keine maskierte oder polemische Herr-Knecht-Beziehung.[50]

Nicht nur das »Sprachrohr eines einzigen Geschlechts«[51] oder Lacans phallischer Logos beherrschten dann die himmlische Hochzeit, meint Irigaray, sondern auch die zwei paar weiblichen Lippen begännen zu sprechen.

Lippen, die sich übrigens kreuzen wie die Balken des Kreuzes (...). Die Lippen des Mundes und die des Geschlechts haben nicht die gleiche Ausrichtung. Sie sind gewissermaßen entgegengesetzt zu der erwarteten Richtung angeordnet: die »unten« sind vertikal.[52]

Damit sind wir bei Irigarays dritter Quelle: Martin Heidegger. Mit ihrem feministischen Kreuzzeichen, dem Zeichen der gekreuzten Lippen oben und unten, knüpft sie ausdrücklich an Heideggers Lehre vom Geviert an.[53] Dadurch wird ihre Philosophie von Heideggers philosophischer Pornographie beflügelt. – Den Ausdruck »philosophische Pornographie« übernehme ich von Rolf Schütt, der damit manche Passagen in Heideggers Werk treffend kennzeichnet. Dazu erst eine allgemeine Bemerkung.

Was Irigaray und Heidegger machen, tun wir im gewissen Sinne alle: Unbewußt sexualisieren wir das, worüber wir nachdenken, und auch, wie wir darüber nachdenken. Wir machen das, je angestrengter und anhaltender wir über etwas nachdenken, aber auch je sprudelnder und unbewußter uns die Gedanken kommen. Das Beispiel Kleists dazu werde ich im nächsten Kapitel behandeln. Es betrifft alle, die über ihrem *opus magnum* sitzen und auf Erleuchtung hoffen. Bachelard hat es deshalb so schön bei den Alchemisten nachweisen können.[55] Die Projektionen sind um so selbstverständlicher und radikaler, je mehr das Denken sich selbst für fast so wichtig hält wie die Sexualität – oder sogar für noch wichtiger. – Seit Freud kann man das wissen, mit Humor nehmen und in seinem Wahrheitsanspruch beim Denken berücksichtigen.

Während nun Heidegger auf psychoanalytische Belehrung ganz verzichtet und mehr dreist als naiv seine Denkgründe ausplaudert, hat sich im Denken Irigarays, die bei Lacan in die Schule ging, die psychoanalytische Reflexion selbst zu einem mythischen Denken verfestigt. Ihr Denken klingt wie ein Sexualorakel, was es nach ihrer kitschigen Lippenspekulation ja auch sein soll. So sind für sie, wie für Hegel, sowohl der biblische Schöpfungsakt Gottes als auch die philosophische Arbeit eine Art Ejakulation. Sie schreibt:

> Gott wäre die Zeit selbst, die sich in seinem Akt in Raum, in Orte verausgabt oder entäußert. Die Philosophie wird die Arbeit der Götter, des Gottes weiterführen.[56]

Ziel der göttlich-philosophischen Arbeit soll nun sein, die sexuelle Frau zu emanzipieren. Das unterbricht, so lesen wir bei Irigaray, den Akt der Objektivierung der Frau als Ding und emanzipiert sie als das zugleich Umschließende,[57] was leider zunächst einen *coitus interruptus* bedeutet. Aber der hat sein Gutes: Die Engel werden frei.

> Aus der Nichterfüllung des Geschlechtsaktes sind viele Folgebilder und -erscheinungen hervorgegangen. Um nur die schönsten zu nennen, deren Bezug zu Raum und Zeit noch zu entfalten wäre, so sind da die *Engel*. Jene Boten, die nie an einem Ort, nie bewegungslos bleiben. Zwischen Gott, der der vollkommen unbewegte Akt wäre, dem Mann, der im Horizont seiner Arbeitswelt eingebunden-eingeschlossen, und der Frau, deren Aufgabe die Bewahrung der Natur und der Zeugung wäre, zwischen ihnen zirkulieren die *Engel*.[58]

Diese Engel, die befiederten Genien, kennen wir ja bereits. In der Bibel hörten wir von Engel-Ehen,[59] bei Platon vom Zeugen im Schönen kraft des Seelen-Samens oder der befiederten Seele. So versinnbildlichen auch bei Irigaray die Engel »das Muköse« (frz. *muqueux* = schleimig).[60] Bei Marx war dieses Schleimige im »Kapital I« die abstrakte oder entfremdend ver-

Eine Frau, die einen Phallosvogel
trägt, enthüllt einen Behälter
voller Phalloi.

ausgabte Arbeit, genannt »Gallerte«[61] (s. auch Kapitel »Wie war
das mit Marx?«, S. 98). Für die falsche Verausgabung, bei der es
nicht zu Kindern kommt und bei Engeln bleibt, ist natürlich der
weibliche Teufel Lilith schuld, die Prostituierte, die im »Kapital« als umgekehrter Tisch mit emanzipatorischen Grillen im
Holzkopf auftrat.[62] Darüber hat sich Irigaray allerdings nicht
aufgeklärt.

Die Irigarayschen Schleim-Engel bestimmen die menschliche Gattung, das Gattungsleben. »Die Engel, diese sehr geschwinden Boten«, verkünden »eine neue Geburt«, schreibt
Irigaray. Und was bedeuten nun diese Sperma-Engel für die
neue Ethik der geschlechtlichen Differenz?

Eine Ethik der Sexualität oder des Fleisches erforderte, daß
Engel und Körper zusammenfinden könnten.[63]

Das geschieht, wie wir schon hörten, im Zeichen des Kreuzes der Lippen, als Hochzeit der Götter mit den Sterblichen, ohne daß wieder eine Sintflut dazwischenkommen muß. – Diese ›Ethik der sexuellen Differenz‹ wurde von Heidegger vorgedacht. Daher müssen wir uns leider mit seinem Text befassen.

Heidegger beginnt seine Abhandlung »Das Ding« (1954), wie Irigaray ihre eigenen Ausführungen über die sexuelle Differenz, mit einer Überlegung zu Raum und Zeit. Er meint, daß die Entfernungen in Raum und Zeit durch den unmenschlichen, hastigen Verkehr einschrumpften. Gerade dadurch käme man sich nicht mehr nahe, verlöre den Sinn für Nähe, für das Ding.

»Das Ding« bedeutet hier, wie dann auch bei Irigaray, die Frau als nicht nur sinnliches Objekt, sondern auch als himmlisch Umschließendes, das heißt als Uterus, Hystera, Höhle. – Marxens Inbegriff eines solchen sinnlich-übersinnlichen Dings war der umgekehrte Tisch. Heideggers Beispielding ist ein Krug, eine gefaßte Leere oder Lichtung, dessen Wesen das Fassende ist. – Über dieses Einzelding als Inbegriff von Ding überhaupt macht sich Heigegger nun wie folgt Gedanken:

Der Krug nimmt den Einguß hin bis zum Ausgießen, dem Schenken. Das Ding, also der Krug, schenkt dann den Guß. Nur wenn das Ding oder der Krug leer ist, schenkt er nichts aus. Dann kommt es nicht zum (weiblichen) Erguß. Ganz anders steht es um die schenkende Potenz von »Hammer« und »Sense«:[64] Die können immer schenken. Der profane Erguß ist ein »Trunk für die Sterblichen«. Aber als Gottesdienst veranstaltet, ist der »Guß« des Kruges eine »Spende« für die Götter. Beides kommt bei der Hochzeit zusammen. Die ist eine Doppelhochzeit: So wie in dem, was da eingefüllt wird, Himmel und Erde verheiratet sind, etwa wenn es sich um Wein oder Wasser handelt, so ist der Erguß die Hochzeit von Göttern und Sterblichen. Das Ganze ist ein »Geviert«: »Erde und Himmel, die Göttlichen und die Sterblichen«,[65] sie paaren sich.

Diese Heideggersche »Doppeldoublette«[66] hat Irigaray in ihrem Kreuzzeichen feministisch nachempfunden.[67] Bei ihr ist es die Doppelpaarung Mann/Frau und Götter/Menschen. Heidegger beschreibt noch genauer, was dort bei der Paarung der

»einfältig einander Zugetrauten«[68] geschieht, wie sie sich aneinanderschmiegen und miteinander ringen, als Geviert und Ring, also als Quadratur des Kreises. Was ist das wohl? – In seinem Aufsatz »Wer ist Nietzsches Zarathustra?« verrät er es uns. Er nennt das »geheimnisvolle Umhalsen« euphemistisch, mit Nietzsche und passend zu Platos analem »Zeugen im Schönen«, *anulus aeternitatis«,* also das »Gering« der Ewigkeit.[69]

Wie ist es möglich, daß feministische Philosophie hier anknüpft? – Hat Irigaray sich denn nicht längst schon vom maskulinistischen, insbesondere homoerotischen und analfetischstischen Charakter traditionell männlicher Heilsvorstellungen in der Philosophie überzeugt? – Natürlich gibt es in Heideggers Texten und auch bei Irigaray außer dem pornographischen noch einen philosophischen Gehalt. Aber der ist nur schwer von den dominanten »Privatclichés« dieser Autoren abzulösen. Er wird durch obsessive Projektionen ständig verzerrt.[70]

Wenn also überhaupt philosophisch gedacht werden soll, dann muß die wohl unvermeidbare Sexualisierung der Vernunft von dieser selbst bedacht und kontrolliert werden. Wollen wir vernünftig denken, dann müssen wir, wie Schütt es im Anschluß an Freud fordert, stets prüfen, ob ein Gedanke überhaupt ein Gedanke ist, das heißt: ob er wirklich etwas bewußt machen will, oder ob er nicht vielmehr hauptsächlich die Funktion hat, etwas nicht bewußt werden zu lassen – dadurch, daß er etwas anderes an dessen Stelle ins Bewußtsein schiebt.[71]

Was also heißt ›philosophisch denken‹? – Unter dem Titel »Was heißt denken?« hat Heidegger dieser Frage ein ganzes Buch gewidmet. Die feministische Philosophie sollte Heideggers Antwort beherzigen – zur Abschreckung. Bei der folgenden Analyse von Heideggers Antwort beziehe ich mich zustimmend auf Astrid Meyers Aufsatz »Denken und Technik. Zur Geschlechtlichkeit der Reflexion bei Heidegger«.[72]

Heidegger bestimmt das echte Denken als höriges Denken.[73] Wir können wohl davon ausgehen, daß er versucht hat, sich selbst daran zu halten. Das hörige Denken weiß, daß es sich einem anderen verdankt, dem es eigentlich gehört oder zuhört. An dieses denkt es ständig. Denken ist insgesamt eine Dank-Andacht des Sichverdankens.

In psychoanalytischer Einfalt beschreibt Heidegger nun dieses hörige Denken als das des Sohnes, der zunächst nicht hören will und sich von der Mutter abwendet. Er will nicht nach Hause zurückkehren – zu jener Nähe, von der wir schon hörten, daß sie zum Ding gehört, das ein Krug ist. – Heidegger charakterisiert damit sein eigenes Denken nach der sogenannten Kehre, als er die existentialistische Ekstase der Erektion, die Eigentlichkeit mit ihrem Herausstehen ins Nichts, aufgegeben hatte. Auf einmal ist er nicht mehr der vom Übervater zur Todesentschlossenheit aufgerufene Sohn, sondern der Sohn der Mutter, denn der Vater (Hitler) hatte ihn nicht zum Philosophen-Führer aufgerufen. Nach der Umkehr hört Heidegger auf die Mutter oder aufs Sein. Vorher hörte er ins Nichts hinein.[74] – Das alles ist bekannt und hätte von Irigaray berücksichtigt werden können.

Seit seiner Umkehr weiß Heidegger, worauf es beim Denken ankommt: darauf, daß jemand uns denken heißt und wer dieser jemand ist. Schon bei der Frage »Was heißt Denken?« müsse man darauf achten, was ›heißen‹ heißt, meint Heidegger. ›Heißen‹ heißt ›rufen‹, erklärt er[75] – und erzählt uns diese Geschichte:

> »Warte, ich werde dich lehren, was gehorchen heißt« – ruft die Mutter ihrem Buben nach, der nicht nach Hause will. Verspricht die Mutter ihrem Sohn eine Definition über den Gehorsam? Nein. Aber vielleicht gibt sie ihm eine Lektion? Auch nicht, falls sie eine rechte Mutter ist. Sie wird vielmehr den Sohn in das Gehorchen bringen. Das glückt um so nachhaltiger, je seltener sie schilt. Es glückt um so einfacher, je unmittelbarer die Mutter den Sohn ins Hören bringt. Nicht erst so, daß er sich dazu nur bequemt, sondern so, daß er vom Hörenwollen nicht mehr lassen kann. Weshalb nicht? Weil er hörend geworden ist für das, worin sein Wesen gehört.[76]

Die Hörigkeit des Denkens gilt, so schreibt Heidegger weiter, dem »Bedenklichsten«.[77] Dies ist der Muttermund, der den Denker »von Hause aus« ins Denken ruft und zum Andenker macht. Der Muttergrund des Seins gibt die »Gabe« zu denken und auch die, dafür zu danken. Heideggers Denken ist Danken:

Im Dank gedenkt das Gemüt dessen, was es hat und ist. Also gedenkend und somit als das Gedächtnis denkt das Gemüt sich jenem zu, dem es gehört. Es denkt sich als hörig aus der hörenden Andacht. Der ursprüngliche Dank ist das Sichverdanken.[78]

Alles Andenken an das Denkbare wohnt selber bereits in jener Versammlung, durch die im voraus alles geborgen und verborgen ist, was zu bedenken bleibt.[79]

Astrid Meyer stellt fest, was Heidegger macht, wenn er denkt:

Der Denker hat die mütterliche Höhle in sich ersetzt. Er geht mit dem Zu-Denkenden schwanger, verwandelt sich durch eine Art mimetisches Denken in den bergenden Uterus selbst.[80]

Wir erinnern uns, was Irigaray macht: Sie fordert statt des bloß vom Denker simulierten sprechenden Muttermundes eine originäre sprechende Vulva für die Denkerin.

Heideggers ontologische Differenz vom Seienden und Sein bleibt maskulinistisch, auch wenn sie sich insgesamt der Mutter verdankt. Sie ist ja die Differenz von Sohn und Mutter. Die Mutter erscheint dabei als Schicksal des Denkersohnes, das ihn umhüllt und ihm seine Denktätigkeit befiehlt, ihn denken heißt.

Im Gegensatz zu diesem behutsamen Entbergen, welches vom mutterhörigen Denken des Sohnes besorgt wird, erweist sich das väterliche Gestell, das der Sohn einstmals selbst als sogenannte ›Ek-sistenz‹ oder Herausstehen an sich entdeckte, als ein höchst gefährliches Konkurrenzverhalten zum mütterlichen Gebären. Es ist ein rücksichtsloses Entbergen und Gebären, nach Heidegger das Wesen oder Unwesen der Technik.[81]

Mit beidem, mit dem Denken und der Technik, übernimmt der Mann die ursprünglich weibliche Potenz der Gebärfähigkeit – im Denken Heideggers angeblich auf legitime Weise, in der Technik auf unlegitime, patriarchalische Weise. Ist das schon Grund genug, daß Feministinnen hier, bei Heideggers muttermundgebundenem Denken und seiner vatermörderischen Technikkritik nach der Kehre, ihren Wegbereiter sehen? – Wenn sie das tun, wie zum Beispiel Irigaray mit ihrer mythischen Vulva, dann knüpfen sie allemal an ein höriges Denken an, an ein Denken, das seine Energie und seine Gegenstände verborgenen Ängsten und Wünschen verdankt und seine verhängnisvolle Wirkung wieder bei Menschen tut, die davon in ihrem eigenen Gemüt angesprochen werden und deshalb nicht merken, was sie da aufnehmen.

So kann es sein, daß man gar nicht wahrhaben will, was Irigaray oder Heidegger gedacht haben. Ohne weiteres kann das allgemein Übersehene oder Überlesene, selbst wenn man es nachträglich bemerkt, nicht anerkannt werden. Die philosophischen Autoren haben ja auch eigentlich nicht selbst gedacht, was in ihren Texten steht, weil ihr Denken ein höriges Denken war und sein wollte. Was sie zu denken meinten, war Ersatz fürs Ungedachte.

Und nun kann ich endlich einmal und abschließend einen Satz Heideggers zitieren, dem ich zustimme, obzwar nicht in dem Sinne, wie Heidegger ihn verstanden und affirmiert haben wollte. Heidegger sagt darin, was er für die einzig legitime Weise der Kritik an einem Denker hält, wobei er besonders Nietzsche als Opfer verfehlter, psychoanalytischer Kritik im Blick hat. Der Satz lautet:

> Das Gedachte eines Denkers läßt sich nur so verwinden, daß das Ungedachte in seinem Gedachten auf seine anfängliche Wahrheit zurückverlegt wird.[82]

Die Rückverlegung, die Heidegger mit dem Ungedachten unternimmt, ist nicht psychoanalytische Aufklärung der Gründe, sondern nur Zurückverlegung von etwas in diese Gründe, das heißt in den mütterlichen Grund. Dieser Grund lichtet sich nur, indem er sich zugleich verbirgt. – So ist es eben beim Blick in die Urhöhle und beim Eingang in dieselbe.

Heideggers Hauptwort ›Lichtung‹ kommt laut »Grimmschem Wörterbuch« von lehtar = Gebärmutter und von lichten = leichtmachen oder gebären.[83] Sein Ausdruck ›Lichtung des Seins‹ als Übersetzung von Aletheia (= Unverborgenheit) bedeutet deshalb eine Spekulation (Speculum = Instrument zur

Untersuchung von Leibeshöhlen) im Anschluß an Nietzsches Satz von der Wahrheit, die vielleicht Baubo heißt, also Vulva oder Leibeshöhle (s. auch Vorwort, S. 7). Aber dieser Satz ist einerseits nur eine Schutzbehauptung Nietzsches gegen seine eigene Weiblichkeit oder Homosexualität, andererseits eine drollige Ironie, weil die Wahrheit als Baubo offensichtlich ist und als solche zum Lachen. Denn was unternehmen die Philosophen nicht alles, um nicht hinzugucken.

Die Gründe philosophischen Denkens sind also seit Nietzsche und erst recht seit Freud so unbekannt nicht mehr, daß man das Ungedachte eines Denkers lediglich zurückstellen müßte anstatt es transparent zu machen. Ich nehme Heideggers Satz vom Denken des Ungedachten deshalb so, wie ich ihn hier auf die Texte der Bibel und der Philosophie angewendet habe. Ich nehme ihn gegen Heideggers eigene Absicht des Sichverbergens. Ich nehme ihn als Aufruf zur Aufklärung über die psychischen Gründe philosophischen Denkens, damit dieses nicht durch libidinöse Obsessionen und Komplexe verzerrt werde.

Denken sollte sich vor Hörigkeit hüten, das heißt auch vor dem unbesehenen Anschluß an die Texte der sogenannten großen Philosophen. Lieber gar keine Philosophie als immer wieder nur maskulinistische oder feministische.

Über
Gedankenverfertigung

Manchmal sind einem die tiefsten Probleme des Lebens unsäglich peinlich. Doch weshalb ist man Dichter und Denker, wenn nicht dieser letzten Dinge wegen? Also muß man wohl oder übel von ihnen reden – in Gleichnissen, auch zweifach versetzt und doppelt versteckt, so daß, sie doppelt zu entschlüsseln, immer auch als abwegige Interpretation erscheinen kann.

Aber vielleicht redet und schreibt man sowieso nur darüber – dergestalt, daß die letzten Dinge insgeheim und immerzu bei unserer Gedankenverfertigung im Spiel sind. Und dann kann es der Interpretation nie genug sein. Wie sollten wir sonst überhaupt herauskriegen, was wirklich das Letzte und Tiefste ist?

Hans Christian Andersen zum Beispiel liefert uns in dem zur Redensart gewordenen Gleichnis von »des Kaisers neuen Kleidern« ein Gleichnis für die Angst vor der Sagbarkeit des Unsäglichen, seines Geheimnisses. Es ist ein doppeltes Gleichnis. Das einfache Gleichnis versteht jeder: das Gleichnis für die Angst, klüger zu erscheinen als der Kaiser, und für das Mißtrauen ins eigene Urteil. Das unbefangene Kind hat beides nicht, weder Angst noch Mißtrauen. Doch das eigentliche, zweite Gleichnis gilt der anderen Seite, demjenigen, der da nackt ist und entdeckt werden kann durchs unbefangene Kind. Dieses Gleichnis trifft Andersens intimes Problem der Homosexualität. Darüber durften Dichter und Denker nicht direkt sprechen. Schützten sie so die Quelle ihrer Produktivität?

Entdeckt man das Intime in Andersens Gleichnis, ist man in der Rolle des unverschämten Kindes. Man verrät das Geheimnis aus Spaß am Doppelgleichnis, um es nicht zum einfachen Gleichnis herabzuwürdigen. Andersen hat diese Reduzierung nicht verdient. Zumindest jetzt nicht, wo er sowieso nicht mehr produktiv sein kann.

Bei Kafka gibt es für Rätselfreunde ein Gleichnis von den Gleichnissen anstatt von den gewissen letzten, unsäglichen Dingen selbst. Sein Gleichnis »Von den Gleichnissen« lautet:

> Viele beklagen sich, daß die Worte der Weisen immer wieder nur Gleichnisse seien, aber unverwendbar im täglichen Leben, und nur dieses allein haben wir. Wenn der Weise sagt: »Gehe hinüber«, so meint er nicht, daß man auf die andere Seite hinübergehen solle, was man immerhin noch leisten könnte, wenn das Ergebnis des Weges wert wäre, sondern er meint irgendein sagenhaftes Drüben, etwas, das wir nicht kennen, das auch von ihm nicht näher bezeichnet ist und das uns also hier gar nichts helfen kann. Alle diese Gleichnisse wollen eigentlich nur sagen, daß das Unfaßbare unfaßbar ist, und das haben wir gewußt. Aber das, womit wir uns jeden Tag abmühen, sind andere Dinge.
> Darauf sagte einer: »Warum wehrt ihr euch? Würdet ihr den Gleichnissen folgen, dann wäret ihr selbst Gleichnisse geworden und damit schon der täglichen Mühe frei.«
> Ein anderer sagte: »Ich wette, daß auch das ein Gleichnis ist.«
> Der erste sagte: »Du hast gewonnen.«
> Der zweite sagte: »Aber leider nur im Gleichnis.«
> Der erste sagte: »Nein, in Wirklichkeit; im Gleichnis hast du verloren.«[1]

Sofern Gleichnisse Worte ohne rechte Verwendbarkeit im täglichen Leben sind, ist Kafkas Gleichnis »Von den Gleichnissen« ein Gleichnis für die Verwendbarkeit des Unverwendbaren – zum Beispiel in einem Buch wie diesem, für das man im Alltäglichen wohl kaum Verwendung hat. Schließlich müssen wir uns doch mit allem möglichen anderem als den letzten Dingen abmühen. Allerdings: Selbst zum Gleichnis geworden, wäre man der Mühe frei. Geht das wirklich? – Sicher, der Denker und Dichter Kafka ist so einer. Er versteht sich selbst so: als wirklich unverwendbar fürs Tägliche, ganz wie die Gleichnisse der Weisen. Seine Unverwendbarkeit ist für ihn, wie wir es aus allen seinen Texten heraushören, manifest in seiner Eheuntauglichkeit beziehungsweise Homosexualität. Er mag sich nicht biologisch-genetisch für die Gattung verwenden. Kafkas wirkliche

Unverwendbarkeit und deren literarische Verwendung sind das Gleichnis für den Philosophen und seine Fortpflanzung in Texten. Die Texte sind, wie wir es von Platon hörten, im Verhältnis zu den »menschlichen« die »unsterblichere(n) Kinder«.[2] Im nicht alltäglichen Bereich des Unverwendbaren wird er gebraucht. Dort ist Unverwendbarkeit normal, dort ist sie kein Gleichnis. Aber in der Wirklichkeit des Alltäglichen bleibt die Unverwendbarkeit ohne Verwendung: ein Gleichnis. Wofür? Für die Unfaßbarkeit des Unfaßbaren, wie bei allen Gleichnissen. Und das ist nicht eines von den Dingen, mit denen wir uns jeden Tag abmühen. »Gehe hinüber«, ist Kafkas Gleichnis dafür: Transzendiere! – Wohin? – Der Unverwendbare hat es erfahren: Zu den letzten Dingen!

Sein besonderes Problem, das ihn zum ehealltäglich unverwendbaren Menschen, aber doch immerhin zu einem im Kulturbetrieb verwendbaren Philosophen macht, zeigt Kafka auch in seinem Gleichnis »Der Kreisel«.

Ein Philosoph trieb sich immer dort herum, wo Kinder spielten. Und sah er einen Jungen, der einen Kreisel hatte, so lauerte er schon. Kaum war der Kreisel in Drehung, verfolgte ihn der Philosoph, um ihn zu fangen. Daß die Kinder lärmten und ihn von ihrem Spielzeug abzuhalten versuchten, kümmerte ihn nicht, hatte er den Kreisel, solange er sich noch drehte, gefangen, war er glücklich, aber nur für einen Augenblick, dann warf er ihn zu Boden und ging fort. Er glaubte nämlich, die Erkenntnis jeder Kleinigkeit, also zum Beispiel auch eines sich drehenden Kreisels, genüge zur Erkenntnis des Allgemeinen. Deshalb beschäftigte er sich nicht mit den großen Problemen, das schien ihm unökonomisch. War die kleinste Kleinigkeit wirklich erkannt, dann war alles erkannt, deshalb beschäftigte er sich nur mit dem drehenden Kreisel. Und immer wenn die Vorbereitungen zum Drehen des Kreisels gemacht wurden, hatte er die Hoffnung, nun werde es gelingen, und drehte sich der Kreisel, wurde ihm im atemlosen Laufen nach ihm die Hoffnung zur Gewißheit, hielt er aber dann das dumme Holzstück in der Hand, wurde ihm übel, und das Geschrei der Kinder, das er bisher nicht gehört hatte und das ihm jetzt plötzlich in die Ohren fuhr, jagte ihn fort, er taumelte wie ein Kreisel unter einer ungeschickten Peitsche.[3]

Das Problem mit dem hölzernen Ding ist tatsächlich ein philosophisches Problem, weil die Philosophen sich unterschwellig stets mit diesem Ding befassen, auch wenn sie es nicht ausdrücklich unter die letzten Dinge rechnen. Was sie tun, merken sie meist selbst nicht. Wohl aber – manchmal – der Leser ihrer Texte.

Kafkas Ding ist das, was die kleinen Jungen üblicherweise durch Peitschen zum Stehen bringen. Auf das Geheimnis des Stehenbleibens trotz und gerade wegen des Geschlagenwerdens hat es Kafkas Philosoph abgesehen. Der Kreisel läßt sich nicht greifen und fangen, ohne diesen Zustand aufzugeben, welcher also unbegreiflich, das heißt unbekannt bleiben muß, was den Philosophen seinerseits zum Taumeln bringt. Denn erkennen meint auch begatten: eine Frau erkennen. Der unbegreifbare drehende Kreisel signalisiert das unerfüllbare Gesetz des Vaters. Wie ein von Vaters Peitsche geschlagener Kreisel taumelt der arme, zu Ehe oder Erkenntnis untaugliche Philosoph.

Aus anderen Geschichten, zum Beispiel der Parabel »Vor dem Gesetz« wissen wir: Vergeblich versucht der Sohn Einlaß zu gewinnen zu dieser Institution des Gesetzes, also zu Ehe und Familie. Und als er, in der Geschichte »Gib's auf!«,[4] einen Vertreter des Gesetzes, einen Schutzmann, nach dem Weg (der Fortpflanzung) fragt, gerät er wieder nur an einen wie er selbst, der natürlich über die komische Frage lachen muß. In der Geschichte »Die Sorge des Hausvaters« wird der Sohn sogar mit seinem hölzernen Ding, einer Art Spule, die nutz- und fruchtlos ist, identifiziert. Kafka nennt es Odradek, ein Drecksding oder Abrädchen, von dem abzuraten ist. Es ist sehr beweglich und kaum zu fangen, steht bloß herum und verführt dazu, es als Kind zu behandeln, obwohl es mit der Vorstellung von zu zeugenden Kindern unvereinbar ist.

In Kleists Abhandlungen »Über das Marionettentheater« und »Über die allmähliche Verfertigung der Gedanken beim Reden« geht es um dieselbe Sache: die exkommunizierte Homosexualität. Kleist nimmt die Erzeugung der Gedanken als

Metapher fürs Zeugen beziehungsweise Koitieren und die Gliederpuppe als Metapher für den geeigneten Sexualpartner. Aber die meisten Leser merken das nicht. Es ist wie bei den Hollywood-Filmen aus der Zeit der Zensur in Sachen Sexualität, insbesondere schwuler, lesbischer und päderastischer Sexualität. Sie bedienen erst auf zweiter Ebene das Klientel der an dieser Sexualität Interessierten oder von ihrer Diskriminierung Betroffenen.

Man muß Kleists Abhandlungen als Gleichnisse und zudem als Parodien lesen. Es geht um mehr und um Wichtigeres als die vorgeschobene Theorie der Gedankenverfertigung oder die Anthropologie der verlorenen Grazie. Gedankenverfertigung und Verlust der Unbefangenheit stehen für unsäglich Intimes und nur scheinbar Nebensächliches, das aber über Tod und Leben des Betroffenen entscheidet. Dieser Kontrast ist komisch. Kleist kann über seine letzten Dinge nicht ernsthaft reden. Seine Abhandlungen sind Parodien.

Die Abhandlung »Über das Marionettentheater« ist eine Parodie über das Koitieren und die Impotenz.[5] Die Marionette ist die Frau, vor der man keine Angst zu haben braucht, also die verfügbare, gegängelte Puppe, die ohne Bewußtsein (bewußtlos wie die Marquise von O...) und daher ›voller Grazie‹ ist, wenn sich ein Mann in sie (ins O) hineinbegibt. Kleist führt die Marionette auch umgekehrt, und somit seiner eigenen Bisexualität entsprechend, als bewußtlosen Gliedermann vor, als einen Mann, der ganz Glied ist und keine Angst hat vor der face-to-face-Begegnung mit der Frau. Beide läßt Kleist auch als Bären auftreten, in welchem ein Fechter seinen Meister findet, weil der Bär alle Stöße intuitiv pariert.

Natürlich kann man an diese Bärengeschichte artige anthropologische Bemerkungen über die im Menschen zerbrochene Sicherheit des Animalischen und über das fatale, aber Freiheit bedeutende Über-sich-selbst-hinaus-Sein des Menschen anknüpfen, wie zum Beispiel Helmuth Plessner es macht.[6] Doch das ist zuwenig und hieße, Kleist nicht ernst zu nehmen und den Witz der Geschichte nicht zu verstehen.

Kleist hatte für die Bären-Einlage seiner Marionettengeschichte ein Vorbild: die Bärentreiber-Anekdote in einer Zeitschrift.[7] Dort war es ein Schweinedieb und ein Schweineabstecher, der nachts, ohne es zu bemerken, einen Bären an Stelle des Schweines im Stall fand. Der Bär parierte den Stich sowie noch weitere Attacken und entschied den Kampf für sich – dergestalt, daß am anderen Morgen der Dieb fast entseelt in den Armen des in Siegerlaune brummenden Beischlaf-Bären gefunden wurde.

Kleists These auf erster Ebene ist nun: Der Sündenfall, das Essen vom Baum der Erkenntnis, hat eine gewisse Bewußtlosigkeit, welche für Grazie nötig scheint, zunächst zerstört. Nur durch ein zweites Essen vom Baum der Erkenntnis bekommen wir die Grazie – dann nebst höherem Bewußtsein – wieder zurück. Die These des Subtextes: Bewußtsein, zumal das gegenseitige Sich-Anblicken, läßt den Koitus mißlingen. Deshalb muß man seinem Partner von hinten begegnen, also »sehen, ob (das Paradies) vielleicht von hinten irgendwo wieder offen ist«.[8] Angesichts der verlorenen Grazie der Menschen im Vergleich zu den angeblich graziösen Marionetten träumt Kleist also vom »irgendwie offenen« Antipoden-Paradies.

> Doch das Paradies ist verschlossen und der Cherub hinter uns; wir müssen die Reise um die Welt machen, und sehen, ob es vielleicht von hinten irgendwo wieder offen ist.[9]

Vielleicht ist die Vorstellung ungewohnt, daß eine theoretische Abhandlung über die *conditio humana* oder die Bedingung des Menschseins, wie Kleists vielzitierter Aufsatz, Parodie, also Spott und Spaß, über etwas anscheinend Ordinäres sein soll. Eher ist man geneigt, im Ordinären eine Parodie des vermeintlich Höheren zu vermuten. Aber mit dem Gegenteil sollte man beim Lesen unserer Dichter und Denker rechnen. Denn um über ihre letzten Dinge reden zu können, müssen sie uns manchmal einen Bären aufbinden.

Um das Antipodenparadies der als pervers diskriminierten »Hyperboreer«[10] auf den glückseligen Inseln geht es zum Beispiel auch in Nietzsches Philosophie, wie ich im nächsten Kapitel zeigen werde. Warum sollten denn wohl das Sich-Fortzeugen und Ejakulieren ordinärer sein als die Verfertigung und Äußerung von Gedanken, zumal von Gedanken eben darüber?

Bei Kleists Abhandlung »Über die allmähliche Verfertigung der Gedanken beim Reden« stellt man zunächst fest, daß sie zu dem alt- und allbekannten Phänomen eigentlich nichts sonderlich Erhellendes beiträgt. Einerseits beschreibt und erklärt Kleist zuwenig, sagt zum Beispiel nichts über chaotisch Mannigfaltiges, Rhetorik, Assoziation und Zungenreden, nichts über Wunschprojektion oder Unbewußtes. Andererseits bringt er zuviel. Denn seine Beispiele sind sechs Situationen ganz besonderer Art mit bestimmten sozialen und individuellen Folgen der Rede oder Nichtrede von der Revolution bis hin zur schmachvollen Demütigung, in denen es weniger auf Gedankenverfertigung ankommt als darauf, mit jemand anderem zurechtzukommen und dabei mit etwas fertig zu werden.

Daß Kleists Text eine zweite Ebene hat, signalisieren schon die Brüche und Ungereimtheiten auf der ersten Ebene. Insgesamt ist Kleists Abhandlung eine raffinierte Parodie über ein Phänomen der zweiten Ebene, das selbst wieder nur metaphorisch durch das Sprichwort »Der Appetit kommt beim Essen« bezeichnet wird.

> Der Franzose sagt, l'appétit vient en mangeant, und dieser Erfahrungssatz bleibt wahr, wenn man ihn parodiert, und sagt, l'idée vient en parlant.[11]

Der parodierte Satz ist also selbst eine Metapher, nämlich Metapher für den lustvoll gelingenden Sexualakt. Dieser ist letztlich das, was metaphorisch parodiert wird. Die Metapher funktioniert nach der den biblischen Sündenfall kennzeichnenden Gleichung Essen = Koitieren = Erkennen, die auch im Aufsatz »Über das Marionettentheater« eingesetzt wurde.

Ich verzichte darauf, die allzubekannten und viel gerühmten vier Seiten Text hier noch einmal zu zitieren und die sich durch viel Fleiß und Blindheit auszeichnende Sekundärliteratur zu referieren. Immerhin gelangt ein Autor zu der bemerkenswerten Vermutung, daß Kleist nicht uns, seine Leser, sondern sich selbst als dumm verkaufen wollte. Warum nur? – Aus pädagogischen Gründen! Damit wir ins Nachdenken geraten und uns als Hebammen betätigen sollen für ein allgemeines, dann scheinbar von uns selbst zu verfertigendes Sprachkonzept, meint der Gelehrte.[12]

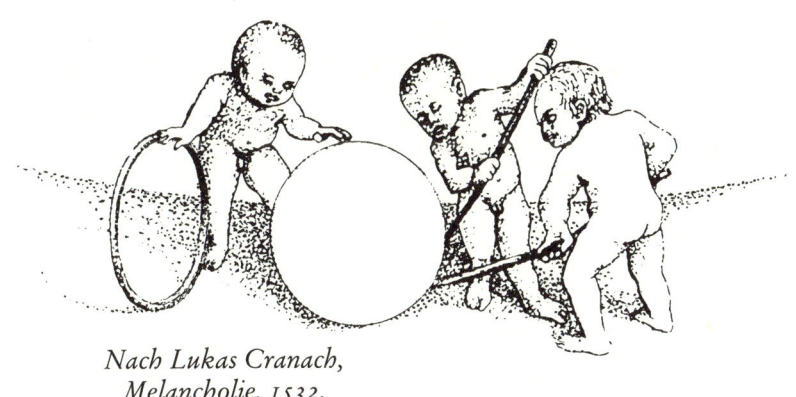

Nach Lukas Cranach,
Melancholie, 1532.

Man beachte den ersten Satz: »Wenn du etwas wissen willst und es durch Meditation nicht finden kannst, so rate ich dir, lieber, sinnreicher Freund ...«![13] Kleist spielt in seiner Abhandlung den Ratgeber für einen lieben, sinnreichen Freund, der ihn wohl verstehen wird. Und wir? – Stellen wir uns folgendes vor: Gesetzt, etwas, was wir durch Meditation nicht herausfinden können, ist in Erfahrung zu bringen. Was sollen wir da machen? – Nun, *es* machen statt meditieren! – Kleist verweist auf den Erfahrungssatz »Der Appetit kommt beim Essen« und auf seine Parodie: »Die Gedanken kommen beim Reden«. Reden, das ist, wie das Essen, nun die Erfahrung, die wir betreiben sollen, um es zu wissen: ob wir es können, ob zum Beispiel etwas dabei herauskommt. Gemeint ist natürlich – über die Metapher des Essens und Erkennens – der gelingende Sexualakt.

Was Kleist oder wir nicht meditativ in Erfahrung bringen können, ist also dieses: Können wir es überhaupt, können wir es insbesondere mit anderen? Um sich selbst und nicht etwa den anderen zu belehren, soll man mit dem Erstbesten reden, rät Kleist. Das heißt: man soll es einfach tun, einfach damit anfangen.

Sechs Redesituationen bringt Kleist nun als Beispiele für gelingendes und mißlingendes Es-Machen, das heißt Gedankenverfertigen und Gedankenherausbringen. Es kommt dabei auf den Anderen an.

Als den Anderen für gelingendes Gedankenherausbringen oder Koitieren empfiehlt Kleist zunächst Unterlegene: 1. die Schwester, 2. die Magd, 3. den Zeremonienmeister und 4. den dummen Löwen. An ihnen erprobt sich der Redner in vier Gestalten: 1. Der Ich-Erzähler, also Kleist, macht es mit der Schwester, 2. Molière mit seiner Magd, 3. Mirabeau mit dem Zeremonienmeister, 4. der Fuchs schließlich hat den Löwen. – Für gehemmte und verhinderte Produktion, also Impotenz, hat Kleist zwei weitere Beispiele: 5. Der Redner gegenüber vielen in Gesellschaft und 6. der Redner gegenüber einem Examinator. – Gehen wir die sechs Beispiele durch und freuen uns an der Parodie (von griech. *parodia* = Beilied) des Unsäglichen.

1. Zunächst ist die eigene Schwester Medium der gelingenden Gedankenverfertigung oder der Gedankenartikulation. Sie bewirkt, daß der Icherzähler beziehungsweise Kleist, wenn er mit der Rede angefangen hat, unter Beimischung »unartikulierte(r) Töne« »mit der Periode fertig ist«. Sie schafft es nicht dadurch, daß sie ihn »auf den Punkt hinführte, auf welchen es ankommt«, sondern mit einer »Bewegung«, »als ob sie (ihn) unterbrechen wollte«. Denn das steigert seine Erregung wie bei einem durch die Umstände gedrängten General.

2. Auch Molière hätte einen solchen Nutzen von seiner Magd gehabt, meint Kleist. Daß Molière seine Magd auch als eigenständigen Redepartner geschätzt habe, glaubt er nicht.

3. Stimulierend sei auch der Blick des Anderen, sofern dieser Blick ein Vorwegverstehen des noch nicht ganz Ausgedrückten anzeigt. In dieser dritten Situation, bei der Kleist auf eine zu seinen Zwecken geänderte Rede Mirabeaus zurückgreift, ist solches der Fall. Es könnte aber auch bloß »das Zucken einer Oberlippe« oder »ein zweideutiges Spiel an der Manschette« gewesen sein, meint Kleist, was seitens des Zeremonienmeisters den Redner Mirabeau dazu stimulierte, seine Rede bis zur Beschuldigung des Königs, daß der zu Unrecht der Nation Befehle gäbe, zu steigern und sich schließlich, »einer Kleistschen Flasche gleich« (also wie die von einem Vorfahren Kleists erfundene sogenannte *Leidener Flasche*) zu »entladen«.

Mirabeau brachte dabei seinen Partner, den Zeremonienmeister, vom »elektrischen Zustand Null« durch Aufladung in einen Zustand der »entgegengesetzte(n) Elektrizität«, was schließlich zur Revolution führte.

4. Beim vierten Beispiel für das gelingende Verfertigen von Gedanken, also von Sperma, verfälscht Kleist eine als dem Leser bekannt apostrophierte Fabel Lafontaines. In dieser wird der Esel vom Fuchs zum Sündenbock für die Pest gemacht, angeblich im Zuge einer vom Löwen provozierten Verteidigungsrede des Fuchses, der nicht selbst geopfert werden will. Dem Fuchs wird bei seiner Rede diese Rede selbst zum zweiten »Rad« an der »Achse« des Geistes, so meint Kleist. Sie wird zum lauten Denken, das andere zum Handeln treibt (zum Lynchmord am Esel), beim Redner selbst aber »keine andere Wirkung hat, als ihn von seiner Erregung abzuspannen«.

5. Das fünfte Beispiel ist eine Gesellschaft, in der es nicht, wie sonst, durch Reden zur »Befruchtung der Gemüter« kommt, sondern zu einer mißglückten Rede. Jemand versucht, etwas herauszubringen, während zugleich andere, die hier die Gegner sind, das auch machen. Die mißglückende Rede pflegt, so Kleist, bei einer Person mit einer »zuckenden Bewegung« aufzuflammen, fände aber dann nicht den Übergang »vom Denken zum Ausdrücken«. Bei diesem »Geschäftswechsel« würde die Erregung, die fürs Festhalten des Gedankens notwendig sei, niedergeschlagen, so daß das Gedachte schließlich nicht artikuliert werden könne. Kleist rät für solche Situationen zu einer leichten, schnellen Hand fürs Reden. Dann käme es, wenn vielleicht auch nicht zu einem abschließenden Erguß, so doch zu mehreren sukzessiven Ergüssen infolge geschwinden Redens. So hätte man einen Vorteil gegenüber dem Gegner, sofern man eben »mehr Truppen als er ins Feld führt«.

6. Beim letzten Beispiel kommt es überhaupt nicht zum richtigen Ablassen von Gedanken-Sperma (seit der Antike geläufig als *Logos spermatikos;* Cognition und Gnosis haben dieselbe Sprachwurzel wie lat. *gignere* = zeugen). Kleist beschreibt hier eine Examenssituation, in der man einen scham-

losen Potenzprüfer vor sich hat. Ohne ein Vorspiel, also ohne vorangehende Unterhaltung, fragt dieser Examinator (also wohl ein Androloge) gleich draufzu und zwingt den Prüfling, seine Gedanken abzulassen. Nur »gemeine Geister« könnten hier »mit der Antwort bei der Hand sein«, meint Kleist. Ein Sensibler würde »unter ungeschickten Händen« »verstimmt«. – Und der Examinator selbst? Auch er hat Probleme. Er ist womöglich bei seiner »Hebammenkunst der Gedanken«, das heißt der Gedankenentnahme, wegen der Öffentlichkeit des intimen Vorgangs befangen und vor Mißgriffen nicht gefeit. Schließlich ist doch das Ganze ein noch unanständigeres Verfahren, als von jemandem zu fordern, »daß er seine Geldbörse vor uns ausschütte«.

Kleist hat seine sechs Situationen für »Gedankenverfertigung« so anspielungsreich beschrieben, daß sich hier eine direkte Beschreibung des Gemeinten erübrigt. Kleist hat es selbst nicht direkt beschrieben, weil es ihm und den meisten seiner Leser sogar noch heute unsäglich schien und trivial, wiewohl er selbst sein ganzes Vermögen hergeben wollte, um durch eine medizinische Behandlung eine sexuelle Potenz (wenn auch nicht seine Wandlung zum Heterosexuellen) zu erreichen. Natürlich hat Kleist seinen Text mit Andeutungen zu einer Sprach- und sogar Kommunikationstheorie maskiert, mit der auch oberflächliche Leser etwas anfangen können. Kleist wollte eben, so meinte der oben zitierte Gelehrte Theisen, mit seiner merkwürdigen Abhandlung selbst dümmer scheinen als sein Leser.
Was Kleist wissen wollte, aber durch Meditation nicht herausbekommen konnte, das mochte er nicht mit anderen bereden und auch nicht literarisch abhandeln. Es gehörte sich nicht. Man durfte es wahrscheinlich nicht einmal sich selbst vorsagen. Viele wollen auch heute noch nichts davon wissen, wenn es um Theorie geht. Hier korrespondieren wohl unartikulierte Dispositionen bei Autor und Leser. Beide wissen von nichts, wollen von nichts wissen. Sie begegnen sich auf ›höherem‹ Niveau. Für den Autor ist es das der tragischen Parodie, der Camouflage, für den gelehrten Leser das der Theorie.

Nietzsches
dionysische
Initiation

Wie kann man als Dionysos leben? – Das war Nietzsches
Lebensproblem. Er konnte nicht so leben. Statt dessen hat er
davon geschrieben. Verdeckt, versteht sich.[1]

»Warum ich so gute Bücher schreibe« heißt ein Kapitel
aus Nietzsches Buch »Ecce homo«, seinem letzten Versuch,
vielleicht doch noch verstanden zu werden, das heißt: Leser
und Freunde zu finden.[2] Hier wagt sich Nietzsche so weit vor,
wie es irgend geht. Das Buch ist eine Art *outing*. Kurz danach
bricht er zusammen. Nietzsche bespricht in diesem ›Buch der
Bücher‹ seine sämtlichen Werke und gibt an, wie sie zu verstehen sind. Inzwischen, nach seinem Zusammenbruch, hat
Nietzsche viele Leser gefunden. Auf seinen Deutungsvorschlag
sind sie allerdings bisher kaum eingegangen, vielleicht deshalb,
weil diesen Schlüsseltext zu verstehen bereits den Wunschleser
erfordert.

Wie wünscht sich Nietzsche seinen Leser? Sind wir nach
seinem Geschmack? – Nietzsche stellt sich seinen Leser als
einen Freund vor und als ein solches Untier, wie er selbst eines
ist.

Wenn ich mir das Bild eines vollkommenen Lesers ausdenke,
so wird immer ein Unthier von Muth und Neugierde daraus,
ausserdem etwas Biegsames, Listiges, Vorsichtiges, ein ge-
borener Abenteurer und Entdecker. Zuletzt: ich wüsste es
nicht besser zu sagen, zu wem ich im Grunde allein rede, als
es Zarathustra gesagt hat: *wem* allein will er sein Räthsel er-
zählen? / Euch, den kühnen Suchern, Versuchern, und wer je
sich mit listigen Segeln auf furchtbare Meere einschiffte, – /
euch, den Räthsel-Trunkenen, den Zwielicht-Frohen, deren
Seele mit Flöten zu jedem Irrschlunde gelockt wird: / – denn
nicht wollt ihr mit feiger Hand einem Faden nachtasten; und
wo ihr *errathen* könnt, da hasst ihr es, zu *erschliessen*...[3]

Nietzsches Freund Heinrich von Stein war anscheinend kein solcher Leser. Kein Wort vom »Zarathustra« habe er verstanden, beklagte er sich bei Nietzsche. Der aber meinte,

> das sei in Ordnung: sechs Sätze daraus verstanden, das heisst: *erlebt* haben, hebe auf eine höhere Stufe der Sterblichen hinauf als »moderne« Menschen erreichen könnten.[4]

Schließlich sei es »die *erste* Sprache für eine neue Reihe von Erfahrungen«, eine Sprache, die er erfunden habe.[5] Wie sollte man ihn da so leicht verstehen? – Daß er aber eine besondere Kompetenz für gewisse Erfahrungen habe, merke man sofort.

> Dass aus meinen Schriften ein *Psychologe* redet, der nicht seines Gleichen hat, das ist vielleicht die erste Einsicht, zu der ein guter Leser gelangt.[6]

Er sei, womöglich wegen seiner dionysischen Mitgift, sogar der »erste Psycholog des Ewig-Weiblichen«[7] und verstünde sich auf die Weiblein, die Mänaden, die unterirdischen kleinen Raubtiere. Aber er sage nicht alles, um nicht »medicynisch« zu werden.[8]

Gerade herausgesagt: Auch Nietzsche bekämpft das »Laster«,[9] aber nicht das Laster, das die christliche Moral bekämpft. Diese bekämpft die Natur in der Geschlechtsliebe, er die Widernatur. Und letztere sei die Keuschheit, meint Nietzsche.

> Jede Verachtung des geschlechtlichen Lebens, jede Verunreinigung desselben durch den Begriff ›unrein‹ ist das Verbrechen selbst am Leben, – ist die eigentliche Sünde wider den heiligen Geist des Lebens.[10]

Mit dieser Verkündigung sind wir im Zenit des Buches »Ecce homo« und zugleich des Kapitels »Warum ich so gute Bücher schreibe«. Denn nun kommt, der Besprechung all der von ihm verfaßten guten Bücher vorangestellt, das Textstück Nr. 6,[11] das den Interpretationsschlüssel für seine Bücher und auch für »Ecce homo« selbst enthält. Es ist ein Selbstzitat: »ein curioses Stück Psychologie, das in ›Jenseits von Gut und Böse‹ vorkommt«.[12] Es handelt vom Prinzip seiner Philosophie. Das ist die dionysische Erfahrung und ihre Psychologie. Aber es handelt auch von einer bestimmten Person.

Auf diese Person zeigt Nietzsche mit dem Befehl, nicht hinzugucken: »Ich verbiete übrigens jede Muthmassung darüber, wen ich an dieser Stelle beschreibe«.[13] Das erinnert an Rumpelstilzchens ›O wie gut, daß niemand weiß, daß ich Rumpelstilzchen heiß‹ – übrigens das Lieblingsmärchen von Ludwig Wittgenstein, in dessen Philosophie es auch um das Verstecken und Entdecken des Subjektiven geht.

Und nun beschreibt Nietzsche den großen Verborgenen, den das Genie des Herzens auszeichnet, als sei er der *homo*, auf den der Titel dieser letzten Schrift Nietzsches hinweist: ›Ecce! Da ist der Mensch, dem ich alles verdanke, im Guten wie im Schlimmen.‹ – Hier das Selbstzitat:

Das Genie des Herzens, wie es jener grosse Verborgene hat, der Versucher-Gott und geborne Rattenfänger der Gewissen, dessen Stimme bis in die Unterwelt jeder Seele hinabzusteigen weiss, welcher nicht ein Wort sagt, nicht einen Blick blickt, in dem nicht eine Rücksicht und Falte der Lockung läge, zu dessen Meisterschaft es gehört, dass er zu scheinen versteht – und nicht das, was er ist, sondern was denen, die ihm folgen, ein Zwang *mehr* ist, um sich immer näher an ihn zu drängen, um ihm immer innerlicher und gründlicher zu folgen ... Das Genie des Herzens, das alles Laute und Selbstgefällige verstummen macht und horchen lehrt, das die rauhen Seelen glättet und ihnen ein neues Verlangen zu kosten giebt, – still zu liegen, wie ein Spiegel, dass sich der tiefe Himmel auf ihnen spiegele ... Das Genie des Herzens, das die tölpische und überrasche Hand zögern und zierlicher greifen lehrt; das den verborgenen und vergessenen Schatz, den Tropfen Güte und süsser Geistigkeit unter trübem dicken Eise erräth und eine Wünschelruthe für jedes Korn Goldes ist, welches lange im Kerker vielen Schlamms und Sandes begraben lag ... Das Genie des Herzens, von dessen Berührung Jeder reicher fortgeht, nicht begnadet und überrascht, nicht wie von fremdem Gute beglückt und bedrückt, sondern reicher an sich selber, sich neuer als zuvor, aufgebrochen, von einem Thauwinde angeweht und ausgehorcht, unsicherer vielleicht, zärtlicher zerbrechlicher zerbrochener, aber voll Hoffnungen, die noch keinen Namen haben, voll neuen Willens und Strömens, voll neuen Unwillens und Zurückströmens ...[14]

So beschaffen wird sich Nietzsche selbst gewünscht haben: als jemand, der Herzensgenie hat, der die ihm begegnenden Menschen glücklich macht. Wozu also noch mutmaßen, wer es sei? – Aber liest man nun den zweiten Teil der Nummer 295 in »Jenseits von Gut und Böse«, aus der das Zitat stammt, so merkt man, warum Nietzsche an dieser Stelle mit dem Zitieren aufgehört hat. Denn im Fortsetzungstext redet er von sich *und* dem anderen, so daß man sich notwendigerweise fragt, wer jener andere denn sei. Nietzsche beantwortet diese Frage auch gleich selbst. Hier die Fortsetzung des Zitats:

> ...aber was thue ich, meine Freunde? Vom wem rede ich zu euch? Vergass ich mich soweit, dass ich euch nicht einmal seinen Namen nannte? es sei denn, dass ihr ihn nicht schon von selbst erriethet, wer dieser fragwürdige Geist und Gott ist, der in solcher Weise *gelobt* sein will. Wie es nämlich einem Jedem ergeht, der von Kindesbeinen an immer unterwegs und in der Fremde war, so sind auch mir manche seltsame und nicht ungefährliche Geister über den Weg gelaufen, vor Allem aber der, von dem ich eben sprach, und dieser immer wieder, kein Geringerer nämlich als der Gott *Dionysos*, jener grosse Zweideutige und Versucher Gott, dem ich einstmals, wie ihr wisst, in aller Heimlichkeit und Ehrfurcht meine Erstlinge dargebracht habe – als der Letzte, wie mir scheint, der ihm ein *Opfer* dargebracht hat: denn ich fand Keinen, der es verstanden hätte, was ich damals that.[15]

Könnte der andere Richard Wagner gewesen sein, dem er, wenn auch nicht heimlich, seine ersten Schriften, insbesondere »Die Geburt der Tragödie« mit einem »Vorwort an Richard Wagner«,[16] öffentlich dargebracht hat zum Unverständnis der Philologen? – Aber war denn das, wie Nietzsche in einer ersten Version des Textes schreibt, »ein rechtes Rauch- und Brandopfer der Jugend«?[17] Und konnte Nietzsche jenem Wagner, der ihn doch tödlich beleidigt hatte und den er wegen seiner derben Späße fürchtete, das Genie des Herzens zubilligen? – Zwar beschreibt

Nietzsche mit ähnlichen Wendungen auch einen Unglücksfall, der sich auf Wagner als Schauspiel-Genie beziehen könnte:

> In meiner Jugend hatte ich Unglück: es lief mir ein sehr zweideutiger M(ensch) über den Weg: als ich ihn als das erkannte, was er ist, nämlich ein großer Schauspieler, der zu keinem Ding ein ächtes Verhältniß hat (selbst zur Musik nicht): war ich so angeekelt und krank, daß ich glaubte, alle berühmten M(enschen) seien Schauspieler gewesen sonst wären sie nicht berühmt geworden.[18]

Doch hier ist allenfalls die Dionysos-Variante Wagner gemeint, nicht jener mit dem Genie des Herzens. Der ist anders als Wagner, wie die Fortsetzung des Textes der Nummer 295 aus »Jenseits von Gut und Böse« zeigt. Der Dionysos dort ist lieber nackt als prunkvoll bekleidet wie Wagner. Auch Ariadne, die erwähnte Braut des Dionysos, ist eher Nietzsche selbst als Cosima, an deren Stelle er wohl gern bei Wagner gewesen wäre. In der »Klage der Ariadne« hat Nietzsche sich ja auch ausdrücklich mit Ariadne identifiziert.

> Inzwischen lernte ich Vieles, Allzuvieles über die Philosophie dieses Gottes hinzu, und, wie gesagt, von Mund zu Mund – ich, der letzte Jünger und Eingeweihte des Gottes Dionysos: und ich dürfte wohl endlich einmal damit anfangen, euch, meinen Freunden, ein Wenig, so weit es mir erlaubt ist, von dieser Philosophie zu kosten zu geben? Mit halber Stimme, wie billig: denn es handelt sich dabei um mancherlei Heimliches, Neues, Fremdes, Wunderliches, Unheimliches. (...) Vielleicht auch, dass ich in der Freimüthigkeit meiner Erzählung weiter gehen muss, als den strengen Gewohnheiten eurer Ohren immer liebsam ist? Gewisslich gieng der genannte Gott bei dergleichen Zwiegesprächen weiter, sehr viel weiter, und war immer um viele Schritte mir voraus.... Ja ich würde, falls es erlaubt wäre, ihm nach Menschenbrauch schöne feierliche Prunk- und Tugendnamen beizulegen, viel Rühmens von seinem Forscher- und Entdecker-Muthe, von seiner gewagten Redlichkeit, Wahrhaftigkeit und Liebe zur Weisheit zu machen haben. Aber mit all diesem ehrwürdigen Plunder und Prunk weiss ein solcher Gott nichts anzufangen. »Behal-

te dies, würde er sagen, für dich und deines Gleichen und wer sonst es nöthig hat! Ich – habe keinen Grund, meine Blöße zu decken!« – Man erräth: es fehlt dieser Art von Gottheit und Philosophen vielleicht an Scham? – So sagte er einmal: »unter Umständen liebe ich den Menschen – und dabei spielte er auf Ariadne an, die zugegen war –: Der Mensch ist mir ein angenehmes tapferes erfinderisches Thier, das auf Erden nicht seines Gleichen hat, es findet sich in allen Labyrinthen noch zurecht. Ich bin ihm gut: ich denke oft darüber nach, wie ich ihn noch vorwärts bringe und ihn stärker, böser und tiefer mache, als er ist.« – »Stärker, böser und tiefer?« fragte ich erschreckt. »Ja, sagte er noch Ein Mal, stärker, böser und tiefer; auch schöner« – und dazu lächelte der Versucher-Gott mit seinem halkyonischen Lächeln, wie als ob er eben eine bezaubernde Artigkeit gesagt habe. Man sieht hier zugleich: es fehlt dieser Gottheit nicht nur an Scham –; und es giebt überhaupt gute Gründe dafür, zu muthmaassen, dass in einigen Stücken die Götter insgesammt bei uns Menschen in die Schule gehn könnten. Wir Menschen sind – menschlicher ...[19]

Gleich hinter dieser ausufernden Beschreibung seines vergötterten großen Verborgenen mit dem Genie des Herzens, in Nummer 296 von »Jenseits von Gut und Böse«, spricht Nietzsche mit seinen Gefühlen wie mit längst erschöpften Gewittern, die dabei sind, sich zu »verriechen«: zärtlich, liebevoll, schnuckelig-seuselnd, süß.

Es ist nicht lange her, da wart ihr noch so bunt, jung und boshaft, voller Stacheln und geheimer Würzen, dass ihr mich niesen und lachen machtet – und jetzt? (...) Ach, immer nur Vögel, die sich müde flogen (...) Aber Niemand erräth mir daraus, wie ihr in eurem Morgen aussahet, ihr plötzlichen Funken und Wunder meiner Einsamkeit, ihr meine alten geliebten – – *schlimmen* Gedanken.[20]

So ähnlich hatte Nietzsche schon in seiner Jugendschrift »Über Stimmungen« geschrieben: »Seid mir gegrüßt, liebe Stimmungen, wundersame Wechsel einer stürmischen Seele«.[21]

Es könnte also sein, daß Nietzsche mit dem genialen Verborgenen einen Dionysos beschrieben hat, der zwar mit einigen

Zügen sich in Wagner wiederholte, aber doch ein früherer war. – In einer anderen Version des Textes heißt es:

> Daß ich es also dankbar eingestehe: es sind mir damals, als ich die Regel ›Mensch‹ zu studiren begann, seltsame und nicht ungefährliche Geister, mitunter sogar *sehr* freie Geister begegnet und über den Weg gelaufen, – und vor Allem Einer, und dieser immer wieder, kein Geringerer als der Gott Dionysos selber: – derselbe, dem ich einst, in viel jüngeren Jahren ein ehrfürchtiges und unschuldiges Opfer dargebracht hatte. Vielleicht finde ich noch einmal Muße und Stille genug, um meinen Freunden Alles, was ich von der Philosophie des Gottes Dionysos behalten habe, zu erzählen.[22]

Ein paar Monate vorher, im Jahr 1885, hatte er notiert, was man als Motto für seine sämtlichen Werke nehmen könnte:

> Als ich jung war, bin ich einer gefährlichen Gottheit begegnet, und ich möchte Niemanden das wieder erzählen, was mir damals über die Seele gelaufen ist – sowohl von guten als von schlimmen Dingen. So lernte ich bei Zeiten schweigen, so wie, daß man reden lernen müsse, um recht zu schweigen: daß ein Mensch mit Hintergründen Vordergründe nöthig habe, sei es für Andere, sei es für sich selber: denn die Vordergründe sind einem nöthig, um von sich selber sich zu erholen, um es Anderen möglich zu machen, mit uns zu leben.[23]

Nietzsche erweist sich mit seiner Verschwiegenheit als ein rechter Schüler jener Gottheit mit dem Genie des Herzens, sofern nämlich das Herz nach Lukas 2,19 ein Organ der Verschwiegenheit ist: Wie die biblische Maria dort, bewahrt auch Nietzsche die kaum verstandenen, heimlichen Wundertaten seines Gottes in seinem Herzen.[24]

Die zitierten Texte gehören zu einem Projekt des Jahres 1885: »Dionysos. Versuch einer göttlichen Art, zu philosophieren«.[25] Der gemeinte Gott läuft hier immer wieder dem im Wald auf seiner Flöte blasenden Nietzsche über den Weg.[26] Nietzsches verbotene Mutmaßung betrifft deshalb nur den *ersten* Auftritt eines solchen Gottes, das heißt die päderastische Initiation.

Nach den biographischen Untersuchungen von Hermann Joseph Schmidt[27] könnte der erste Versucher-Gott der vagabundierende Dichter Ernst Ortlepp gewesen sein. Er wurde von den Kindern, insbesondere den Gymnasiasten Schulpfortas, von denen Nietzsche ab 1858 einer war, »vergöttert«, schreibt sein Biograph Walther Ilges.[28] In Nietzsches Album aus der Zeit 1858–1863 finden sich zehn Gedichte, die nachweislich aus Ortlepps Hand stammen.[29] Es sind Gedichte von Liebe und Liebesleid – darunter diese Zeilen:

> »Daß ich noch einmal würde lieben
> Ich hätt es nimmermehr gedacht.«
> »Des Feldes Blumen möcht ich winden
> Zu einem bunten Kranz für Dich,
> Damit Dein Lockenhaupt zu zieren:
> Für Dich ja schmückt die Aue sich.«
> »Nun ich dich nicht mehr habe,
> So geh ich bald zu Grabe.«[30]

War damit Nietzsche gemeint – bei seinem Weggang ins Internat oder beim Rückzug aus der Beziehung während dieser Zeit? – Ernst Ortlepp (1800–1864), Sohn eines Pastors 14 km südlich von Naumburg, wurde, anders als seine beiden Brüder, nicht auch Pastor, sondern ein recht bekannter Dichter. Er übersetzte Byron und Shakespeare und beherrschte virtuos Klavier und Orgel. Er hatte auch Alkoholprobleme. Ohne eigene Familie lebte er ab 1855 in wechselnden Unterkünften, einmal in Naumburg in derselben Straße wie Nietzsche. In der Kleidung und mit dem Habitus eines Landpfarrers durchstreifte er die heimatliche Gegend. Einst *poeta laureatus* von Schulpforta, konnte er jetzt dort keine Anstellung mehr finden. Er hatte als Trinker Berufsverbot. Zudem verfaßte er blasphemische Gedichte und störte zuweilen den Gottesdienst durch lautes Reden. Oft nahm er von außen, unter dem Klassenfenster stehend und den Homer in der Hand, am Unterricht in Pforta teil. Auch bei den Schulfesten war er dabei. Und auf den Schulausflügen traf man ihn erst recht. Kurz vor Nietzsches Abitur war sein Leben zu Ende. Nietzsche berichtet darüber seinem Freund Pinder am 5. Juli 1864 – lakonisch, obwohl es vielleicht der Tod seines Gottes war:

Der alte Ortlepp ist übrigens todt. Zwischen Pforta und Almrich fiel er in einen Graben und brach den Nacken. In Pforta wurde er früh morgens bei düsterem Regen begraben; vier Arbeiter trugen den rohen Sarg; Prof. Keil folgte mit einem Regenschirm. Kein Geistlicher. / Wir sprachen ihn am Todestag in Almrich. Er sagte, er gienge sich ein Logis im Saalthale zu miethen. / Wir wollen ihm einen kleinen Denkstein setzen; wir haben gesammelt; wir haben an 40 Thl.[31]

Ortlepp, dreizehn Jahre älter als Nietzsches verstorbener Vater, war diesem nicht unähnlich in seiner Leidenschaft für Dichtung und Musik. Doch er war ein ganz anderer Denker. Ortlepp »entlarvte das Gottesbild des Vaters Ludwig und all das schöne Prediger- und Religionsunterrichtsgerede als Lüge und Betrug«.[32] Nietzsche, der aus Vaters Lutherbibel mit vier Jahren lesen lernte, hatte sich wohl schon selbst vom schrecklichen Gott der Juden und Christen überzeugen können. Zudem wird die sich ein Jahr lang hinziehende Gehirnerkrankung des Vaters zur Demontage des frühesten Gottvaterbildes beigetragen haben: Welchen Gott konnte wohl ein Wahnsinniger, der nicht zuhört und unklar redet, repräsentieren?

Warum heute Atheismus? – »Der Vater« in Gott ist gründlich widerlegt; ebenso »der Richter«, der »Belohner«. Insgleichen sein »freier Wille«: er hört nicht, – und wenn er hörte, wüsste er trotzdem nicht zu helfen. Das Schlimmste ist: er scheint unfähig, sich deutlich mitzutheilen: ist er unklar?[33]

Ortlepp war besonders wegen seines blasphemischen Gedichtes »Das Vaterunser des Neunzehnten Jahrhunderts« bekannt geworden. Sein Motto lautet: »Allen, die gezweifelt und gerungen, sei das grause Lied gesungen!«

Vater! – Vater? – – Soll ich so dich nennen,
Der du Millionen riefst an's Licht,
Denen Thränen in den Augen brennen,
Deren Herz der Qualen Dolch durchsticht?
Ach, woran soll dich dein Kind erkennen,
Wenn es betet, und du hörst es nicht? (...)
Eitler Trug! Du bist kein Vater! Alle
Täuscht der Name mit dem bloßen Schalle! (...)

Der alten Zeiten Religion
Verachtet der neuen Tage Sohn,
Und grinsend ruft die ganze Erde:
»Dein Name nicht geheiligt werde!«[34]

Nietzsche hat als 18jähriger in seinem Gedicht »Vor dem Crucifix« den Trinker Ortlepp porträtiert und dabei zugleich die christliche Religion des Herzens, das heißt des Mitleids, kritisiert und *ad absurdum* geführt. Dieses Gedicht Nietzsches aus dem April 1863 hätte schon mit dem letzten Wort von »Ecce homo«, »Dionysos gegen den Gekreuzigten«, tituliert sein können, ironischerweise aber auch mit »Das Genie des Herzens«.

Vor dem Crucifix.

1. »Steinblock da oben, blöder Narr,
Herunter!
Was willst du noch, was siehst du starr
Auf diese neuen Wunder?
Du hast nun ausgerungen –
Dein Arm ist steif, dein Kopf ist müd –
Säh ich, wie jeder vor mir kniet,
Wäre selbst so müd,
Wäre längst herab gesprungen.

2. Ich taumle hier vor dir im Staub
Und Asche –
Herunter! Bist du denn taub?
Hier hast du meine Flasche!«
Er wirft sie hin zu Scherben,
Das Glas zerklirrt, das Steinbild steht
Noch unbewegt, am Kreuz erhöht,
Sein Auge fleht
Zu sterben, bald zu sterben.

3. »Weiß Gott! Das ist ein rechter Tropf,
Bleibt oben,
Fürwahr, er hat ›nen harten Kopf,
Das Einz'ge, was zu loben.
Die Flasche gieng in Splittern,
Verschüttet ist der herbe Trank –
Für Schwamm und Essig sagt er Dank,

Zum Tode krank,
Und wirft doch 'rab den Bittern.

4. Nun kommen sie mit Sang und Schall
In Haufen
Und lecken ab die Tropfen all,
die an dir niederlaufen.
Sie küssen und sie herzen.
Und meinem süßen bittren Trank,
Dem sagen sie – ein toller Schwank –
Den besten Dank
für Deine Todesschmerzen.

5. Und doch – der arme Kerl bleibt hier,
Alleine
Und schaut mich an so bleich, so stier,
Mich dauern seine Beine.
Komm' mit mir auf die Erden!
Du standst so lange – mag ich nicht!
Du schweigst so bange – lieb ich nicht!
Du armer Wicht,
Wir wollen lustig werden.«

6. Er stieg hinauf, die Füße schwer
Und reckte
sich mählich, lächelnd auf, bis er
Die Augen sich bedeckte.
Ein Schwindel faßt ihn leise,
Doch wieder sah er auf so stier,
Rief gellend: Christus, her zu mir!
Ich komm zu dir!
Glück zu der letzten Reise!

7. Er faßte nach dem kalten Fuß
Und wankte;
Ihm war's, als ob mit eis'gem Gruß
Der Heiland niederdankte.
Er riß den Leib den matten
Empor und faßte nach der Hand,
Der kalten Hand, der Eiseshand,
Den Blick gebannt,
Aufs Haupt voll düstrer Schatten.

8. Und lebt's? Und weint's? Die Thräne rinnt
Am Steine;

Er schlürft sie gierig und geschwind,
Dem Rest vom Branteweine.
»Du wirst mich retten, retten,
Ich reiße dich mit mir herab,
Reiß mich empor zu dir vom Grab,
Vom ewgen Grab
Und von der Hölle Ketten.« –

9. Die Säulen standen todtenstumm,
Erschrocken:
Sie hörten's dröhnen rings herum,
Des Weltgerichtes Glocken.
Am Boden lag er – leise
Umsummte eine Wespe sein
Gebrochen Auge, starr Gebein –
Sie war allein
und summte dumpfe Weise. –

10. Am Boden eine Münze lag,
Verrostet,
Darauf des Teufels Hand und Schlag
Geprägt, was ewig kostet
Im Himmel und auf Erden
Die Seele, die am Kreuze hängt
und tief in Sünd und Lust versenkt,
Sich selig denkt
Und doch verdammt muß werden.[35]

Kehren wir zurück zu Nietzsches »curiose(m) Stück Psychologie«,[36] mit dem er begründet, warum er so gute Bücher schreibt. Der Text enthält, wie ich meine, die nicht fiktive Erinnerung an einen bestimmten Verführer-Gott, wie immer er heißen mag. Er ist die Beschreibung von Nietzsches erotisch-dionysischer Erwekkung durch einen Mann, den es vor Wagner gegeben hat. Diesem Mann hat Nietzsche dann seine Erstlings-Gedichte und -Musikstücke dargebracht und wohl auch seine sexuelle »Unschuld«.

Ich gebe noch einmal mit Nietzsches Worten eine Kennzeichnung dieses Mannes: Er ist der große Verborgene und geborene Rattenfänger der Gewissen. Seine Stimme verlockt dazu, sich immer näher an ihn zu drängen und ihm immer innerlicher und gründlicher zu folgen, um dabei ein neues Verlangen zu kosten, um still zu liegen, und mit der sonst tölpischen,

Griechischer Trinkbecher,
ca. 525 v.Chr.

überraschen Hand zierlicher zu greifen nach dem verborgenen und vergessenen Schatz unter dickem Eise im Kerker vielen Schlamms und Sandes, auf den die Wünschelrute weist. Man wird reicher durch ihn, neuer, weil »aufgebrochen, von einem Thauwind angeweht und ausgehorcht, unsicherer vielleicht, zärtlicher zerbrechlicher zerbrochener, aber voll Hoffnungen, die noch keinen Namen haben, voll neuen Willens und Strömens, voll neuen Unwillens und Zurückströmens ...«.[37] Bei den Zwiegesprächen ging jener Gott »weiter, sehr viel weiter«, als es anständig wäre. Schließlich erweist er sich als schamlos. Er sah keinen Grund, seine »Blösse zu decken«.[38]

Nietzsche hat dafür gesorgt, daß dieser Verführer-Gott unbekannt blieb – bis auf diese Andeutungen. Immerhin können wir diesem unbekannten Gott in einem titellosen ›Jugendgedicht‹ Nietzsches, meist »Dem unbekannten Gotte« überschrieben, wiederbegegnen. Das Gedicht vom unbekannten Gott ist so berühmt, weil sich hier ein Atheist angeblich als Gottsucher zu erkennen gibt.

Damals war Nietzsche um die zwanzig Jahre alt und aufs Theologiestudium programmiert. Schon durch das viermalige ›tief‹ scheint mit dem Gedicht irgend etwas nicht zu stimmen:

Noch einmal eh ich weiterziehe
Und mein(e) Blicke vorwärts sende
heb ich vereinsamt mein(e) Hände
Zu dir empor, zu dem ich fliehe,
Dem ich in tiefster Herzenstiefe
Altäre feierlich geweiht
Daß allezeit
Mich seine Stimme wieder riefe.

Darauf erglühet tiefeingeschriebe(n)
Das Wort: Dem unbekannte(n) Gotte:
Sein bin ich, ob ich in der Frevler Rotte
Auch bis zur Stunde bin gebliebe(n):
Sein bin ich – und ich fühl' die Schlinge(n),
Die mich im Kampf darniederziehn
Und mag ich fliehn,
Mich doch zu seinem Dienste zwinge(n).

Ich will dich kenne(n) Unbekannter,
Du tief in mein(e) Seele Greifender,
Mein Leben wie ein Sturm durchschweifender
Du Unfaßbarer, mir Verwandter!
Ich will dich kennen, selbst dir diene(n).[39]

Das Selbstopfer ist zwiespältig. Erstens hat der arme Abiturient Altäre in seinem Inneren errichtet für einen Gott, zu dem er noch einmal hinfliegt, ehe er weiter geht (ins Theologiestudium), um von diesem Gott allzeit wieder gerufen zu werden. Zweitens fühlt er sich zum Dienst des unbekannten Altar-Gottes (der Theologen) gezwungen durch Schlingen (zum Beispiel finanzielle), denen er nicht entfliehen kann, obwohl er fliehen will. Drittens will er den ihm selbst verwandten Unbekannten, der ihn durch und durch bewegt, kennenlernen und ihm dienen. – Ist das Dionysos oder der Gekreuzigte, oder der gekreuzigte Dionysos oder der dionysische Jesus?

Wen er verehrt, durfte Nietzsche nicht bekennen, wenngleich er es längst wußte: Dionysos in einmal der, einmal jener Person. – Paulus wollte den dreifaltigen Christengott einsetzen für den »unbekannten Gott«, dem vorsichtshalber überall ein Altar geweiht war. So steht es in der Bibel:

> Denn als ich umherging und mir eure Heiligtümer ansah, fand ich auch einen Altar mit der Aufschrift: EINEM UNBEKANNTEN GOTT. Was ihr verehrt, ohne es zu kennen, das verkünde ich euch.[40]

Nietzsche hatte längst den Christengott gegen den Griechengott Dionysos rückgetauscht. Auch dieser ist dreifaltig zu haben, als Zeus, genannt der Fremde, als sein Sohn Dionysos (Dion = des Gottes ...) und als Teufel (vgl. Nietzsche: »Gott-Vater, Gott-Sohn und Gott-Teufel«[41]). Das Opfer seiner Jugend geschah auf dem Altar eines relativ bösen Gottes – christlich gesehen.

> In der That gieng mir bereits als dreizehnjährigem Knaben das Problem vom Ursprung des Bösen nach: ihm widmete ich, in einem Alter, wo man »halb Kinderspiele, halb Gott im Herzen hat«, mein erstes litterarisches Kinderspiel.[42]

Mit dem in Dionysos repräsentierten ›Bösen‹, mit seiner Rechtfertigung, ja Apotheose, hat es Nietzsche seitdem immer zu tun, in all seinen Büchern. Wie kann das Böse so gut sein? Ist es denn nicht gut? – Seine Philosophie stammt aus seinen päderastischen Begegnungen mit Dionysos, womöglich aus einer dionysischen Verführung, die im Kontext seiner puritanisch strengen Erziehung und des gottverlassenen Abgangs seines in seinen Augen engelgleichen Vaters[43] eine existentielle, unlösbare Verwirrung mit partieller Amnesie angerichtet hatte. Seine Philosophie ist darum die Verwerfung und auch projizierende Wiederholung dieser Verführung durch Dionysos, insgesamt Selbstdarstellung eines hin- und hergerissenen Dionysos-Jüngers.

Als dieser Dionysos ist Nietzsche zugleich der Gekreuzigte. Sein »Fluch auf das Christenthum« (so der Untertitel von »Der Antichrist«)[44] gilt nicht Jesus, sondern nur der christlichen Moral, die ihm die Liebe unmöglich machte. Jesus hatte wie Nietzsche »die Liebe als einzige, als *letzte* Lebens-Möglichkeit«[45]. Er war, so meint Nietzsche, auch ein »Wissende(r) des

Herzens«,[46] denn das »Himmelreich« ist »ein Zustand des Herzens«, »eine Erfahrung an einem Herzen«.[47] Ihm entspricht der, wie Nietzsche meint, eigentlich weibliche Glaube, »dass die Liebe *Alles* vermag«.[48] Eigentlich war Nietzsche ein Weib, wie seine Klage der Ariadne zeigt, für die er in seinem früheren Gedicht ›Der Zauberer‹ im »Zarathustra IV«[49] eine sprachliche Geschlechtsumwandlung vorgenommen hat, um den unbekannten, grausamen Gott seiner Jugend zurückzuflehen als »Deine stolzeste Gefangene«[50] anstatt »Dein stolzester Gefangener«.[51]

> Oh komm zurück, Mein unbekannter Gott! (...) Triff tiefer!
> Triff Ein Mal noch! Zerstich, zerbrich dies Herz! (...) gieb mir,
> der Einsamsten (...) ergieb, grausamster Feind, mir – *dich*![52]

Ein inständiger Schrei nach Liebe durchdringt Nietzsches abgründige Philosophie der letzten Dinge:

> Ach, der Wissende des Herzens erräth, wie arm, dumm, hülflos, anmaaslich, fehlgreifend, leichter zerstörend als rettend auch die beste tiefste Liebe ist! – Es ist möglich, dass unter der heiligen Fabel und Verkleidung von Jesu Leben einer der schmerzlichsten Fälle vom Martyrium des *Wissens um die Liebe* verborgen liegt: das Martyrium des unschuldigsten und begehrendsten Herzens, das an keiner Menschen-Liebe je genug hatte, das Liebe, Geliebt-werden und Nichts ausserdem *verlangte*, mit Härte, mit Wahnsinn, mit furchtbaren Ausbrüchen gegen Die, welche ihm Liebe verweigerten; die Geschichte eines armen Ungesättigten und Unersättlichen in der Liebe, der die Hölle erfinden musste, um Die dorthin zu schicken, welche ihn nicht lieben *wollten*, – und der endlich, wissend geworden über menschliche Liebe, einen Gott erfinden musste, der ganz Liebe, ganz Lieben-*können* ist, – der sich der Menschen-Liebe erbarmt, weil sie gar so armselig, so unwissend ist! Wer so fühlt, wer dergestalt um die Liebe *weiss* –, *sucht* den Tod. – Aber warum solchen schmerzlichen Dingen nachhängen? Gesetzt, dass man es nicht muss.[53]

Vernunft
und
Sexualität

So ist mir nämlich die Natureinrichtung: daß alle Besamung in beiden organischen Reichen zwei Geschlechter bedarf, um ihre Art fortzupflanzen, jederzeit als erstaunlich und wie ein Abgrund des Denkens für die menschliche Vernunft aufgefallen, weil man doch die Vorsehung hiebei nicht, als ob sie diese Ordnung gleichsam spielend, der Abwechslung halber, beliebt habe, annehmen wird, sondern Ursache hat zu glauben, daß sie nicht anders möglich sei.[1]

Kant hatte alles auf die Vernunft gesetzt. Denn sie gab ihm die Möglichkeit der Fortexistenz über den Tod hinaus – durch moralische Fortpflanzung. Diese hatte mit Besamung und Geschlechterdifferenz wohl nichts zu tun. Allerdings verdankte er seine eigene Existenz als lebendes Vernunftwesen schon jener merkwürdigen Natureinrichtung. Daran war nun nichts mehr zu ändern. – Kant seufzt:

In welchem Dunkel verliert sich die menschliche Vernunft, wenn sie hier den Abstamm zu ergründen, ja nur zu errathen es unternehmen will?[2]

Baubo ist nicht nach Kants Geschmack. Und das männliche Geschlecht? Das sollte der Vernunft doch konvenieren. Denn für die Fortzeugung der Vernunft ist, nach Plato zumindest, homoerotische Besamung nötig: »das Zeugen im Schönen« (s. auch Kapitel »Philosophie für Frauen«, S. 118). Jedenfalls ist das, was bei Kant von der Sinnlichkeit geblieben ist, bestimmt durch die Eliminierung des Ekelhaften. Das ist das chaotische, sinnlich Mannigfaltige, repräsentiert durch das weibliche Geschlecht, die Vulva. Die Frauen dürfen es nicht vorzeigen wie Baubo. »Sie sind reinlich und sehr zärtlich in Ansehung alles dessen, was Ekel verursacht«, meint Kant von den

»Frauenzimmern«.[3] Dennoch zeigt auch Kants Vorstellung des Schönen noch ihre Herkunft aus dem Naturzweck der Besamung, wie Kant begründet:

> *Schönheit* (führt) den Begriff der Einladung zur innigsten Vereinigung mit dem Gegenstande, d.i. zum unmittelbaren Genuß, bei sich.[4]

Von den Blumen, die man den Frauen überreicht, um auf ihr Geschlecht anzuspielen und es zugleich, ersetzt und verdeckt durch die Blume, zu verleugnen, schreibt Kant:

> Die Blumen sind freie Naturschönheiten. Was eine Blume für ein Ding sein soll, weiß außer den Botanikern schwerlich sonst jemand, und dieser selbst, der daran das Befruchtungsorgan der Pflanze erkennt, nimmt, wenn er darüber durch den Geschmack urteilt, auf diesen Naturzweck keine Rücksicht.[5]

Sich der Sexualität in den Lebensbezügen, nicht nur in den menschlichen, bewußt zu werden, fällt – Kant zumindest – schwer: weil sexuell zu denken so einfach ist. Es ist auch für Kant ganz natürlich. Sein Denken ist im gewissen Sinne typisch männlich. Wäre wohl eine Frau auf die Idee gekommen, den Körper als Erkenntnishindernis zu empfinden und sich eine von ihm abgesonderte reine Vernunft auszudenken?

Um zu bemerken, daß man sexuell denkt, müßte man die Sexualität denken, zu der es gehört, daß sie das Denken bestimmt. Wie aussichtslos! – Nietzsche meint:

> Grad und Art der Geschlechtlichkeit eines Menschen reicht bis in den letzten Gipfel seines Geistes hinauf.[6]

Dennoch hat Nietzsche nicht gemerkt, wie sehr er selbst sexuell dachte, indem er sich von seinem Abscheu und seiner erotischen Sehnsucht die Gegenstände seines Denkens vorgeben ließ.

Nietzsches Behauptung ist eine unerträgliche Vorstellung für die Verfechter einer reinen, affektfreien und objektiven Vernunft. Denn sie könnte bedeuten, daß Mann, Frau, Zwitter und Transsexueller in der Anerkennung von Sachverhalten als Tatsachen nicht übereinstimmen. Am Ende gäbe es dann sogar eine

Albrecht Dürer,
Melancholia I, 1514.

männliche und eine weibliche Wahrheit? Oder noch schlimmer:
Beide Wahrheiten gäbe es womöglich nur bei sexueller Übereinstimmung, gewissermaßen als Wahrheit einer erotischen
Vernunft. Das könnte bedeuten, daß es Verständigung über
Sachverhalte und ihre Anerkennung als Tatsachen erst bei
erotischem Konsens gäbe. Wahrheit wäre ebenso selten und
unwahrscheinlich wie die erotische Übereinstimmung. Man
denke nur an die, wie Maria Gazetti meint, rare erotische
Einheit von weiblicher Unersättlichkeit und männlichem An-
griff.[7]
   Die Abhängigkeit von der Sexualität überhaupt und sogar die von verschiedengradiger und verschiedenartiger Sexualität scheint weniger für das Denken selbst als für die Einstellung zum Denken zu gelten, zum Beispiel für das mathematische Denken. Man kann sich mühelos vorstellen, daß bei
der Leidenschaft für Mathematik bestimmte Vorlieben oder
ein bestimmter Abscheu sexueller Art eine Rolle spielen könnten und daß auch die Leidenschaft unterschiedlich stark oder
unterschiedlich häufig bei den verschiedenen Geschlechtern

anzutreffen ist. Die Liebe zur Mathematik gilt der reinen Sinnlichkeit (das sind die Anschauungsformen Raum und Zeit bei Kant). Und sie gilt dem Endgültigen. Einem erotischen Ideal?

Auch zum Verstehen eines mathematischen Satzes gehört ein emotionales Niveau, eben diese Anerkenntnis einer mathematischen Wirklichkeit ohne mich. Natürlich kann ich für das Lösen eines Beweises alles andere liegenlassen (»Störe meine Kreise nicht«), genau wie für das Züchten einer Blume oder das Malen eines Bildes. Der Mensch kann immer alles an etwas setzen, auch für die Wahrheit (oder das Gute). Aber wie beim Liebesschwur fügt man zitternd die letzte Zeile im Beweis hinzu, ängstlich korrigiert man ein falsch gesetztes Vorzeichen. Das Interesse an der Teilhabe an einer Welt, die ohne Interesse ist für mich, diese ungeheure Leistung der Kultur von Verschiebung in die Unendlichkeit, ist nicht Ausgangspunkt, sondern ein Endpunkt einer Erklärung.[8]

Doch nun ist die mathematische Welt entdeckt. Und wer würde den dort herrschenden Zusammenhang erotisch nennen? Anzunehmen, daß für die mathematische Wahrheit, also zum Beispiel für die Richtigkeit der Rechnung 2 mal 2 ist 4, Sexualität mit auschlaggebend sei, scheint völlig unsinnig.

Daher ist wohl mit dem Geist, bei dem Geschlechtlichkeit bis in den letzten Gipfel hinaufreicht, mehr gemeint als bloßes Rechnen, vielleicht sogar etwas gänzlich anderes als dieses Rechnen. Denn könnte das nicht auch von einer Maschine erledigt werden? Aber kann eine Rechenmaschine denken, etwa im Sinne des Entwurfs von Rechenverfahren oder von Programmen zur Herstellung von Rechenmaschinen? Und wenn Maschinen an Maschinen denken könnten, würden sie dann wohl auch sexuell denken?

Anzunehmen oder zu fordern, daß die Arbeit eines Computers etwas mit Sex zu tun hat (wie manchmal die Arbeit am Computer), scheint völlig absurd. Aber vielleicht kann man die Arbeit einer Rechenmaschine, gerade darum, weil sie nichts mit Sex zu tun hat, gar nicht als Denken anerkennen? – Darauf könnte der Pionier der Computertheorie, Alan Turing, mit seinem merkwürdigen Turing-Test für denkende Maschinen hingewiesen haben. Vielleicht war es nur bittere Ironie. Aber vielleicht bedeutet es auch, daß Maschinen solange nicht denken können, wie sie nicht sexuell denken können, das heißt einfühlsam, sich einfühlend nicht nur in andere Wesen und Menschen überhaupt, sondern in deren Geschlechtlichkeit. Denn so hat Turing sich seinen Denktest für Maschinen ausgedacht:

Es spielen drei Teilnehmer, ein Mann (A), eine Frau (B) und ein Fragesteller (C), der männlich oder weiblich sein kann. Der Fragesteller befindet sich allein in einem Zimmer. Für ihn ist Ziel des Spiels, herauszufinden, welcher der beiden anderen der Mann ist und welcher die Frau. Sie sind ihm unter den Etiketten X und Y bekannt, und am Schluß des Spiels sagt er entweder »X ist A und Y ist B« oder aber: »X ist B und Y ist A«. Es ist dem Fragesteller erlaubt, A und B auf folgende Weise zu befragen: »Kann X mir bitte die Länge seines oder ihres Haares nennen?« – Nehmen wir nun an, X sei tatsächlich A, dann muß A antworten. Das Ziel von A in diesem Spiel ist es, zu versuchen, C zu einer falschen Identifikation zu bringen. Seine Antwort könnte also lauten: »Mein Haar ist stufig geschnitten, und die längsten Strähnen sind etwa 20 cm lang.« Damit der Klang der Stimme dem Fragesteller keine Anhaltspunkte gibt, sollte die Antwort schriftlich, oder, noch besser, getippt abgegeben werden. Ideal wäre es, wenn die beiden Zimmer durch einen Fernschreiber verbunden wären. Aufgabe des dritten Spielers (B) ist es, dem Befrager zu helfen. Die beste Strategie dürfte für ihn wohl darin liegen, wahrheitsgemäße Antworten zu geben. Er kann seinen Antworten Dinge beifügen wie: »Ich bin eine Frau, höre nicht auf ihn.« Aber es fruchtet nichts, weil der Mann ähnliche Bemerkungen machen kann. Nun stellen wir die Frage: Was geschieht, wenn eine Maschine die Rolle von A in diesem Spiel übernimmt? Wird der Fragesteller, wenn das Spiel auf diese Weise gespielt wird, ebenso eine falsche Entscheidung treffen, wie wenn das Spiel von einem Mann und einer Frau gespielt wird? Diese Frage ersetzt die ursprüngliche Frage: »Können Maschinen denken?«[9]

Gemäß diesem Vorschlag Turings sollte man einer Maschine erst dann Denkfähigkeit zubilligen, wenn sie genau so gut wie ein Mann eine Frau zu simulieren vermag. Kriterium fürs Denken ist dabei die Einfühlung des Mannes in die Frau. Ein wunderbar humanes und erotisches Kriterium. Es ist leider Turing selbst zum Verhängnis geworden. Man hat ihn per Gesetz, es war Anfang der fünfziger Jahre, gezwungen, entweder ins Gefängnis zu gehen oder seine Homosexualität hormonell behandeln zu lassen. Er ließ sich behandeln. Danach sah er aus wie eine Frau und brachte sich um.

Die Verquickung von Sexualität und Denken scheint für manchen reaktionär oder gegenaufklärerisch zu sein. Die Aufklärung hatte die eine und reine Vernunft als die bestverteilte Sache der Welt ausgegeben. Es könnte aber sein, daß hinter der aufklärerischen Parole ›Der Geist hat kein Geschlecht‹ ein sexistisches Motiv steckt: daß es nämlich gleichgültig ist, ob – wie bisher – Vertreter des männlichen Geschlechts im Wissenschafts- und Kulturbetrieb dominieren oder nicht, weil es nämlich egal ist, ob es Männer oder Frauen sind, die denken. Also kann man die Verhältnisse so lassen, wie sie sind.

Eine geschlechtsspezifische Verschiedenartigkeit der Vernunft wird durch die aufklärerische These von der Geschlechtslosigkeit des Geistes zur graduellen Ungleichheit der Intelligenz: Der eine ist halt dümmer als der andere anstatt verschieden von ihm in der Art seiner Vernunft. Eine quantitative Differenz ersetzt die qualitative. Verschiedene Arten von Vernunft oder Intelligenz werden erst gar nicht erwogen.

Das zeigt sich zum Beispiel am unterschiedlichen Umgang mit Sachverhalten: Während der eine mehr auf Gesamteindrücke setzt, orientiert sich der andere mehr an den Eigenschaften fester Körper. Im ersten Fall verläßt man sich hauptsächlich auf Gefühl und Intuition, im zweiten auf experimentelle Wahrnehmung. Warum sollte nicht das eine eher zur weiblichen Sexualität, das andere eher zur männlichen passen?

Das Erkenntnisobjekt mit dem erotischen Objekt zu vergleichen ist nicht abwegig. Den Sexualpartner zu erkennen, ist die Hauptaufgabe des Kognitionsapparats sexuell sich fortpflanzender Wesen. »Adam erkannte Eva«, heißt es in der

Bibel.[10] Aus der Männerperspektive zumindest meint das: Erkenntnisakt ist gleich Geschlechtsakt. Außerdem ist das biblische Erkennen auch noch ein Eßakt (Essen vom Baum der Erkenntnis), also Einverleibung, sogar – als Übertretung des noch
vor Erschaffung der Tiere ergangenen Vegetarismusgebotes[11] –
ein kannibalischer Akt.[12]

Die Gleichung ›Erkennen = Koitieren = Essen = Töten‹
gilt für den Mann. Sie scheint in der männlich-genitalen Sexualität angelegt. Der Erkenntnisakt könnte für die Frau, im Vergleich mit dem Mann, ebenso unterschiedlich erlebt und betrieben werden wie dies beim Begattungsakt der Fall ist. Dieser ist
für die Frau kein Eindringen in das Innere eines anderen Körpers. Sexualität und Gewalt spielen dabei anders ineinander.

Um das zu verdeutlichen, typisiere ich. Denn natürlich
gibt es Frauen, die männlicher sind als manche Männer. Und es
gibt das Umgekehrte. Aber wenn wir das feststellen, setzen wir
dabei schon voraus, daß wir ungefähr wissen, was hier ›männlich‹ und ›weiblich‹ besagt. Man hält sich also am besten an das
organisch vorgezeichnete sexuelle Erleben. Wie spielt diese ge-
nitale Sexualität ins Denken hinein?

Nehmen wir gängige Umschreibungen fürs Denken, zum
Beispiel Erforschen, Entdecken, Aufklären, Neulandbetreten,
Herausbekommen, Beweisen. Wie sexuell einseitig ist das geprägt! Der Denker, so sagt man auch, projektiert, entwirft und
objektiviert, er dringt in eine Materie ein, arbeitet sie durch und
bekommt etwas heraus. Das alles ist eher in der männlich-genitalen Aktivität vorgezeichnet als in der weiblichen. Denken,
wenn es denn vorwiegend die eben genannten Eigenschaften
hat, scheint eher eine zu Kopf gestiegene männliche Sexualität
zu sein als eine weibliche. Das gilt auch schon für die Symbol-
bildung. Sie scheint dem Fetischismus verwandt, der sich mehr
bei Männern als bei Frauen findet. Darauf hat Camille Paglia[13]
hingewiesen. Im folgenden gebe ich einige ihrer Charakterisie-
rungen der »Sexualität der Vernunft«[14] wieder.

Die Erotik des Mannes scheint fast ganz auf sein Sexual-
organ zentriert. Entsprechend denkt er, oder besser: will er denken, nämlich, entsprechend der Funktion seines Penis, linear,
zielstrebig, projektiv. Der Gedanke ist dann eine Art Erektion,

die Idee eine Art Ejakulation, der Vorstellungsakt ein Orgasmus. Das männliche Bewußtsein steckt voller sexueller Phantasien, ja Wahnvorstellungen über das Innere der Frau, über ihre unsichtbare Genitalanatomie. Die Frau scheint ihm ein Rätsel, ein Mysterium. Ihre erotische Schönheit, die als ästhetische Konsumierbarkeit in den Augen des Mannes vielleicht nur die intellektuelle, männliche Verfügung über die Natur darstellt, muß immer wieder erörtert und verteidigt werden gegen die offenbare Häßlichkeit von Menstruation und Geburtsvorgang. – Paglia schreibt:

> Der Penis ist wie der Blick oder die Hand eine ins Äußere greifende Erweiterung des Selbst. Ein Mädchen hingegen ist ein versiegeltes Gefäß, in das man nur gewaltsam gelangt. Der weibliche Körper ist Prototyp aller sakralen Räume. (...)
> Alles Heilige und Unverletzte fordert zur Profanisierung und Verletzung heraus. (...)
> Die Sichtbarkeit des Genitals ist eine der Quellen des wissenschaftlichen Drangs nach praktischen Experimenten und empirischen Beweisen und Zeugnissen. Mit Hilfe dieser Methoden erhofft er, das Geheimnis aller Geheimnisse, das Mysterium seiner chthonischen (griech. *chthon* = Erde) Geburt, zu lüften. Die Frau ist verschleiert. Das Bedürfnis, diesen Schleier mit Gewalt zu zerreißen, mag eines der Motive für gemeinschaftlich verübte Vergewaltigungen und Sexualmorde sein.[15]

Ich lasse nun noch die andere Seite zu Wort kommen, das – wie ich meine – männliche Pendant der Paglia, einen Mann, der lieber eine Frau gewesen wäre: Otto Weininger, von dessen Analyse des Humors bereits oben (im Kapitel »Zum Lachen und Weinen«, S. 25) die Rede war. Er gebärdete sich als schriller Frauenverächter und kehrte den Mann heraus, der er nicht sein konnte. In der Frau verachtete er sich selbst, den Juden und den Homosexuellen. Was er als die einzig wahre menschliche Haltung deduzierte, hat er selbst durch seinen Tod demonstriert: die Vernunft als männliche Unsterblichkeitsneurose und den Ekel vor der weiblichen Sexualität. Deshalb kann man in seiner negativen Beschreibung weiblicher Existenz das wirklich ›vernünftige‹ Leben erkennen, das zu leben er sich selbst nicht erlaubte. Weininger war ein verkehrter Feminist.

Von Weininger stammt eine anrührende Charakterisierung weiblichen Wesens und weiblicher Vernunft, also dessen, was in der männlichen Vernunftneurose vernichtet wird:

> Das verschmolzene Leben, eine der wichtigsten und am tiefsten führenden Tatsachen des weiblichen Daseins.[16]

Erinnern wir uns an das taumelnde Spinett, das sich für das einzige Wesen auf der Welt halten mußte – infolge Selbstreflexion. Genau das, ein Solipsist, kann die Frau niemals sein, meint Weininger. Sie kann kein vom Körper getrennter Geist, kein Ich sein, also nicht so wie er: einsam, individuiert, solipsistisch, Wittgensteins Fliege im Fliegenglas.

> Die Frau lebt stets, auch wenn sie allein ist, in einem Zustande der *Verschmolzenheit* mit allen Menschen, die sie kennt: ein Beweis, daß sie keine Monade ist, denn alle Monaden haben Grenzen. Die Frauen sind ihrer Natur nach unbegrenzte, aber nicht unbegrenzt wie der Genius, dessen Grenzen mit denen der Welt zusammenfallen; sondern sie trennt nie etwas Wirkliches von der Natur oder von den Menschen. Dieses Verschmolzensein ist etwas durchaus Sexuelles, und dementsprechend äußert sich alles weibliche Mitleid in körperlicher Annäherung an das bemitleidete Wesen, es ist tierische Zärtlichkeit, es muß streicheln und trösten.[17]

> Das männliche Mitleid ist das über sich selbst errötende principium individuationis; darum ist alles weibliche Mitleiden zudringlich, das männliche versteckt sich.[18]

Dem verschmolzenen Leben der Frau als der geliebten und verachteten Doppelgängerin Weiningers entspricht das verschmolzene Denken, ein Denken ohne Trennung von Gefühl und Empfindung. Er nennt es ein Denken in Ganzheiten, sogenannten Heniden (griech. *hen* = einfach, ganz). Dagegen lebt der Mann »in gegliederten Inhalten«. So schreibt Weininger weiter:

> (Vielleicht) tendiert selbst alle Empfindung des Mannes von einem sehr frühen Stadium an zum Begriffe. (...)

Männliches Denken scheidet sich von allem weiblichen grundsätzlich durch das Bedürfnis nach sicheren Formen. (...) Das Denken des Weibes ist ein Gleiten und Huschen zwischen den Dingen hindurch, ein Nippen von ihren obersten Flächen, denen der Mann, der »in der Wesen Tiefe trachtet«, oft gar keine Beachtung schenkt, es ist ein Kosten und Schmecken, ein *Tasten*, kein *Ergreifen* des Richtigen.[19]

Was Weininger mit diesen Vernunfttypen herausstellt, ist die sexuelle Differenz der Vernunft, die dafür sorgt, daß es Menschen in der Welt gibt – durch sexuelles Erkennen. Was ist geschehen, daß dieser Vernunftsinn der Vernunft selbst als Abgrund erscheint?

Ich habe zu zeigen versucht, daß dies eine typisch männliche Zwangsvorstellung der Vernunft von sich selbst sein könnte. Der Grund für diese Neurose, so erfährt man sogar von dem darin hellsichtigen Weininger, ist die Identifizierung der Sexualität mit der Frau und die Identifizierung der Frau mit dem Nichts, dem Tod, dem alles körperliche Leben anheimfällt.

Die Furcht vor dem Weibe ist die Furcht vor der Sinnlosigkeit: das ist die Furcht vor dem lockenden Abgrund des Nichts.[20]
Furcht (...) vor dem Bösen, (...) dem Weibe, dem Doppelgänger, (...) – das alles aber ist eines. Es ist Furcht vor dem Tode.[21]

Nur aus der Vernunft nehmen Männer wie Kant und Weininger das Versprechen, den Untergang des aus der Sexualität geborenen Körpers zu überstehen und als Vernunft zu überleben. Denn die Vernunft betreibt schon zu Lebzeiten diese Trennung im Denken des Todes, bei dem der Denker Zuschauer seines eigenen Nichtseins ist – und sich überlebt. In Weiningers posthum veröffentlichtem Buch »Über die letzten Dinge« heißt es:

Der Mensch lebt solange, bis er entweder in das Absolute oder in das Nichts eingeht.[22]

Der Tod ist das Angstzentrum der patriarchalischen Metaphysik. Gegen die Macht der Mutter, das Leben zu geben, setzt diese Metaphysik auf die Macht des Todes, also auf die Macht, das Leben zu nehmen. Darauf hat Adriana Cavarero in ihrem Buch »Platon zum Trotz« aufmerksam gemacht. Sie schreibt:

> Das Ins-Zentrum-Rücken des Todes zwingt dann die Muttermörder dazu, die philosophische Karte der Selbstvernichtung des Todes, der (Ver)Nichtung des Nichts auszuspielen: das Verdikt des Parmenides, wonach *das Nichts unmöglich sein kann*; so daß nun das ewigdauernde Sein als Heilmittel gegen jenes Nichts des Todes dient, das zuvor wegen seines Versprechens einer unermeßlichen Macht ins Zentrum gerückt worden war. Den eigenen Sinn am Sterblichsein zu messen statt am Geborensein und sich Unsterblichkeit zu wünschen ist daher ein und dasselbe. Doch es genügt nicht. Die *Meta-Physik* schreitet darum auf ihrem einmal gewählten Weg folgerichtig voran, und dabei gehen die Verleugnung der Geburt und die unendliche Dauer auf obsessive Weise eine Verbindung ein. Denn die Unerträglichkeit des Vergänglichen, das im Tod Gestalt findet, fällt auch zurück auf die Geburt, welche nun die Schuld daran trifft, daß sie sterbliche Körper erzeugt. Ein abgetrenntes Denken hingegen, welches niemals stirbt, wird sich darum nicht einmal mit dem Unsterblichsein zufrieden geben, sondern den Anspruch hegen, ohne jedweden Anfang – ohne irgendeine Geburt – zu den ewigen Dingen zu gelangen.[23]

Phantome
und
Doppelgänger

Was den Tod überdauert, kann nicht die Seele sein, denn die gibt es nicht, wohl aber der spürbare Leib, der weder sicht- und tastbarer Körper ist, noch ausdehnungs- und ortlose Seele. Da sogar einzelne abgespaltene Leibesinseln, z.B. als Phantomglieder, ohne entsprechende Körperteile auskommen, ist nicht einzusehen, warum für den Leib im Ganzen an seinem absoluten Ort nicht etwas Entsprechendes in Frage kommen sollte.[1]

Was ist das für eine Erfahrung, die es mit dem Tod aufnehmen kann, die uns hoffen läßt, daß mit ihm nicht alles aus ist? – Es ist die Erfahrung eines körperunabhängigen, spürbaren Leibes, zugleich die Erfahrung des eigenen Körpers als Illusion.

Besonders zwei von David Katz[2] und Paul Schilder[3] beschriebene Phänomene kommen hierfür in Frage. Sie können uns – nach Hermann Schmitz – die Unsterblichkeit des Leibes in Aussicht stellen. Folgen wir ihrer phänomenologischen Analyse durch Hermann Schmitz in seinem »System der Philosophie«.[4] Wir werden dann auch gleich sehen, was in obigem Zitat mit Leib, Körper, Seele und absolutem Ort gemeint ist.

Zunächst: Es gibt Phantomgliederlebnisse. Gemeint sind Erlebnisse von nicht vorhandenen Gliedern – so, als wären sie vorhanden. Die Erlebnisse der nichtvorhandenen Glieder haben dabei dieselbe Lebhaftigkeit und Natürlichkeit wie die der vorhandenen Glieder, zum Beispiel von Arm und Hand, Bein und Fuß, Brust und Penis, also von vorwiegend distalen, peripheren Gliedern oder Körperregionen. Auch gelähmte Körperhälften können phantomisiert und weiter als nichtgelähmt erlebt werden. Hierbei entscheidet die experimentelle oder objektive Erfahrung (durch Sehen und Tasten) des Betroffenen selbst und anderer, die mit ihm im Erfahrungsaustausch stehen, über Vorhandensein und Nichtvorhandensein des vom Betroffenen empfundenen Körperteils. Sogar bei angeborenem Nichtvorhandensein von Gliedmaßen und Körperteilen gibt es Phantomerlebnisse, wenn auch sehr selten.[5] Nach Amputation kurz zuvor noch empfundener Glieder wie Arm und Bein ist die Häufigkeit von Phantomgliederlebnissen sehr hoch (ca. 90 %). Bei geringfügigeren Verstümmelungen, zum Beispiel bei Verlust von Fingern und Zehen, und auch bei Amputation bereits zuvor allmählich abgestorbener Glieder bleiben Phantomisierungen meist aus. Manchmal werden die Phantomglieder als vom Körper abgetrennte, dennoch zum eigenen Leib gehörende Glieder im Raum erlebt. Oft ziehen sie sich (in der subjektiven Erfahrung) allmählich teleskopartig in den Amputationsstumpf zurück. Aktiv bewegbare Prothesen (mit elektrischem Anschluß wichtiger Nervenbahn-Enden am Stumpf zum Beispiel für Druck und Temperatur) können die Phantomgliederlebnisse zum Verschwinden bringen.

Verantwortlich für Phantomgliederlebnisse bei Körperteilverlusten und Lähmungen soll die zentrale Körper-Repräsentation durch ein sogenanntes Körperschema (im Gehirn) sein, wie Schilder es postulierte. Man spricht neuerdings von einer genetisch determinierten »Neuromatrix«.[6]

Was ist das Besondere an diesen Phantomgliederlebnissen? – Die Betroffenen erleben einen Gegenstand, den sie nicht sehen und tasten können, am eigenen Leib, als gehörte er zu ihrem Körper: das Phantom. Durch Sehen und Tasten können sie sich davon überzeugen, daß der Gegenstand objektiv kein Körperteil, also objektiv nicht vorhanden ist. Das Gefühl der Leibzugehörigkeit, also die Illusion des Vorhandenseins des Nichtvorhandenen, ist durch Willensanstrengung und kontrollierendes Sehen und Tasten nicht zu beseitigen.

Besonders frappant sind die von Katz und Schilder beschriebenen Empfindungen, die Schmitz das Katzsche und das Schildersche Phänomen nennt. Sie ergeben sich, wenn zwei als Körper erlebte Objekte, von denen mindestens eines ein Phantomglied ist, denselben Ort besetzen. Diese Ausnahme vom »Prinzip der Undurchdringlichkeit«, »daß sich an jedem Ort höchstens *ein* Körper befinden kann«,[7] erklärt Schmitz durch die Annahme und Unterscheidung eines relativen und eines absoluten Ortes:

> Immer, wenn wir unsere Körperteile so unmittelbar und unabhängig vom Beschauen und Betasten spüren, wie der vermeintliche Fieberkranke seine heiße Stirn, präsentieren sie sich uns nicht nur an einem relativen, durch Lage- und Abstandsbeziehungen bestimmten Ort – was aber gewöhnlich ebenfalls zutrifft –, sondern auch an einem absoluten Ort.[8]

Das Katzsche Phänomen entsteht, wenn ein Phantomglied einen Außenkörper durchdringt. Ein Unterschenkelamputierter kann zum Beispiel mit seinem von ihm bewegbaren Phantomglied die Unterlage durchstoßen, auf der er liegt.[9] Am Doppelort des Phantomgliedes und des Wirtskörpers, in den es eingedrungen ist oder den es durchstoßen hat, bleiben das eigenleibliche Körperteil und der fremde Körper unterschieden, und zwar durch den Raum, in dem es sie gibt. Der Leib ist im absoluten Raum, der Wirtskörper im relativen Raum der objektivierbaren körperlichen Dinge. Beide verschiedenen Räume überlagern sich im Doppelort.

Das Schildersche Phänomen ensteht, wenn die beiden am Doppelort auftretenden wirklichen oder scheinbaren Körper dem eigenen Leib zugerechnet werden. Ein Unterarmamputierter zum Beispiel vermag den im Ellbogengelenk gebeugten Arm durch den eigenen Körper hindurchzuführen.[10] Das Phantomglied kann auch in den Stumpf hineinrutschen und dort als vom objektiven Körper verschiedenes illusionäres Körperteil erlebt werden. Das ist sogar für den ganzen Körper möglich: Im objektivierbaren eigenen Körper wird dann ein zweiter Körper erlebt. Schmitz erklärt das wiederum durch die Unterscheidung von relativem und absolutem Ort: Nicht nur der eigene Leib im Ganzen besitzt einen absoluten Ort, sondern auch seine unmittelbar gespürten Teile, die Leibesinseln. Sie sind mit je einem absoluten Ort ausgestattet, so daß sie auch dann noch als voneinander verschieden erlebt werden, wenn sie an einem relativen Ort, der dann wieder ein Doppelort ist, erlebt werden.[11]

Schmitz sieht in besagten Phänomenen seine Unterscheidung von Leiblichem, Körperlichem und Seelischem bestätigt. Leiblich ist, was einen absoluten Ort hat, an dem es unabhängig vom Sehen und Tasten gespürt wird – zum Beispiel Kopfschmerzen oder Angst. Körperlich ist, wessen Örtlichkeit relativ ist, was also, ausweisbar durch Sehen und Tasten, seinen Ort im physikalischen Raum der Lagen und Abstände hat. Seelisch ist das, was ortlos ist, zum Beispiel manche nicht leiblichen Gedanken oder die Melancholie als ein sich über alles legender Schleier.[12]

Zum eigenen Leib gehört nur das, was unmittelbar gespürt wird. Dieser unmittelbar gespürte Leib ist zunächst vom objektiven Körper zu unterscheiden, sodann vom eigenen »körperlichen Leib«, in dem Leib und Körper zusammenfließen zu einem solchen Leib, der auch das durch Sehen oder Tasten Erfahrbare enthält. Der Leib ist ferner zu unterscheiden von dem allmählich durch Erfahrung erworbenen und habituell gewordenen räumlichen Vorstellungsbild des ganzen eigenen Körpers, dem Schilderschen »Körperschema«. Dieses Körperschema taugt nicht zur Erklärung der Phantomisierungen, denn Phantomglieder brauchen mit dem eigenen Restkörper als dessen virtuelle Ergänzung nicht stetig verbunden zu sein. Eine Phantomhand zum Beispiel kann als abgespaltene Leibesinsel vor der eigenen Brust schweben. Ebenso kann auch der Phantomkörper als Doppelgänger den Körper verlassen. Dann kommt es zur Heautoskopie (= Sich-selbst-Sehen) und Selbstbegegnungen von der Art, wie zum Beispiel Goethe sie erlebt und beschrieben hat.[13] Auch die Phantomisierung nie besessener Glieder läßt sich nicht auf Schilders Körperschema zurückführen.

Sollten dann überhaupt noch physiologische Gründe für solche Phantomisierungen angenommen werden? Könnte nicht umgekehrt die Erfahrung des körperlichen Leibes vom direkt erlebbaren Leib abhängig sein? Wäre dieser dann nicht unabhängig vom Körper und könnte ihn überleben? – Zu Lebzeiten werden wir das wohl kaum entscheiden. Denn jetzt, da wir leben, ist unser unmittelbares Leiberleben immmer schon mit körperlicher Erfahrung verschmolzen. Am relativen Ort des Körperlichen befinden sich zum Beispiel Zahn und Zunge, wenn sie sich gegenseitig erkunden. Der Leib bekommt sein räumliches Körperbild mit jeder am eigenen Leib gespürten Bewegung, die eine Art Selbstbetasten ist. Sollte also nicht doch hier, in der propriozeptiven Körpererfahrung, das Leben stecken – anstatt im unmittelbaren Spüren unter Ausschaltung der äußeren Sinne und des Körperbildes? Die Phantome betreffen schließlich nur abgetrennte oder gelähmte beziehungsweise anästhesierte und zuweilen auch fetal nicht fertig ausgebildete Körperteile, die nicht unbedingt lebensnotwendig für den Restkörper sind. Ohne einen lebenden Körper scheint es keine Phantome geben zu können, denn der Erlebende ist immer auch körperlich manifest. Wie sollte die Phantomisierung des toten Körpers nachweisbar sein? Es müßte schon ein anderer sie wie ein Gespenst erleben, ohne daß dieses seine eigene Phantomisierung wäre. Aber es kann nur der absolute Ort sein, an dem der Leib als Ganzer wie ein Phantom überlebt. Den Beweis, daß er überlebt, muß der Verstorbene selbst erbringen.

Bleibt man bei den Phantomphänomenen der Lebenden, so ergibt sich hier, wenn nicht gleich die Schmitzsche Unsterblichkeit des Phantomleibes, so doch die Möglichkeit, die Körperwahrnehmung aus der Phantombildung zu verstehen. Es ergibt sich eine Art Transzendentalität des Phantomleibes, sofern er sich als die Bedingung der Möglichkeit objektiver Erfahrung erweist. Die Dinge sind dann so etwas wie entlassene Phantome des eigenen Leibes oder dessen entlassene Leibesinseln. Die Phantomisierung könnte als Prinzip der Vergegenständlichung der Umwelt angesehen werden. Dasselbe gilt für die Selbstvergegenständlichung des Leibes als Körper. Die Seele wäre vergegenständlichende, sogar imaginativ visualisierende Formkraft, die den Körper nicht nur aus einer Zelle entstehen läßt, sondern ihn auch als dessen Bild begleitet. Die sogenannten Geistheiler verfügen offenbar über solche Visualisierungen des Körpers, des eigenen wie des Körpers von anderen. Sie sehen ihn gewissermaßen von innen.

Eine solche Transzendentaltheorie der Phantomisierung hat Max Mikorey – dessen Abhandlung »Der Arzt und die letzten Dinge« von 1955 bereits in Kapitel »Was ist Wahrheit?« (S. 36) zitiert wurde – mit seinem Buch »Phantome und Doppelgänger« von 1952 vorgelegt. Seine Theorie ist allerdings weithin unbekannt geblieben. Auch Schmitz kennt sie nicht. Lediglich Wolfgang Treher zitiert Mikorey in seiner »Zellularpathologie der Seele«.[14] Ronald Melzack mit seiner Hypothese von der Neuromatrix erwähnt Mikorey nicht.[15] In dem umfassenden Literaturverzeichnis von Frank/Lorenzoni wird sein Name falsch geschrieben.[16] Wird Mikorey ignoriert, weil er mit seiner Lehre vom »Volkskörper« und »völkischen Gesundheitsgewissen«[17] ein Nazi-Ideologe war? – Mikorey ging es 1936, wenn nicht um die eigene, so doch um die »politische Unsterblichkeit«.[18] Nach Krieg und Gefangenschaft war er wieder Arzt und Psychiatrieprofessor in München. – Im folgenden überprüfe ich die eingangs zitierte Schmitzsche Vorstellung möglicher Unsterblichkeit durch Mikoreys Phantom- und Doppelgängertheorie.

Mikorey führt uns in seiner Theorie, wie er selbst betont, vom Anekdotischen und Kuriosen hin zu den letzten Dingen, das heißt »bis an die Schwelle der höchsten Menschheitsprobleme«: Todesbewußtsein, Welterkenntnis und Gottesvorstellung. Eine Kuriosität, das Phantomgliederleben, enthüllt dabei das Wesentliche des Menschseins: »Der Mensch ist ein phantombildendes Lebewesen«.[19]

Treher hat folgendes als Mikoreys Grundeinsicht herausgestellt:[20] Der Mensch stammt körperlich, und zwar sowohl stammes- als auch individualgeschichtlich, aus der Zelle. Er ist genotypisch ein Einzeller. Jede seiner Zellen enthält das Programm des Ganzen. Während nun sein Körper im Laufe der Entwicklung und Ausdifferenzierung des Tierreichs eine vielzellige Maschine wurde, blieb er funktionell eine einzellige Ganzheit. Diese Einzelligkeit bestimmt ihn in seinem Wahrnehmen, Empfinden, Wollen und Denken. Das heißt: Der Mensch ist seelisch ein Einzeller geblieben. Das Formprinzip der Zelle, was zugleich das ihrer Vervielfältigung bis hin zur fertig ausgebildeten Gestalt ist, wirkt als Seele.

Aristoteles nannte dieses Prinzip Entelechie, was wörtlich bedeuten könnte: sich im Ziel (griech. *telos*) halten (griech. *echein*) oder das Ziel, die Vollkommenheit, in sich haben. Aristoteles schreibt in seinem Buch »Über die Seele«:

> Deshalb ist die Seele die vorläufige Erfüllung *(entelécheia prótè)* des natürlichen Körpers, welcher der Möglichkeit nach Leben besitzt.[21]

Die Entelechie ist also das teleologische Ganzheitsprinzip für den Organismus. Daß es womöglich darüberhinaus auch den Lebenszusammenhang mehrerer oder aller Lebewesen betrifft, soll hier nicht erörtert werden. Die Seele, die hier in Betracht kommt, ist in erster Linie individuelle »Form des Leibes«.[22] Sie leitet die körperliche Entwicklung und überhaupt die Formgestaltung im Ausgang von der ersten befruchteten Zelle. Außerdem ist sie das, was denkt, fühlt und will. Als denkende, fühlende und wollende Seele nennen wir sie Bewußtsein und Ich. Das Bewußtsein scheint vom Körper und von dessen Formprinzip weitgehend abgekoppelt zu sein. Wir kennen unseren Körper nur von außen. Sein physiologischer Bauplan ist uns nicht a priori im Bewußtsein gegeben. Zur körperlichen Entwicklung und Formgestaltung tragen wir mittels Bewußtsein kaum etwas bei. Die Körperseele hat sich gewissermaßen aus dem Körper ins Gehirn zurückgezogen und hier das Selbstbewußtsein entfacht.

Heilen muß sich der Körper also selbst. Allerdings können wir im Sinne der Psychosomatik versuchen, mit unserem Bewußtsein wieder in den Körper zurückzugehen, um dort zusammen mit den entelechialen Kräften bei der Körperheilung mitzuhelfen. Aber die Regenerationsfähigkeit, wie sie bei niederen Tieren vorkommt, kann nicht zurückgewonnen werden. Schließlich ist jener Rückzug oder Auszug der Körperseele auch körperlich manifest: durch die Ausdifferenzierung der Körpermaschine einerseits, durch die Ausbildung immer komplexerer neuronaler Systeme bis hin zum menschlichen Gehirn andererseits. Deshalb konstatiert Mikorey:

> Die entseelte körperliche Maschine verliert weitgehend die Fähigkeit der Selbstheilung und der Regeneration. Ein Organismus, der das Denken *lernt, verlernt* gleichzeitig die Regeneration einer amputierten Extremität![23]

Die entelechiale Kraft macht auf den Anfangsstufen des Tierreichs – bis hin zu den Schwanzlurchen – ein Individuum praktisch unverwundbar. Nach Verstümmelung und Zerstückelung wachsen niedere Tiere aus den Resten oder Teilen wieder zu einem Individuum oder sogar zu mehreren heran. Aus diesem Paradies der Regeneration sind die höheren Tiere und auch der Mensch längst vertrieben. Anstelle realer Regeneration, zum Beispiel nach Gliedverlust, gibt es dann allenfalls ein illusionäres Regenerat, eben das Phantomglied. Mikorey schreibt:

> Die Phantombildung setzt also die Tradition biologisch zweckmäßiger Reaktionen im Leerlauf fort und springt nur dann als sinnlos gewordene Ersatzleistung ein, wenn die biologische Situation einer totalen Amputation vorliegt. Der ganze Vorgang ist also nicht neurologisch, sondern metaneurologisch zu begreifen. Gliedphantome treten immer dann auf, wenn der menschliche Organismus vor der unlösbaren Aufgabe steht, eine verlorene Extremität zu regenerieren. Es bildet sich dann am Stumpf eine Regenerationsmatrix, die aber im statu nascendi gestoppt wird und nicht realisiert werden kann. Trotzdem ist in dieser Matrix implizite die Form des verlorenen Gliedes potentiell vorhanden. Diese an einer Verwirklichung verhinderte Regenerationsmatrix ist der intentionale ›Gegenstand‹ des Phantomerlebnisses.

Das Phantomerlebnis ist keine *Sinnestäuschung*, sondern ein *Wahrnehmungsakt*, der ausgelöst wird durch eine sich am Amputationsquerschnitt formierende Regenerationsmatrix, die nicht mehr die Kraft hat, *nach vorwärts* das verlorene Glied nachwachsen zu lassen, dafür aber *nach rückwärts* die kortikalen Zentren des Körperschemas in Resonanz versetzt und dadurch das Phantomerlebnis erzeugt.

Entelechiale Initiative und biologische Exekutive fallen also in einem solchen mißglückten Regenerationsversuch auseinander. Aus dieser Differenz zwischen Plan und Ausführung, zwischen Wollen und Können entspringt das Phantom – als entelechialer Lufthieb. Man kann diesen Tatbestand so formulieren: Das *Phantom* ist ein *imaginäres Regenerat*; das *Regenerat* ist ein *realisiertes Phantom*.

Im Phantomerlebnis wird also die an sich völlig unbewußt wirkende entelechiale Initiative einer nicht mehr realisierbaren Regeneration durch eine Art Kurzschluß für das Bewußtsein transparent.[24]

Entscheidend für diese Seelenvorstellung ist, daß die entelechiale Initiative bewußt wird, und zwar als Wahnvorstellung, aber eben auch als Empfindung und Halluzination von Teilen des eigenen Körpers oder sogar des ganzen eigenen Körpers. Die Seele als Körperentelechie ist eine projektiv vergegenständlichende Einbildungskraft. Phänomene der Mimikry, zum Beispiel die Nachbildung eines Krokodilskopfes durch die Zikade (die mit dem Krokodil den Lebensraum teilt und sich dadurch vor den Vögeln schützt, die ihrerseits auf der Hut vor Krokodilen sein müssen), legen die Annahme nahe, daß die Seele oder Entelechie sogar über die Bilder anderer, artfremder Wesen und insbesondere über ein Bild des eigenen Körpers von außen verfügt.

Wie können nun durch Mikoreys entelechiale Körperseele die Phantomgliederlebnisse, zum Beispiel das Katzsche und das Schildersche Phänomen, erklärt werden? Ist die Unsterblichkeit einer solchen Körperseele denkbar? – Zunächst ist klar, daß ein erworbenes, habituell gewordenes räumliches Körperbild, das Schildersche Körperschema, nicht ausreicht, um die Phantomgliederlebnisse zu erklären, vor allem nicht der von

Mikorey selbst behandelte Fall – ein anderer wurde erst später beschrieben[25] – der Phantomisierung eines bereits vorgeburtlich nicht ausgebildeten Gliedes. Dazu bedarf es einer generativen Matrix für die Gliedausbildung, die schon im ersten Zug der fetalen Entwicklung gestoppt wurde. Auch kann mit dem Körperschema nicht erklärt werden, warum die Phantomgliederlebnisse bei Verlust eines Fingers oder einer Zehe ausbleiben, wohl aber mit der generativen Matrix oder Entelechie, denn die ist für die fetale Ausbildung des ganzen Organismus zuständig. Hierbei ist es für die Natur leichter, einen ganzen Menschen wachsen zu lassen als einen einzelnen Finger.

Niedere Tiere können eine ganze Extremität viel leichter regenerieren als etwa eine einzelne Zehe. Schneidet man aus dem Blatt einer Begonie ein Stück heraus, so kann zwar das Blatt diese Lücke nicht regenerieren, das herausgeschnittene Stück aber umgekehrt wieder zu einer ganzen Pflanze auswachsen.[26]

Mit dem entelechialen, generativen Prinzip wird auch die Neigung der Amputationsphantome verständlich, mit der Zeit zu verkümmern oder an die Amputationsstümpfe heranzuwandern und sich dort hineinzubegeben.

Mit dieser Reihe der Phantomverkürzungen und -verkümmerungen korrespondiert nun eine konforme Reihe von angeborenen Gliedmißbildungen, die wie verkörperte Modelle der Kümmerphantome wirken. Man denke nur etwa an die Fälle von Phokomelie, bei denen Hand und Fuß direkt aus dem Rumpf herauswachsen, in Analogie mit entsprechenden Phantombildungen nach Exartikulationen. Es gibt keine Verkümmerung im Gebiet der Phantombildung, für welche nicht ein analoges Modell im Bereich der Gliedmaßenmißbildungen aufzuweisen ist. Gerade dieser Parallelismus zwischen verkümmerten Phantomen und »wirklichen« Mißbildungen weist auf die gemeinsame entelechiale Dynamik in Phantombildung, Generation und Regeneration hin.[27]

Dem für die mangelnde Ausbildung verantwortlichen embryonalen realen Hemmungsfeld entspricht bei der Phantomeinschmelzung ein imaginäres Hemmungsfeld. Es sind dieselben entelechialen Kräfte, welche bei der Phokomelie (griech. *phoko* = Robbe, *mélos* = Glied) real, bei der Phantomverkürzung imaginär in Wirksamkeit treten.

An der embryonalen Hemmung sind Prozesse der Autotomie (griech. *auto* = selbst, *tome* = Schnitt) und Demarkation beteiligt. Durch Autotomie werden bei niederen Tieren verletzte oder kranke Extremitäten abgeworfen. Durch Demarkationsprozesse werden noch bei höheren Tieren und beim Menschen nekrotisch gewordene Extremitäten in rumpfnahen Zonen abgetrennt. So kommt es dann dazu, daß die Amputation absterbender oder bereits abgestorbener Extremitäten keine Phantombildungen zur Folge hat, weil hier bereits die Autotomie, die Selbstamputationsarbeit, eingeleitet ist, die durch die Fremdamputation lediglich verkürzt wird. Die Autotomietendenz unterdrückt die Phantombildung.

Allgemein gilt für Amputationen, daß die Reaktionslage, das Zusammen- beziehungsweise Gegenspiel von Autotomie- und Regenerationstendenz darüber entscheidet, ob überhaupt ein Phantomglied entsteht und wenn ja, ob es mit dem Körper in Verbindung bleibt. Letzteres ist der Fall, wenn es im Sinne der Autotomietendenz vom Körper isoliert in der Luft hängen bleibt.

Die Formel für die Phantomgestaltung entspringt *meta-neurologisch* aus einer Interferenz imaginärer Kraftfelder von Regeneration und Autotomie. Hinter dem Entstehen und Vergehen der Phantomglieder werden also urtümliche entelechiale Kraftfelder von Regeneration und Autotomie transparent, welche mit der rein neurologischen Situation im Amputationsgebiet nichts zu tun haben und deswegen auch jeder neurologischen Erklärung entzogen sind.[28]

Die entelechialen Kräfte der Regeneration und Autotomie sind auch für die Doppelgängerphänomene verantwortlich. Es ist möglich und kommt im Tierreich oft vor, daß die Autotomie erst die Voraussetzung für eine Regeneration schafft. Doppelgängerphantome entstehen zuweilen bei Halbseitenlähmung (Hemiplegie), und zwar dann, wenn die Lähmung nicht wahrgenommen wird (*A-noso-gnosie* = Nichtanerkennen der Krankheit). Bei diesem sogenannten *Anton-Babinskischen Syndrom* können die Regenerationskünste niederer Lebewesen, nach Längshalbierung zu zwei getrennten Individuen auszuwachsen, auf imaginärer Ebene zum Zuge kommen. Und zwar als imaginäre Wiederholung der realen Zwillingsbildung durch Spaltung der ersten Zelle (Zygote) oder des Embryos bis zum circa sechzigsten Zellteilungsschritt. Denn:

> Die linke und die rechte Körperhälfte des erwachsenen Menschen können im Zuge der ontogenetischen Entwicklung kontinuierlich auf die beiden Blastomere (*blaste* = Keim, *meros* = Teil) der ersten Teilung des befruchteten menschlichen Eies zurückgeführt werden. Durch diese Tradition übernehmen die beiden symmetrischen Körperhälften über 50 bis 60 aufeinanderfolgende Zellteilungsschritte hinweg den entelechialen Kunstgriff des frühembryonalen Zwillingsreflexes. (...) In der akuten Katastrophenlage der Hemiplegie versucht der Organismus gleichsam aus der Haut zu fahren, seine, auch die gesunde Hälfte in Gefahr verwickelnde physische Solidarität aufzulösen, seine ganzheitliche Individualität zu widerrufen, sich in zwei Teile zu teilen, um die kranke Hälfte als Ballast abzuwerfen und das Risiko der schiefen Situation durch Teilung auf die Hälfte zu reduzieren.[29]

Durch den Zwillingsreflex versuchen die bedrohte Zelle und der bedrohte Zellhaufen realiter und der bedrohte ausgewachsene Organismus später imaginär, sich vermöge ihrer entelechialen Kraft vor dem Tod zu bewahren. Sie verdoppeln sich.

Der eineiige Zwilling ist ein realisierter Doppelgänger, der Doppelgänger ist ein imaginärer Zwilling.[30]

Diese Rettung ist nur durch ein Opfer möglich. Man gibt, wie Mikorey sagt, die Hälfte hin, um das Ganze zu gewinnen.

Zur Erklärung des Doppelgängerphantoms müssen wir außer der Katastrophensituation noch annehmen, daß 1. eine imaginäre autotomische Abspaltung einer Körperhälfte erfolgt, daß 2. sowohl die eine wie die andere ein Halbseitenphantom ausbildet, und daß 3. nur einer ein Doppelgängererlebnis hat. –

Aber wer ist das? – Nun, der Betroffene allein und als einziger. Denn er hat den Doppelgängerwahn beider Teile. Es ist zum Beispiel im Fall der Halbseitenlähmung ein und derselbe Doppelgänger, welcher von dem Betroffenen, der aus einem gelähmten und einem ungelähmten Teil besteht, wahrgenommen wird. Denn die Lähmung geht vom neuronalen System beziehungsweise von seinem Gehirn aus, das selbst aber nicht so zerspalten ist. Die Entelechie mit ihrer Regenerations- und Autotomiekraft, die für diesen Fall lediglich noch imaginär arbeitet, gehört aber zum ganzen Körper und nicht nur zum Gehirn oder neuronalem System.

Der Zwillingsreflex, der reale beim Fetus und der imaginäre als Wiederholung des realen, ist eine Notfallreaktion. Er springt darum auch bei endogenen Psychosen an, etwa bei anfallsartigen Spaltungen des Körperschemas infolge von Schizophrenie. Das Doppelgängererlebnis befreit den Betroffenen, indem es ihn von der Halbseitenbedrohung befreit. Links und rechts spielen dann nämlich als räumliche Momente keine Rolle mehr. Der Kranke überlebt sich gewissermaßen selbst. Die häufigen Doppelgängererlebnisse bei Kranken kurz vor dem Tod weisen darauf hin. Der Todkranke erschafft sich einen Ersatzkörper. Verunglückte berichten nach ihrer Reanimation, sie hätten sich selbst und den Ablauf ihres ganzen Lebens von außen beobachten können.

Wie steht es nun mit der Schmitzschen Versicherung, es sei nicht einzusehen, wieso nicht der Leib, den wir jetzt Entelechie nennen können, wie ein Phantom des Körpers dessen Tod überleben könnte? – Mikorey macht uns hier keine Hoffnungen. Er ist Physiologist. Die Entelechie mit ihrer Phantomisierungs- und Autotomiekraft gehört zur Zelle und zum Menschen als genomischem Einzeller. Seine Seele, oder mit Schmitz auch sein Leib, ist die Form der Zelle, also an deren Leben gebunden. Anders gesagt: Sie ist deren Leben. Es ist also nach Mikorey nicht einzusehen, wie trotz des Todes des Organismus, dessen Prinzip die Zelle bildet beziehungsweise dessen Prinzip in jeder ihrer Zellen steckt, ein Phantom den Organismus überleben sollte. Das Phantom, auch des ganzen Körpers, also der Doppelgänger, ist bei Mikorey angewiesen auf das Gehirn, in dem die Seele oder Entelechie sich in Denken, Wahr-nehmen, Imaginieren und Wollen, also in ›geistige‹ Sachen ver-wandelt hat.

Damit sind wir bei Mikoreys Transzendentalphilosophie der Phantomisierung. Sie mag uns für die geschmälerte Hoff-nung auf Unsterblichkeit mit dem phantasmagorischen Pathos permanenter Todesabwehr entschädigen. Mikorey meint: Im Geist des Menschen ist der Zwillingsreflex permanent gewor-den als Selbstbespiegelungs- oder Reflexionsfähigkeit, durch die der Mensch sich gleichsam von außen sehen kann. Es ist ein Überlebensreflex. Man überlebt seinen Tod virtuell, kann sich als Leiche vorstellen, ohne tot zu sein. Reflexion ist ein perma-nent gewordener Todesfall!

Und nicht nur das. Als Geist strahlt der Mensch Dop-pelgängerphantome in seine Umwelt aus, Körperprojek-tionen, durch die die Dinge überhaupt erst als etwas erschei-nen: sie haben sämtlich die animistische Gegenständlich-keit des *alter ego*. Imaginäre Vervielfältigung durch Doppel-gängerphantome, das ist also die Grundlage der mensch-lichen Vernunft. Die Entelechie hat dabei gewissermaßen gegenständliche Interessen. Ihre Projektionen sind stoffhung-rig. Die Entelechie besorgt die dingliche Formung oder Arti-kulation der Umwelt. Doppelgängerphantome konstituieren Gegenstände als extensive und intensive Größen im kausa-len Wirkzusammenhang. Die Einheit des Gegenstandes spiegelt dann die Einheit des menschlichen Individuums wieder.

> Man kann sagen: in jedem Gegenstand der Erkenntnis, der durch einen intentionalen Akt aus dem Chaos der Sinnesein-drücke herausgegliedert wird, spiegelt sich die psychosomati-sche Einheit der menschlichen Existenzform schematisch wieder.[31]

Die Sprache folgt dieser personifizierenden Kraft mit der Namensgebung der Dinge, die gleichsam Personen sind. In Satzgefügen scheinen sie zu agieren, sich gegeneinander zu ver-halten. Die Sprache befestigt die projektive Vergegenständli-chung der Umwelt.

In jedem Akt der Reflexion steckt also ursprünglich ein Hineinfühlen und Hineinleben der eigenen psychosomatischen Einheit durch Projektion eines – mehr oder minder deutlichen – Doppelgängerphantoms mit Hilfe des imaginären Zwillingsreflexes. In der menschlichen Reflexion mit ihrer universalen Ausbreitung gegenständlicher Interessen über die ganze Welt wirkt ein verborgener imaginärer Vervielfältigungsreflex, der überall durch personifizierende Doppelgängerprojektion Kristallisationskerne für das gegenständliche menschliche Denken ausstreut. Hier verwandeln sich fortlaufend entelechiale Reflexe in intentionale Reflexionen, entelechiale Impulse in kategoriale Initiativen.[32]

Die Doppelgängerprojektionen intonieren das Motiv der totalen Spaltung des Individuums im Leerlauf – als »entelechiale Lufthiebe«.[33] Der Erkenntnistrieb des Menschen erweist sich für Mikorey als eine Art Fortpflanzungstrieb durch den habituellen Zwillingsreflex, als Notfallreaktion und Flucht vor dem Tod. Die Voraussetzung dieser reaktiven Anstrengung, über sich selbst hinauszugehen, ist das Bewußtsein des Todes, die Angst vor dem Tod im Gefühl der Zerrissenheit durch Reflexion auf sich. So kreisen denn Ursache und Wirkung umeinander, als hätte alles durch prophylaktische Selbstverdopplung begonnen, welche gegen die Spaltungsgefahr gerichtet war, aber dann erst das Todesbewußtsein möglich machte.

Eine Kuriosität hat uns das Wesentliche erklärt: unsere Existenz am Doppelort des absoluten und des relativen Raumes als Leib-Seele und Körper. Beide Weisen von Örtlichkeit können als voneinander getrennt erlebt werden. So war es beim Katzschen und Schilderschen Phänomen. Aber wir können nicht entscheiden, ob und wie es unsere verschiedenen Örtlichkeiten getrennt voneinander geben kann – solange wir leben.

Die Sache
mit der
Perspektive

Vielleicht ist die Wahrheit ein Weib, das Gründe hat, *ihre Gründe nicht sehn zu lassen?* – Vielleicht ist ihr Name, griechisch zu reden, Baubo?[1]

So hieß es bei Nietzsche im Vorwort zur »Fröhlichen Wissenschaft« und so hieß es auch im Vorwort (S. 7) bezüglich meiner Perspektive auf die Wahrheit.

Als Dürer im Jahre 1538 der Wahrheit des Sichtbaren wissenschaftlich zu Leibe rückte, brachte er sie in die Stellung Baubos, als wolle er dem Wahrheitsweib unter den Rock gucken. »Der Zeichner des liegenden Weibes« heißt Dürers Stich von der Suche nach der Wahrheit des Sichtbaren. Auf diesem Blatt demonstriert er, was uns von der Wahrheit ebenso trennt wie in sie einführt: »das Pförtchen«. So nannte Dürer das Gittergestell zwischen sich und dem abzubildenden Sichtbaren, durch das dieses wahrheitsgetreu gesehen und der optische Eindruck nachgebildet werden konnte. Seitdem gibt es veristische Bilder. Bei ihnen blickt man durch die Bildfläche hindurch wie durchs Pförtchen in den Raum der Wahrheit.

*Albrecht Dürer,
Der Zeichner des liegenden Weibes,
1538.*

So ist es auch, wenn wir auf Dürers Blatt blicken: Wir sehen wahrheitsgetreu abgebildet, wie er – übrigens einäugig – wahrheitsgetreu sieht und das Gesehene abbildet. Objektiviert wird die subjektive Sicht. Sie ist die objektive. Objektivität zeigt sich perspektivisch. Diese selbst ist ein Produkt der Reflexion auf ihre Unmöglichkeit. Wenn ich weiß, was das Subjektive an ihr ist, kann ich durch Abzug desselben das Objektive, also das, was an sich ist, denken. An sich aber bleibt es unsichtbar und unerkennbar. – Zu Dürers Verfahren schreibt Kutschmann:

> Das subjektive Sehen ist damit eingekreist; es ist verobjektiviert und geronnen in einem Verfahren, das ihm selbst abgeguckt, aber als geometrische Methode »extrahiert« worden ist, wie Dürer sagt. Diese Reflexion auf die Bedingungen der Möglichkeit der Wahrnehmung, zu der die Perspektive den Anstoß gibt, hat die Wahrnehmung selbst »entäußert«, nämlich zu einem vorzeigbaren Ding gemacht, dessen Resultate weniger als Abbildungen denn als Dokumentation eigener Sichtweisen zu verstehen sind.[2]

Die perspektivische Ansicht, dokumentiert auf einem Blatt wie dem von Dürer, ist das von mir selbst abtrennbare Sehen. Ich kann mich in die Sicht dort hineinbegeben und auch wieder aussteigen zugunsten der Sicht auf das Blatt selbst, das nun hier vor mir so auf dem Tisch liegt wie in Dürers Blatt das Weib. Die Einsicht, daß alles nur als Durchsicht und Ansicht, also perspektivisch sichtbar sein kann, ist eben nicht perspektivisch, ist blicklos, negativ. Die Reflexion sprengt die monadologische Sicht. Wer die notwendige Perspektivität bemerkt, ist schon außer ihr und bedient sich der Meinung von der Welt, die er durch die ständige Variation seiner Ansichten vom Sichtbaren gewonnen hat. – Leibniz, in seiner Lehre von den einfachen Substanzen (= Monaden), schreibt darüber:

> Und wie eine und dieselbe Stadt, von verschiedenen Seiten betrachtet, immer wieder ganz anders und gleichsam in perspektivischer Vielfalt erscheint, so gibt es auch – zufolge der unendlichen Menge der einfachen Substanzen – gleichsam ebenso viele verschiedene Welten, die jedoch nur die Per-

spektiven einer einzigen unter den verschiedenen Gesichtspunkten jeder Monade sind.[3]

Indem ich zum Beispiel meinen Kopf bewege und die Veränderungen im Gesichtsfeld bemerke, extrapoliere ich das Objektive durch Abzug dessen, was aufs Konto meiner Kopfbewegung zu gehen scheint. Der Konstanzmechanismus der Wahrnehmung, hier die Richtungskonstanz, hat da schon vorgearbeitet.[4] Aber woher weiß ich das und glaube doch an die Konstanz der Richtung? – Nur mittels glaubhafter Wahrnehmung ist die Wissenschaft dahinter gekommen. Wahrnehmungen kann ich nur durch Wahrnehmungen überprüfen. Ich kann nicht aus der Wahrnehmungsperspektivität aussteigen. Der Glaube an die sichtbare Welt hängt an der Perspektivität jeder Sicht. Sie ist die Objektivität meiner selbst in der Welt.

Eine Umkehrbrille zum Beispiel, die das Netzhautbild so umkehrt, daß ich alles ›auf dem Kopf‹ stehend sehe, kann mich wohl zum Taumeln bringen. Aber nach ungefähr drei Tagen haben sich alle die weltgläubigen Sinne wieder harmonisiert und das verkehrte Sehen integriert. Ich sehe dann alles wieder richtig herum, nachdem sich die wichtigsten, suggestivsten Sachen zuerst umgekehrt hatten, zum Beispiel meine Hände oder die Kerzenflamme. Dieselbe Irritation muß ich überstehen, wenn ich dann die Brille wieder abnehme. Wie ich leben will, ob mit oder ohne Brille, ist für den Blick in die Welt irrelevant. Es ist gleichgültig, wie die Bilder auf der Netzhaut orientiert sind.

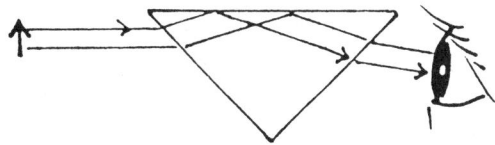

Umkehrbrille.

Aber nicht gleichgültig ist, daß die Bilder dort perspektivisch erscheinen und mir so einen begehbaren Raum der Körper suggerieren, in dem die Körper in ihren Lagen und Abständen durch die perspektivische Variation bei meinen Bewegungen mich und meinen Ort im Raum anzeigen. Der

Augenapparat photographiert, egal wie herum die Bilder auf der Netzhaut stehen.

Wenn das Auge des Malers perspektivische Bilder liefert, warum tut das dann nicht auch der Maler mit seinem Gemälde, wenn er sich zu malen anstrengt, was und wie er sieht? Warum glichen die Gemälde nicht den Netzhautbildern, bis eben Dürer und, etwas vor ihm, Masaccio, Alberti und Brunelleschi kamen? Denn was Dürer vermöge seines Pförtchens sah und aufs Papier brachte, ist wie ein Netzhautbild – nur noch nicht sphärisch. Die Leibnizsche Monade, als umhüllende Eierschale vorgestellt, böte das richtige Bild: Die Welt als sphärische Abbildung auf der Innenseite. Muß ich mich dann aber nicht als Projektionszentrum annehmen? Ich und jede Monade wären ein Spiegel der ganzen Welt und auch einzig – wie jenes taumelnde Spinett. War es das, was Mach mit dem einäugigen Blick auf sich und den Rest der Welt (s. auch Kapitel »Das taumelnde Spinett«, S. 9) demonstrierte?

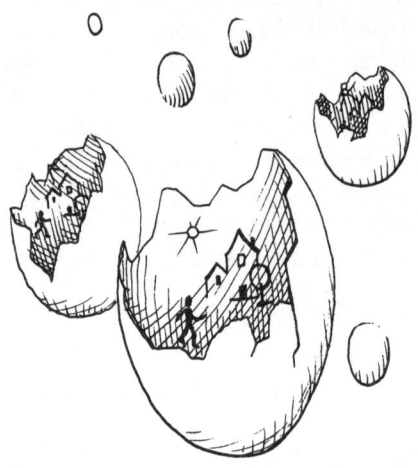

Monadologie.

Die perspektivische Suggestion des Weltzentrums ›Ich‹ könnte der Grund dafür gewesen sein, daß es netzhautperspektivische Darstellungen, wie sie später photographisch produziert wurden, bis ins 15. Jahrhundert hinein nicht gab. Außerhalb Europas blieb die perspektivische Abbildung sogar bis in die Zeit der Verbreitung der Photographie unbekannt. Mutet die Zentralperspektive demjenigen, der sie bei sich selbst in seinem Sehen bemerkt, denn irgend etwas Abstoßendes an Einstellungen zu?

Vor Masaccio, Alberti und Brunelleschi zu Anfang des 15. Jahrhunderts war man jahrtausendelang nicht imstande, die eklatanten Perspektivefehler in den oft genug auf illusionistische Wiedergabe bedachten Bildern zu vermeiden. Hat man sie nicht bemerkt? Ist die Zentralperspektive etwa nicht die richtige Perspektive, sondern nur eine unter mehreren möglichen? Entspricht sie nicht dem Seherlebnis? Sieht nicht jeder perspektivisch? Ist es unsinnig, die eigene Sicht nachzubilden durch wahrnehmungsanaloge Gemälde wie Vermeers Sicht auf Delft? Hat man je gegen die zentralperspektivischen Fotos wegen ihrer grundsätzlich ungehörigen oder ideologisch falschen Darstellung protestiert? Nicht einmal Kinder, die doch zunächst bedeutungsperspektivisch oder aspekt-additiv zeichnen,[5] finden sie verkehrt. Wie kann es überhaupt sein, daß man nicht bemerkt, daß man nicht zeichnet, was und wie man es sieht, dieses aber doch möchte? – Wie ist es möglich, daß das beliebte, tausendfach gemalte Motiv der Mondspiegelung auf einem Gewässer in der japanischen Malerei stets optisch unrichtig wiedergegeben wurde? Man hätte doch nur hinschauen müssen! Hat man zum Beispiel den Horizont nicht wahrgenommen oder nur dessen Wahrnehmung als bildunwürdig angesehen? – Und so auch in der persischen oder chinesischen Malerei: nirgendwo Zentralperspektive bis hinein in dieses Jahrhundert. Nicht einmal einheitliche Beleuchtung oder einheitlicher Schattenwurf, kein einheitlicher Raum.

Als 1876 nach der Aufhebung des 1720 erlassenen Einfuhrverbots für ausländische Bilder der Maler Fontanesi nach Japan kam, sorgte er dort für die ersten zentralperspektivischen Bilder. Und als vor hundert Jahren Takhashi Yuichi, der bereits in Paris studiert hatte, Fotos nachmalte, ließ er dabei die Kennzeichen eines einheitlichen Raumes weg, zum Beispiel die einheitliche Beleuchtung und entsprechende Schattenbildung. Für diese Bilder gilt, was Panofsky von der antiken Illusionsmalerei sagte:

Im Ergebnis hat das Ganze eine unwirkliche, fast spektrale Eigenschaft, als ob sich der außerkörperliche Raum nur auf Kosten der festen Körper behaupten könnte und wie ein Vampir ihre Substanz aufsaugen würde.[6]

Warum konnte man nicht malen, was und wie man sah? Weil man es nicht wollte? Warum wollte man denn unbedingt und immer etwas anderes malen als das, was man sah, und es anders anordnen und formen, als wie es sich der eigenen Sicht anbot? Die Bildhauer der griechischen Kunst machten es jedenfalls nicht so, wenn sie den Körper darstellten. Gab es für die Malerei ein Perspektive-Verbot? – War es ein Ich-Verbot?[7]

Emma Brunner-Traut hat in ihrem Buch »Frühformen des Erkennens – Aspektive im alten Ägypten« darauf hingewiesen, daß mit den Griechen die perspektivische Sicht zwar als Körperperspektive aufgekommen sei, nicht aber als Raum- oder Zentralperspektive, was erst der Renaissance vorbehalten war.[8] Für den Umschwung in der Körperdarstellung vom aspekthaft Additiven (von ihr »Aspektive« genannt) hin zur ganzheitlichen (Körper-)Perspektive bei den Griechen macht sie einen Wandel in der Apperzeption verantwortlich, den sie sogar auf neurophysiologische Veränderungen (Wandlung in der Dominanz einer Hirnhälfte, früher rechts, nun links!) zurückführen möchte.[9]

Meine Frage lautet: Warum gelang den Griechen nie die zentralperspektivische Darstellung, obwohl sie sich in ihrer Illusionsmalerei (insbesondere beim Bühnenbild) darum bemühten? Zwar hatten sie in ihrer ›aspektivisch‹ geprägten Sprache noch kein Wort für Landschaft »als ganzheitlich empfundene Einheit«, sondern sagten dafür »Bäume und Felsen«;[10] aber mußte das bedeuten, daß sie in ihrer Malerei auch kein einheitliches Landschaftsbild zustandebrachten?

Immerhin hatten die Griechen eine Theorie der raumperspektivischen Darstellung, die im wesentlichen eine Theorie der optischen Wahrnehmung und Wahrnehmungstäuschung war: die Skenographia. Zur Bestimmung der Verkleinerung von Sehobjekten bei ihrer Entfernung vom Betrachter galt das sogenannte Winkelaxiom. Es besagt: Verdoppelt ein Objekt seinen

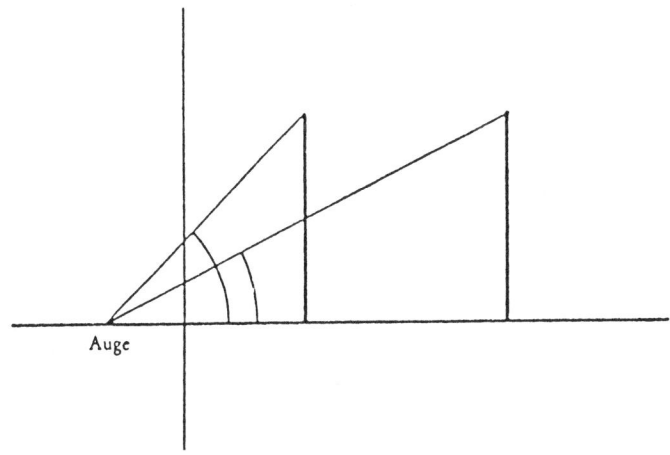

Auge

*Zum Unterschied des Winkelaxioms
und des Entfernungsaxioms bei der Bestimmung
der perspektivischen Verkürzung.*

Abstand vom Betrachter, wird es nicht etwa halb so groß gesehen, sondern etwas größer, weil der Sehwinkel dabei nicht auf
die Hälfte reduziert wird. Genau auf diesen käme es aber an,
meinte Euklid und wies damit ausdrücklich die spätere Per-
spektiveregel Albertis, das Entfernungsaxiom, zurück, wonach
das entferntere Objekt halb so groß gesehen werden müßte.[11]
    Für enge Sehkegel beziehungsweise kleine Sehwinkel fin-
det sich kein Unterschied bei der Anwendung des Winkel- oder
des Entfernungsaxioms, weil die Projektion der Kugelfläche auf
die Ebene dann kaum Verzerrungen mit sich bringt. Bei großen
Sehwinkeln scheitert aber auch Albertis rechtwinklige Konstruktion. Für eine wahrnehmungsanaloge Darstellung des
ganzen Gesichtsfeldes eines Auges oder beider Augen zugleich
(etwa 90° vertikal, 180° horizontal) bedarf es einer (konkaven)
Kugelfläche entsprechend der Netzhaut. Dabei käme Euklid
wieder zu seinem Recht, denn er stellte sich das Auge als Zentrum von geraden Sehstrahlen vor, die zu den Dingen führten,
welche dabei auf eine imaginäre Kugelschale projiziert werden.
– Die Idee von Lichtstrahlen, die von den Dingen ausgehen und

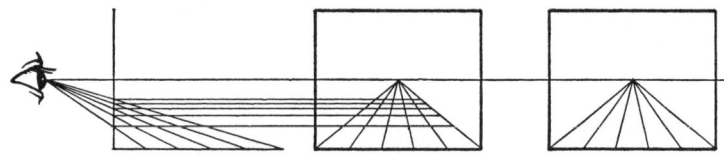

Leon Battista Alberti:
Perspektivekonstruktionen
(1435).

auf das Auge treffen, hatten erst ums Jahr 1000 unserer Zeitrechnung die Araber. Insbesondere Ibn al-Haytham (= Alhazen) revolutionierte damit die Optik.[12]

Die neue perspektivische Größenbestimmung durch Alberti trifft aber noch nicht das Entscheidende an der sogenannten Zentralperspektive, also das, was sie von der Körperperspektive unterscheidet und deshalb auch der Grund dafür gewesen sein mag, daß die Griechen zwar die Körperperspektive, nicht aber die Zentralperspektive angewandt haben. Das Entscheidende ist das, was mit ›zentral‹ bezeichnet ist: der Fluchtpunkt oder das imaginäre Gegenüber des Betrachters im Bild. Albertis Konstruktion ermöglicht Bilder, die den Blick auf einen einheitlichen Raum hinter der Bildebene freigeben. Alberti dachte sich nämlich den Sehkegel durch das Bild als ebene Fläche geschnitten, so daß man aufs Bild sieht wie durch ein Fenster. Die antike Illusionsmalerei hatte niemals ein Bild auf einen einheitlichen Fluchtpunkt hin konstruiert. Fluchtpunkte gab es allenfalls für Bildteile, gebunden an einzelne dargestellte Szenen oder Bauwerke. Es fehlte die Vorstellung eines einheitlichen Raumes.

Eigentlich ist die Zentralperspektive eine Revolution der Raumvorstellung. Sie ist Raumkonstruktion. Erst durch sie erscheint der Raum im Bild als etwas, das vor den Gegenständen da ist, was möglicherweise auch leer sein kann. Ein Bildhauer, Pomponius Gauricus, hat das 1504 so formuliert:

> Jeder Körper, in welcher Position auch immer, befindet sich notwendigerweise auf dem einen oder dem anderen Platz. Da dies eine Tatsache ist, müssen wir erst erwägen, was eher da

war. Und da es unumgänglich ist, daß der Platz eher da ist als der Körper, der dort aufgestellt ist, wird erst der Platz konstruiert werden müssen.[13]

Nicht das Unnatürliche an Albertis Konstruktion bei großen Sehwinkeln muß die Entdeckung der Zentralperspektive gehemmt haben, sondern die Ungeheuerlichkeit der Vorstellung des leeren Raumes vor den Dingen. War diese Vorstellung nicht schon blasphemisch? Gehörte sie nicht in die Perspektive des Schöpfers? Maßte sich der Künstler da nicht Göttlichkeit an?

Bisher hatten bei der Darstellung immer die Dinge in ihrer kanonisierten Bedeutung, etwa als Geschöpfe Gottes, den Vorrang. Mit der Raumkonstruktion vor der Besetzung von Raumstellen durch Objekte gerät das Ich an die Stelle Gottes. Genauer: Mit dieser Stelle wird auch erst das Ich entdeckt und ins Bild gebracht. Wie die sichtbare Welt aufs Ich perspektivisch zentriert ist, so ist das Bild zentriert durch den Fluchtpunkt als das unendlich ferne, imaginäre Gegenüber des unsichtbaren Ich. Was die Erfindung der Zentralperspektive hemmte, könnte also diese Vergöttlichung des Ich gewesen sein oder umgekehrt die Ich-Werdung Gottes.

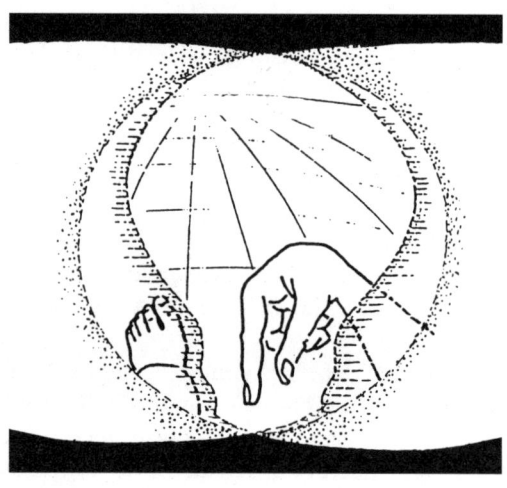

Vielleicht war es für die bildende Kunst schon ein Verhängnis, sich auf die Perspektive eingelassen zu haben, denn erst so konnte sie durch die Photographie überrollt werden. Mitsamt der literarischen Darstellungskunst und des Theaters ist sie in die Filmkunst und schließlich das Fernsehen überführt worden. Eigentlich ist die bildende Kunst ja nicht auf abbildende Wiedergabe räumlicher Wahrnehmungseindrücke angewiesen. Darstellung (Mimesis) ist eher Sache der Literatur. Die bildende Kunst bedarf keiner Abbilder, sie kultiviert den Umgang mit Gefühlen und Stimmungen möglicherweise auch ohne Bilder, erst recht ohne zentralperspektivische. Wenn sich die Malerei so vehement auf die Zentralperspektive eingelassen hat, dann ging es dabei womöglich auch um Gefühle und Stimmungen. Aber welche? – Ich vermute und schließe da wohl auch ein wenig von mir auf andere: Es sind das Gefühl und die Grundstimmung, die zu den zwei letzten Dingen gehören, die Gottfried Benn als die beiden einzigen Dinge angesprochen hat.

Es gibt nur zwei Dinge: die Leere und das gezeichnete Ich.[14]

Man wird vielleicht einwenden, daß uns die Kunst eher am Aufkommen eines solchen Gefühls hindern will, als daß sie dieses kultivieren oder gar züchten möchte. Tatsächlich ist es die letzte Wahrheit, welche durch die perspektivische Darstellung, in der Kunst wie dann auch in der Photographie, ins Bild kommt. Eine Wahrheit, die, wie Kant es fürs vorstellende Ich sagt, alle meine Blicke begleiten können muß, eine Wahrheit, die auch ein Schrecken ist: das in die Leere eingezeichnete Ich. Sie ist womöglich der Ruin der Kunst.

Die
Auferstehungsmaschine

»*Die Auferstehungsmaschine*« heißt eine Erzählung von Stanislaw Lem.[1] Sie besteht aus einem Dialog zwischen dem Materialisten Hylas (griech. *hyle* = Materie oder Stoff) und dem Bewußtseinsphilosophen Philonous (griech. *philo* = Freund, *nous* = Bewußtsein oder Geist). Hylas hat eine Maschine erfunden, mit der man ein materielles Gebilde wie den lebenden menschlichen Körper identisch, das heißt durch elementgleiche Atome und den gleichen Zusammenhang derselben, reproduzieren kann. Alles, was mit dem Originalkörper an Erinnerungen und Erlebniskonditionen, an Wissen, Wünschen und Prägungen aller Art vorhanden ist, müßte dann in dessen vollkommen ähnlichem Abbild vorhanden sein. Kann man also, verfügend über die Hyle eines Menschen, auch dessen Nous reproduzieren? Und bildet dieser Nous das Ich, das Selbst? Ist seine Maschine, wie Hylas behauptet, eine Auferstehungsmaschine?

Philonous bestreitet das. Er läßt den Hylas in sokratischer Dialog-Manier selbst einsehen, daß dem Bewußtsein oder dem Selbst über die Atome und den materiellen Aufbau des Organismus nicht beizukommen ist. Dieses Ergebnis muß aber nach Meinung Lems nicht heißen, daß Bewußtsein nicht doch ein materielles Phänomen sein könnte.[2] Das gibt Anlaß zu weiteren Fragen. Ich werde darum an Lems Geschichte noch einige Überlegungen anknüpfen, die zunächst die Frage betreffen, wie denn Gedanken, Wünsche, Ängste und dergleichen psychische Gegenstände überhaupt vorhanden sein können, und dann die Frage, was die moderne Philosophie des Geistes (= *philosophy of mind*) zum Verständnis des Psychischen beiträgt.

Lems Dialog stellt ein Gedankenexperiment zur Tauglichkeit einer Auferstehungsmaschine dar. – Stell dir nur vor, meint Philonous zu Hylas am Beginn des Experimentes, du seiest durch einen Tyrannen zum Tode verurteilt und befändest dich kurz vor der Hinrichtung durch den Henker. Da komme ich mit deiner Kopier-Maschine, um deine Replik zu fertigen. Wird sie dich trotz deiner Hinrichtung vor dem Tod bewahren, also dein Ich retten und in einem identischen Körper auferstehen lassen? – Du meinst, ja. Also werde ich deinen Körper reproduzieren, der, wenn die Replik fertig ist, von selbst lebt und Bewußtsein hat wie du. Er wird nichts anderes denken, erinnern und empfinden können als du selbst, weil er genau da anfängt, wo du aufgehört hast. Er wird du sein. – Nun denn, meint Hylas in der Rolle des Todeskandidaten. Ich kann mich beruhigt dem Henker übergeben, wenn du so für meine Auferstehung sorgst.

So sehr besorgt bin ich, sagt Philonous, daß ich dir vorschlage, mit deiner Replikation schon jetzt zu beginnen. Später wird deine fertige Kopie dann an deiner Stelle leben und ein solches Bewußtsein haben wie du es jetzt noch hast. – Das gefällt mir gar nicht, entgegnet Hylas, denn schließlich bin ich zu Lebzeiten nicht dieser andere da, den du mir hier zu Seite stellen willst. Wieso soll ich es denn dann nach meinem Ableben sein? – Hylas fordert also, seinen Doppelgänger erst nach seinem Tode anzufertigen und zu erwecken, um die Parallelexistenz und vielleicht verschiedene Identität zu vermeiden.

Aber könnte das Doppel-Ich nicht doch wieder auftreten, wenn Hylas einige Zeit nach seiner Hinrichtung, die wie bei Sokrates mittels Gift erfolgen könnte, durch ein Gegengift wieder reanimiert würde? Seine identische Replik, die nach der Hinrichtung der neue alte Hylas ist, müßte ihre Identität schlagartig wieder verlieren, ohne daß an ihr etwas geschehen wäre. Lediglich der alte Hylas wäre wieder da. – Also sollte man doch wohl besser den Körper des Hylas bei seinem Tode gänzlich zerstören, damit eine Doppelgängerei von Kopie und Wiederauferstandenem vermieden wird.

Natürlich gefällt das dem zum Tode verurteilten Hylas auch nicht. Lieber wäre ihm die Wiederauferstehung durchs Gegengift als die durch die Maschine nach völliger Körperzerstörung. Und was den identischen Ersatz seines liquidierten

Körpers durch die Kopie betrifft, so kann doch sein Selbstsein nicht davon abhängen, daß es für andere nach der Hinrichtung objektiv nicht feststellbar ist, ob das Original oder die Replik als Hylas auftritt. – Anscheinend ist das Dasein eines Ich im Unterschied zu einem anderen Ich nicht objektiv feststellbar.

Hier endet Lems Dialog, denn der Henker kommt. – Nun setzen wir noch eins drauf, denn noch kommt er ja wohl nicht zu uns. – Überlegen wir: Prinzipiell wäre eine Auswechslung des Körpers ohne Identitätswechsel möglich, nämlich durch sukzessive Transplantation in kleinen Stücken, etwa Moleküle oder Zellen. Wir können nämlich von unserem Körper immer wieder einmal etwas wegnehmen und durch Transplantate ersetzen, ohne unser Leben und unsere Identität zu verlieren. Erst recht gilt das für Transplantate, die atomidentische Repliken sind. Das trifft auch für das Gehirn zu. Zwar scheint dieses besonders für die Identität oder das Selbstsein zuständig, weil ich mit dem Gehirn eines anderen sicherlich nicht derselbe wäre wie mit dem eigenen. Aber die Identität sitzt ja nicht in einem bestimmten Stückchen, etwa in Descartes' Zirbeldrüse oder einer bestimmten Nervenzelle oder gar in einem einzigen Molekül. Selbst wenn: All das ließe sich aus Stücken, Atomen und Elementarteilchen aufbauen und also auch sukzessive austauschen.

Natürlich ergibt die sukzessive Erneuerung keine echte Auferstehung im Sinne einer Wiedererweckung, weil ja nicht gestorben wird; wohl aber ergibt sie ein beliebig lange dauerndes Leben für ein und denselben Menschen, möglicherweise sogar ohne zwischenzeitlichen Bewußtseinsverlust, denn die Minimaltransplantationen könnten sogar ohne Narkose vorgenommen werden.

Doch nun stehen wir vor einem Paradox: Warum soll nicht auf einen Schlag möglich sein, was sukzessive geht? Einerseits, wie es zuerst erwogen wurde, kann eine nach Hylas Tod angefertige vollständige Kopie nicht mehr sicher Hylas selbst sein. Andererseits bliebe Hylas in seinem Selbstsein erhalten, würde man ihn zu Lebzeiten stückweise durch Repliken ersetzen, zum Beispiel erst den Rumpf mit Extremitäten, dann den Kopf bis aufs Gehirn, schließlich dieses selbst – immer sukzessive bis

zum völligen Austausch. Tatsächlich werden ja im Lebenspro-
zeß ständig Zellen abgebaut und erneuert. Das würde also jetzt
als äußerer, chirurgischer Vorgang nachgeahmt.

In seinem Aufsatz »Paradoxie des Selbst«[3] hat Ulrich Blau
in Anschluß an Lem einen irrwitzigen Dialog zwischen einem
Arzt und seinem todkranken Patienten konstruiert, der unser
Problem betrifft:

> ARZT: Zuerst die schlechte Nachricht. Sie haben einen Hirn-
> tumor und werden sehr bald sterben, wenn wir nichts für Sie
> tun.
> PATIENT: O weh.
> ARZT: Nun die gute Nachricht. Wir können etwas für Sie
> tun. Wir schneiden Ihnen die kranken Teile aus dem Kopf
> und ersetzen sie durch eine Hirnprothese. Das machen wir
> so ... (...)
> PATIENT: Was bleibt mir übrig. Machen Sie mit mir, was Sie
> wollen.
> ARZT: Da gibt es noch einen heiklen Punkt – vielleicht soll-
> ten wir Sie gar nicht damit belasten – also gut, wir garantieren
> Ihnen, daß die Operation gelingt. Leider können wir nicht
> mit letzter Sicherheit garantieren, daß Sie selbst es sein wer-
> den, der die Augen wieder aufschlägt.
> PATIENT: Wie bitte?
> ARZT: Wir Mediziner haben nicht herausgefunden, wo das
> Selbst eigentlich sitzt. Aber wenn es irgendwo sitzt – was ich
> selbst, als Laie auf dem Gebiet des Selbst, nicht völlig aus-
> schließen will – so sitzt es vermutlich im Hirn. Leider müssen
> wir in Ihrem Hirn ziemlich zentrale Teile auswechseln, und
> während der Operation sind Sie weitgehend tot, oder auch
> richtig tot, das Problem ist eher verbal. Wir wissen nicht
> recht, wo Ihr Selbst, wenn ich mich so ausdrücken darf, in der
> Zwischenzeit bleibt. Bedenken Sie ferner, daß wir im Prinzip
> auch Ihren ganzen Kopf auswechseln könnten – keine Sorge,
> niemand denkt an so etwas. Und dann könnte man noch den
> Rumpf auswechseln; medizinisch gesehen würden Sie von
> beiden Operationen profitieren. Noch günstiger wäre es aus
> medizinischer Sicht, den Ersatzkopf gleich auf den Er-
> satzrumpf zu nähen. Aber was machen wir dann mit Ihnen?
> Sie sind wirklich ein schwieriger Patient.

PATIENT: Kurzum, ich stehe vor der Alternative: A_1 Ich selbst werde wieder zu mir kommen. A_2 Ein anderer wird an meiner Stelle zu sich kommen.

ARZT: Das ist das Problem. Wir haben es mit philosophischen Fachleuten gewissenhaft dikutiert; leider wurden sich die Herren nicht einig. Ich selbst bin eher der Meinung, daß wir uns überflüssige Sorgen machen. Wahrscheinlich sind die Schäden ähnlich wie nach einem leichten Schlaganfall. Ihre Erinnerung kommt zurück, ihre Frau erkennt Sie wieder, Sie wenden sich wieder Ihren kleinen Hobbys zu, im Grunde macht es überhaupt nichts aus, ob Sie eine Prothese –

PATIENT: Aber *mir* macht es etwas aus! Ich will nicht, daß ein anderer sich mit meinen funktionsfähigen Teilen und Ihrer Prothese ein schönes Leben macht. Ich habe nichts davon, ich stecke nicht in seiner Haut, er steckt in meiner!

ARZT: Ich verstehe. Sie vertreten die These: T_1 Zwischen A_1 und A_2 besteht ein realer Unterschied. Ich selbst vertrete die Gegenthese: T_2 Zwischen A_1 und A_2 besteht *kein* realer Unterschied. Wahrscheinlich halten Sie mich für einen Rohling, aber hören Sie bitte genau zu. Wenn der Unterschied zwischen A_1 und A_2 wirklich so wichtig ist, wie Sie meinen, so muß doch *irgendjemand irgendwann irgendwas* von diesem Unterschied spüren. Aber niemand spürt etwas! Sie selbst vor der Operation wissen nicht, was kommt; ob für Sie noch was kommt. Sie spüren nicht die Zukunft. Und der Operierte spürt auch keinen Unterschied, er spürt nicht die Vergangenheit. Wenn wir Pech haben, spürt er nur noch wenig und erinnert sich an gar nichts. Wenn wir Glück haben, erinnert er sich an alles. Phantastisch! Er wacht auf und denkt vergnügt: Da bin ich! Ich denke, also bin ich's. A_1 ist eingetreten, meine Sorgen waren überflüssig. Da fällt ihm die Prothese ein und er weiß nicht mehr, ob er nun Sie oder Ihre Kopie ist. Aber es ist ja auch völlig egal, für ihn und für uns. Er ist, wer er ist, und basta. Mehr wissen wir doch alle nicht von uns. Oder wissen Sie, wie Sie in Ihre Haut geraten sind? Ich nicht. Metaphysik ist nicht meine starke Seite, ich mache Hirnchirurgie, und wenn ich die richtig mache, habe ich keine Identitätsschwierigkeiten, weder mit mir noch mit meinen Patienten. Darum rate ich Ihnen, lieber Freund, sehen Sie die Dinge so wie ich;

Ihr Problem A_1, A_2 ist rein verbal. Das wird Sie beruhigen und sich günstig auf die Operation auswirken.[4]

Hinter beiden Thesen, so meint Blau, »stehen Intuitionen, die sich nicht einfach beiseite schieben lassen, das ist die Paradoxie. Ich glaube nicht, daß sie eine eindeutige natürliche Lösung hat«.[5] Wir können nicht entscheiden, ob es einen realen Unterschied macht oder nicht, man selbst oder ein anderer zu sein.

Heißt das aber nicht, daß, wenn man tot ist, es gar nichts ausmacht, ob man nicht mehr ist oder ob man ein anderer geworden ist? Warum ist aber dann für Abermillionen von Menschen die Vorstellung der Wiedergeburt Trost und Milderung der Todesangst? – Hierzu sollte ein Buddhist etwas sagen können. Blau gibt ihm in seiner Dialoggeschichte denn auch das letzte Wort.

Blaus Buddhist erklärt, das Selbst oder das Ich sei eine Illusion, die durch keine theoretische Einsicht zum Verschwinden gebracht werden könne, solange man selbst da ist. Personale Identität sei ein Rätsel, das auf der natürlichen Ebene nicht zu lösen ist, auf höherer Ebene aber verschwindet. Mit der höheren Ebene meint Blaus Buddhist das Nirwana, das mystische Glück reiner, selbstloser Erleuchtung.

Wer an die Wiedergeburt seiner selbst in einem anderen Wesen, Affe, Wurm, Mönch oder Prinzessin, glaubt, steht tatsächlich vor derselben Paradoxie, wie der Blausche Patient angesichts seiner Runderneuerung. Ob er als er selbst oder als anderes Selbst wiedergeboren wird, das macht dem Gläubigen nichts aus. Ihm kommt es aufs Selbst nicht an.

Mir schon! Ich denke da an die merkwürdige Intuition für immer existierende psychische »Gegenstände« wie zum Beispiel das Gefühl, mit dem jemand von seinem Leben Abschied genommen hat. Ich finde diese Intuition etwa in der Feststellung, daß es mir etwas ausmacht, ob jemand, bevor er starb, wie man so sagt, »noch sehr gelitten hat« oder »sanft entschlummert« ist. Zumal, wenn es einen geliebten Menschen betrifft, kann mir das doch nicht gleichgültig sein! Warum eigentlich? Was ist da für ein Unterschied? Gibt es denn das Leid, den Schmerz, die Verzweiflung überhaupt noch, wenn der Betroffene tot ist? Was bedeuten zum Beispiel die letzten fünf Minuten eines Sterbenden, in denen er höhnisch gesagt bekommt, daß seine Kinder doch nicht die seinen sind und daß seine anscheinend so gut verkauften Bücher vom Liebhaber seiner Frau aufgekauft wurden? – Gehört es zu einem geglückten Leben, daß man dem Sterbenden die Wahrheit, solche Wahrheit sagt (s. auch Kapitel »Was ist Wahrheit?«, S. 36)? – Ist das in der Unwahrheit beendete Leben nicht doch unter Umständen das geglücktere?

Wie und wo ist das Subjektive, wenn die Körper empfindungslos und tot sind? Was hindert mich, einem Subjekt Schmerz und Verzweiflung zuzufügen, wenn es danach gleich verschwindet und das Zugefügte mit sich nimmt? Wohin denn?

Ob es das Subjektive, zum Beispiel Schmerzen, überhaupt gibt und wie, das ist durch Wittgenstein zu einem sprachphilosophischen Problem gemacht worden. Es hat ja den Anschein, als ob es die Schmerzen auch gar nicht geben könnte, weil das Wort Schmerz, mit dem jemand auf seinen Schmerz hinweist, immer nur eine private Bedeutung haben kann. Meine Schmerzen sind nicht die eines anderen. Wie sind sie überhaupt für andere da? Wie bin ich als Subjekt für andere da und wie für mich? Gibt es die Schmerzen überhaupt objektiv oder »an sich«? Und gibt es mich als dieses Selbst überhaupt oder an sich?

Wittgenstein benutzte das Wort »Zahnschmerzen« als Deckname für seine typischen Schmerzen, die er ein Leben lang (wegen seiner Homosexualität) hatte, über die er sich aber nie sprachlich äußerte. Statt dessen gibt es von ihm zahllose Äußerungen über die Nichtobjektivierbarkeit und Unsäglichkeit des privaten Erlebens. In einem dieser Aphorismen schreibt er über sich selbst als »Dingsda«:

> »Der Dingsda ist völlig gesund, hat noch nie zum Arzt gehen müssen, hat sich nie über Zahnschmerzen beklagt. Doch da Zahnschmerzen ein privates Erlebnis sind, können wir nie wissen, ob er nicht sein ganzes Leben lang schreckliche Zahnschmerzen gehabt hat.«[6]

Wittgensteins Sprachversteckspiel mit dem Subjektiven hat für die Philosophie des Subjektiven eine ungeheure Wirkung gehabt. Man konnte vom Subjektiven zugunsten des Redens darüber ablenken. Es konnte Wissenschaft über etwas gemacht werden, das an sich unfaßlich ist: Das Subjektive, der Geist, Ich. Diese Wissenschaft war dann Sprachwissenschaft: Wissenschaft vom mentalistischen Diskurs. Allen Überlegungen zu Leib und Seele oder Körper und Geist war eine Sprachgebrauchsanalyse vorauszuschicken. Wittgenstein hat dafür in seinen »Aufzeichnungen für Vorlesungen über ›privates Erlebnis‹ und ›Sinnesdaten‹« aus den Jahren 1934/36 das Motto geliefert:

> »Wir verwenden ›Zahnschmerzen‹ als Bezeichnung für ein persönliches Erlebnis.« – Nun, dann wollen wir einmal sehen, wie wir das Wort *verwenden*![7]

Eigentlich kann man, so meint Wittgenstein, über seine Schmerzen und Subjektives überhaupt nicht wissenschaftlich reden, wohl aber über bestimmte, objektivierbare Äußerungen, zum Beispiel Stöhnen. Entsprechend propagierte Gilbert Ryle in seinem Buch von 1949, »The concept of mind«, eine Geistphilosophie ohne den Gegenstand Geist, das heißt ohne sogenannte innere oder mentale Phänomene. Von ihnen zu reden wäre ein Mißbrauch der gewöhnlichen Sprache. Peter Bieri schreibt dazu in seiner »Analytischen Philosophie des Geistes«:

> In Wirklichkeit, argumentiert Ryle, beziehen sich unsere mentalistischen Ausdrücke überhaupt nicht auf einen Bereich von verborgenen inneren Phänomenen. Wenn wir Personen im mentalistischen Vokabular beschreiben, so reden wir über Aspekte ihres intelligenten Verhaltens, das für alle sichtbar ist.[8]

Doch während nun die *philosophy of mind* mehr über den mentalistischen Diskurs nachdachte als über das Mentale selbst, mehr über den Gebrauch bestimmter Begriffe als über neue Phänomene, änderte sich die Welt um sie herum, wofür insbesondere die Entwicklung der Informationstechnologien kennzeichnend ist. Neue Begriffe wurden eingeführt, deren Verwendung sprachphilosophisch zu überprüfen die Forschung nur blockiert hätte. So redet man heute unbekümmert von einer

›Sprache‹ der Gene oder von ›Informationsverarbeitung‹ in Maschinen ohne Rücksicht darauf, daß da niemand ist, der spricht oder jemanden informieren will. Die physikalisch objektive Welt wird hier zum Spiegelbild des Subjektiven: Alles dort ist Information, Energie, Struktur, Geist.

Die neuere Geistphilosophie folgt wieder der alten Intuition, daß es sogenannte ›intentionale‹ oder mentale Zustände gibt. Sie benutzt diese Intuition aber als eine bloß heuristische, die Forschung beflügelnde und ontologisch neutrale Fiktion, die nicht ausschließt, daß sich diese Zustände eines Tages als physikalische Zustände beschreiben lassen.[9] Sie hält sich deshalb für naturalistisch. Sie kümmert sich nicht um die transzendentalphilosophischen Fragen nach der subjektiven Bedingung der Möglichkeit von Objektwissenschaft. Sie untersucht, wie Objektives psychisch gegeben sein kann, im Ausgang vom fraglos Objektiven. Sie sucht im Objektiven nach den Bereichen, wo der Geist auftritt oder entstanden sein könnte, zum Beispiel da, wo quantenphysikalische Vorgänge makrophysikalisch wirksam werden, wie bei der berüchtigten Katze Schrödingers, über deren Lebendigsein oder Totsein erst der Beobachter, also der Geist, entscheidet (s. auch Kapitel »Das Rätselkoma«, S. 51).

Kehren wir an den Anfang, den Dialog zwischen Hylas und Philonous zurück. Die beiden repräsentieren die zwei Ansätze für die Theorie des Körper-Seele-Zusammenhangs: Den naturalistisch-physikalistischen und den mentalistisch-phänomenologischen Ansatz. Hylas geht vom Körper aus, dem Physischen und Objektiven, Philonous vom Bewußtsein und den mentalen Phänomenen. Hylas müßte zeigen, wie geistige Phänomene auf physikalische Vorgänge zurückzuführen sind. Philonous müßte zeigen, wie das Bewußtsein zur Vorstellung einer Welt kommt, sogar einer solchen Welt, in der es sich als Epiphänomen ansehen muß, daß sich vom Körper abhängig erfährt und den Tod fürchtet.

Dem Gegensatz zwischen dem Materialisten Hylas und dem Mentalisten Philonous entspricht die Trennung von Körper und Seele. Unter dieser Trennung versteht man nach einer traditionellen Intuition den Tod. Die Trennung von Hylas und Philonous und die Trennung ihrer Standpunkte ist der Tod, ihre

Vereinigung das Leben. Auch jeder Standpunkt für sich bedeutet den Tod: Das bloß Materielle, der Körper ohne die belebende Psyche, ist tot. Die Psyche ohne Körper ist das, was nach dem Tod des Körpers noch sein könnte. Solange die materialistische wie die mentalistische Theorie keine Einsicht in den Tod hat, kann sie nicht die Einheit von Körper und Geist erklären. Wie aber soll eine solche Einsicht möglich sein?

Den Theoretikern auf dem Standpunkt des Hylas und auf dem des Philonous können wir ein unterschiedliches Verhältnis zum Tod unterstellen. Wenn der Materialist mit seiner Theorie für die Einheit von Körper und Geist scheitert, versteht er sich selbst als Subjekt nicht. Wenn der Bewußtseinsphilosoph scheitert, versteht er sich selbst als Körper nicht. Dem Materialisten ist der Tod das Selbstverständliche, dem Bewußtseinsphilosophen der vom Körper gelöste Geist. Der lebendige Naturalist muß den Tod abwarten, der lebendige Bewußtseinsphilosoph die Unsterblichkeit. So warten eigentlich beide auf den Tod, Hylas und Philonous. Bis dahin forschen und denken sie. Aber sicher lieben beide den Tod nicht, während sie mit ihrer Theorie noch nicht fertig sind.

Solange dem Bewußtseinsphilosophen Philonous auch nicht alles klar ist, dürfte er mit dem Materialisten Hylas, der zunächst noch mit seiner Maschine gescheitert ist, das Forschungsinteresse teilen, nämlich dieses: das Sterben hinauszuschieben und zu verhindern,[10] und, falls das nicht mehr möglich sein sollte, eine Auferstehungsmaschine (womöglich mit jeweils 3×10^{45} Informationsbits für die quantenzustandsidentische Emulation einer Person[11]) zu konstruieren. Vielleicht geht es ja doch! Setzen wir also auf den Anfang einer großen Freundschaft, der Freundschaft zwischen Hylas und Philonous, zwischen Körper und Geist.

Die Schlupflöcher
des Realen

Das Reale scheint immer zu viel und zu wenig. Es wird verleugnet, verdrängt und nicht wahrgenommen: Wie könnten wir sonst in dieser »grausamen« Welt weiterleben? Und es wird vermehrt, erweitert, ergänzt durch Hinterwelten: Wie würden wir es sonst in der »idiotischen« Wirklichkeit aushalten? – Das sind Feststellungen und Fragen von Clément Rosset in seinen Büchern »Das Prinzip Grausamkeit« (1994) und »Das Reale. Traktat über die Idiotie« (1988).

Wir können es anscheinend nicht ertragen, daß das Reale real ist, das heißt idiotisch im ursprünglichen Wortsinn (griech. *idiotes*), also »einfach, besonders, einmalig«,[1] und grausam (lat. *crudelis*), nämlich roh und unverdaulich im Sinne von »Cruor (...), das gehäutete und blutende Fleisch, d.h. die Sache selbst, frei von allen Hüllen«.[2] Liegt das daran, daß wir nicht wissen, was wir wirklich sind: Fleisch, Knochen – *und* Geist? Daß wir es vielleicht unerträglich finden, nicht nur Geist zu sein, oder daß der Geist am Ende gar nicht real ist? Stellt das Reale uns nicht stets vor die Alternative »ich oder es«?[3] Und verwerfen wir es nicht stets zu unseren Gunsten, um den Selbstmord zu vermeiden?

Die Realität, so sieht es Rosset, ist tragisch, und zwar im Sinne der »Verbindung des Notwendigen und des Unmöglichen«[4] oder entsprechend der Bemerkung Ciorans: »Existieren kommt einem Protest gegen die Wahrheit gleich«.[5] Es sei denn, man verfälscht die Realität. Tatsächlich scheint dieses das Geschäft der Philosophie zu sein. Es zeigt sich in der eigentümlichen Tendenz der Philosophie, ihren eigenen Theoriegegenstand, die Realität im Ganzen, aufzulösen.[6]

So machten es jedenfalls die beiden einflußreichsten Philosophen, Platon und Kant. Sie verbanden die Gewißheit des einzelnen Realen mit der Unsicherheit des ganzen Realen. Sie überstiegen insgesamt das banal Reale oder blendeten es aus. Das liegt daran, daß die Realität im Ganzen genau das ist, was der eigenen Existenz insgesamt entspricht. Sie ist mein Dasein, welches nicht nur sinnliche, das heißt endliche, sterbliche Realität haben darf, sondern welches als sinnliches vielmehr auch unsicher, sogar irreal sein muß um willen der unsterblichen Realität des Geistes, meines Geistes, der in gewisser Weise dafür sorgen muß, daß die Welt nicht untergeht.

Wir sehen nur Schatten, meinte zum Beispiel Platon im Höhlengleichnis, wenngleich wir mit ihnen sicher umgehen und unser Alltagsleben führen können. Das eigentlich Reale, die Ideen, so lehrte er weiter, läge erst in einer höheren Welt des Immerseienden und Unvergänglichen, das heißt jenseits des Todes. Und das zu ergreifen, sei eben nötig zur Absicherung des Alltagslebens. Im Schönen leuchte das Übersinnliche verführerisch in die sinnliche Realität hinein. Es ist dann gewissermaßen das Schlupfloch für den Austritt ins Ewige.

So auch bei Kant: Die durchaus sichere empirische Realität der Dinge in Raum und Zeit wird insgesamt aufgehoben durch die Irrealität von Raum und Zeit als Einbildungen. Die eigentliche Realität ist die der Dinge-an-sich in einer intelligiblen Welt, der das moralische Ich schon jetzt angehört, die es aber erst nach seinem Tod »von Angesicht zu Angesicht« schauen kann. In der Stimme des Gewissens ragt diese übersinnliche Realität in die Sinnenwelt hinein. Wie durch ein Schlupfloch können wir daher in der moralischen Ichanstrengung der Welt des Todes entkommen.

Der Philosoph befaßt sich angesichts der banalen, grausamen und idiotischen Realität des Lebens und Sterbens mit einer höheren und anderen Realität. Die Einbrüche jener höheren Realität in die niedere Welt der sterblichen Dinge beziehungsweise die Ausstiegsmöglichkeiten aus dieser Dingwelt haben es ihm angetan. Der Auswanderung aus der brutalen Realität hinein in höhere Welten durch die Schlupflöcher des platonisch Schönen und kantisch Guten entspricht die partielle Verdrängung und generelle Entwertung des Realen als hinreichender Wirklichkeit meiner selbst. Ich, der ich in dieser Realität meinen Tod erwarte, den ich aber als endgültiges Nichts verwerfen muß, ich passe eben nicht ganz in diese Welt hinein. Ich muß sie korrigieren. Das Mehr und das Weniger an Realität, um das es dann geht, entspricht dem nie ganz realen eigenen Tod. Nie ist er ganz da, nie ganz weg. Nur deshalb gibt es übersinnliche Realität und auch wahnhafte Blindheit im Sinnlichen.

Das Bewußtsein und die Nichtanerkennung meines endgültigen Nichtseins ist der Grund dafür, daß die Realität zuviel für mich ist und zu wenig. Zuviel: Sie richtet mich zugrunde. Zuwenig: Sie ist nicht das Leben des Geistes, der aus der Angst des Todes geboren wird. Also unternimmt es der Mensch, über die idiotische und grausame Wirklichkeit hinaus, an der er leidet, mehr Realität zu erschließen und wahrzunehmen. Er verleugnet so die Endgültigkeit und Vollständigkeit der leidvollen Realität. Eigentlich geht es dabei um die Realität beziehungsweise Irrealität des Todes: um sein Vorkommenkönnen als bloßer Wechsel von einer Realitätsebene in eine andere und sein Nichtvorkommenkönnen als Absturz aller Realität ins Nichts.

Die Philosophie, zumindest die von Platon und Kant, kaschiert den todesähnlichen Ausstieg aus der tödlich-banalen Realität gemeinhin als Erkenntnistheorie. Bemüht um die Erkenntnis des Realen fragt sie, wie denn solche Erkenntnis möglich sei. Und sofort hat sie es mit den übersinnlichen, transzendenten oder transzendentalen, also jenseitigen oder vernunfteigenen Bedingungen der Möglichkeit von Realitätserfahrung zu tun. Sie stößt auf Logik und Mathematik, auf die metaphysischen Anfangsgründe der Naturwissenschaft, die Sprache, die Ideen, die Kategorien, insgesamt auf Gott oder das sogenannte tranzendentale Subjekt als Spiegelung des allerrealsten Wesens. Und hier läßt man dann die Realität der eigenen Existenz aufsitzen, um in ein Jenseits oder auch nur einen Ideenhimmmel, die sogenannte dritte Welt Poppers, entschlüpfen zu können.

Doch diese Erlösung ist nur säkularisierte Religion, bleibt ohne die Fülle der Erfahrung göttlicher Atmosphären und übersinnlicher Wahrnehmung. Platons Erkenntnisglück ist verdünnte, sublimierte Erotik und Kants unsterbliches Ich ein allgemeines und rein geistiges. Was dabei abfällt, ist allerdings die Unglaubwürdigkeit des gemeinhin Evidenten und die Entwertung dessen, was unweigerlich Vergnügen bereitet, also die Glaubwürdigkeit von Dummheiten.[7]

Was bleibt uns noch übrig ohne spirituelle Realitätserweiterung und/oder Wahrnehmungsverweigerung: Der vulgäre Materialismus, die Gnade Pascals oder die Lust Rossets?[8]

Die Akzeptanz des Realen setzt (...) entweder die reine Gedankenlosigkeit voraus – wie im Fall des Schweins aus der Anekdote Epikurs, das als einziges Wesen an Bord sich wohl fühlt, während ein heftiger Sturm Mannschaft und Passagiere in Angst und Schrecken versetzt, – oder aber ein Bewußtsein, das imstande wäre, das Schlimmste zu erkennen und zugleich von dieser Erkenntnis des Schlimmsten nicht tödlich getroffen zu sein. Es ist nicht zu übersehen, daß diese Fähigkeit, d.h. zu wissen, ohne davon einen tödlichen Schaden davonzutragen, absolut *außerhalb* der Reichweite der menschlichen Fähigkeiten liegt, – es sei denn, es greift helfend etwas ein, was Pascal die Gnade nennt und was ich meinerseits die Lust nenne.[9]

Der sicherste Weg kann die Lust, oder, wie Rosset auch sagt: »das stets erneute Geschenk der Gegenwart«[10] nicht sein, besonders nicht ganz am Schluß des Lebens. Und auch das Schwein Epikurs könnte noch auf gewisse Gedanken kommen. Der sicherste Weg scheint der, den die Menschen immer schon beschritten haben. Sie haben sich, sei es durch Gnade, sei es durch Erleuchtung, einer Realität versichert, die weiter reicht als ihr alltagspraktisches Hören und Sehen und überhaupt weiter als das mit dem Tod zu beschließende Leben, die aber zugleich auch näher liegt als das gemeinhin sinnlich sich bekundende Reale oder die sogenannte Außenwelt, die sich nämlich in ihrem Innersten befindet. Daß sie sich darin täuschten, kann man nicht beweisen. Es gibt kein Kriterium für die Realität. Sie ist letztlich immer etwas, was man als Tatsächliches glauben muß, genauer: Man muß sich selbst als von demjenigen betroffen anerkennen, das dadurch als Tatsächliches evident ist.[11]

So ist zum Beispiel die Loslösung des Ich-Bewußtseins vom Körper für manchen »eine erfahrbare Tatsache«, etwa für Werner Zurfluh in seinem Erfahrungsbericht »Außerkörperlich durch die Löcher des Netzes fliegen«.[12] Er lernte im außerkörperlichen Zustand, den er mehr oder weniger willkürlich bei sich selbst hervorrufen konnte, »bei vollem Bewußtsein« zu sterben und zudem, »daß der Tod des Ichs nicht mit dem Tod des Körpers identisch ist«.[13]

Esoterisch-spirituelle oder hypnotisch-ekstatische, schlicht gesagt: außergewöhnliche Erfahrungen gelten durchweg dem Tod. Sie belehren letztlich darüber, daß er nicht die Auslöschung des Bewußtseins und all seiner erworbenen Erfahrungen ist, wie es die alltägliche Realität uns glauben oder fürchten macht. Ihr Sinn ist die Einweihung in das Geheimnis des Todes. Davon schreibt Zurfluh:

> Eine initiatorische Todeserfahrung kann im Rahmen eines Rituales stattfinden, aber das ist von äußeren Umständen und vom theoretischen Konzept abhängig. Für eine willentliche Ablösung vom Körper ist es nicht notwendig, den Tod »rituell« zu vollziehen, denn die Ablösung kann »sanft« geschehen, ohne den geringsten Bruch der Ich-Kontinuität. Und mit der Meinung, der Tod im außerkörperlichen Zustand sei ein symbolisches Geschehen, wird man nicht verstehen, welche Tragweite ein initiatorisch erlebter Tod für das Leben besitzt.[14]

Religiöse oder esoterische Erfahrung eröffnet die Schlupflöcher des Realen, durch die wir womöglich der Vernichtung entkommen können. Das läßt sich einsehen auch unabhängig davon, ob man die erschlossenen Schichten und weiteren Welten des Realen für imponierende Tatsachen hält oder nicht.[15] Um es aber selbst tatsächlich zu erleben, erklärt Zurfluh, bedarf es vorweg einer erkentnistheoretischen Einstellung, die wohl nicht mit den in der westlichen Gesellschaft geltenden Normen für das, was wirklich und tatsächlich ist, übereinstimmt.

> Die menschliche Natur ist prinzipiell zur Außerkörperlichkeit befähigt. Aber dafür muß sie jene gesellschaftliche Norm übersteigen, die vorschreibt, was »natürlich« bedeutet. In einem Paradigma, das keine Transzendenzoffenheit erlaubt, wird die menschliche Natur einem Maß unterworfen, das un-

menschlich ist. Wenn durch die Anwendung von struktureller Gewalt die Transzendenz verdunkelt und die Ekstase als Flucht vor der Wirklichkeit bezeichnet wird, dann ist das Ende jeglicher evolutiven Entwicklung erreicht und es bleibt nur noch der Fortschritt des »Mehr-Desselben«.

Doch jenseits des Gewohnten liegen Erfahrungsbereiche, die den tödlichen Kreis zur Spirale öffnen. Manchmal scheinen sie derart ungewohnt und unglaublich, daß sie falsch eingeschätzt werden. Darüber beklagte sich einmal ein Teufel bei einem erkenntnistheoretischen Gespräch, das ich mit ihm im außerkörperlichen Zustand geführt habe.[16]

Begeben wir uns – zeitgleich – in eine andere Gesellschaft als die der Bundesrepublik der 60er und 70er Jahre, nach Obervolta, wo das Ungewöhnliche der gesellschaftlichen Norm entspricht. Auch in dem Erfahrungsbericht von Malidoma Patrice Somé »Vom Geist Afrikas – Das Leben eines afrikanischen Schamanen«[17] geht es im wesentlichen darum, etwas über den Tod zu lernen. Die initiatorische Todeserfahrung findet hier durchwegs rituell statt. Ihr Sinn ist die Einbeziehung des Todes in die Realität, und zwar durch die Einbeziehung der Toten.

Malidoma, so der Stammesname, geboren 1956, ist Schwarzafrikaner aus dem damals noch unter französischer Kolonialverwaltung stehenden Obervolta, jetzt Burkina Faso. Seine Kindheit verbrachte er in der Stammeskultur der Dagara, bis er 1960 von einem französischen Jesuitenmissionar für dessen Eingeborenen-Missionstruppe gekidnappt und fünfzehn Jahre lang auf den Priesterberuf vorbereitet wurde (sexueller Mißbrauch seitens der Erzieher eingeschlossen). 1976 konnte er zu seinem Volk zurückfliehen, deren Sprache er neu lernen mußte. Um als Stammesmitglied wieder aufgenommen zu werden, unterzog er sich lebensgefährlicher Initiationsrituale und erlernte Magie und Wahrsagerei in der Tradition seiner Vorfahren durch einen Medizinmann. Er wurde dann von seinem Volk dazu bestimmt, sich von der westlichen Welt ›verschlucken‹ zu lassen, um im Sinne der Völkerverständigung dort über die spirituelle Kultur afrikanischer Stammesgesellschaften zu berichten, was er auch, nach mehreren Universitätsabschlüssen in Afrika, USA und Frankreich (die ihm schon wegen seiner Kunst des Gedan-

kenlesens leichtfielen), in zahlreichen Vorträgen und in dem genannten Buch unternommen hat.

Was das Reale ist, das hörte er zuerst in den Geschichten und Liedern seiner Mutter, das führte ihm sein Großvater mit seinen magischen Praktiken vor, das erlebte er dann auch selbst. Seine Beschreibung des Realen entspricht den tradierten Geschichten darüber: es ist eine spirituelle Wirklichkeit, die über die banale Alltagswirklichkeit gestülpt ist und sie beseelt. Das profan Reale, die sogenannte Wahrnehmungswelt objektivistisch experimenteller Erfahrung, öffnet sich immer wieder für halluzinierte Visionen und für körperlich reale Exkursionen in andere Welten. Stets ist das mit der Erfahrung gewaltiger, tödlich übermächtiger Kräfte verbunden und mit höchster emotionaler Erregung. Das Besondere und Wunderbare streift immer den Tod. Die Exkursionen sind Einübungen und Vorwegnahmen des Sterbens. Malidoma schreibt:

> Wir müssen uns eingestehen, daß es mehr als eine Version der »Realität« gibt. Um überhaupt existieren zu können, braucht eine Kultur die ihr eigentümliche Version dessen, was real ist. Und was ich Ihnen in diesem Buch mitteilen möchte, ist nur eine der endlosen Variationen der Realität. In der Kultur meines Volkes, der Dagara, besitzen wir kein Wort für das Übernatürliche. Am nächsten kommt diesem Begriff noch das Wort »Yielbongura«, »das Ding, das vom Wissen nicht gegessen werden kann«. Das Wort besagt, daß Leben und Kraft bestimmter Dinge auf ihrem Widerstand gegen das kategorisierende Wissen beruhen, das die Menschen heute allem überstülpen. In der Realität des Westens existiert eine deutliche Kluft zwischen dem geistigen und dem materiellen, dem religiösen und dem profanen Leben. Eine solche Vorstellung ist den Dagara fremd. Für uns ist, wie für viele andere Stammeskulturen auch, das Übersinnliche Bestandteil des Alltags. Für einen Dagara ist das Materielle nur das Form gewordene Spirituelle. Das Profane ist Religion auf niederer Ebene – ein Ort träger Ruhe im Vergleich mit der Hochspannung des religiösen und spirituellen Lebens. Denn im Reich des Heiligen zu leben ist aufregend und schrecklich zugleich. Es ist unbedingt notwendig, immer wieder einmal Pause zu machen.[18]

Nach Malidomas Überzeugung leben wir hier, in unserer sogenannten Welt flüchtiger Erscheinungen, von der Erinnerung und wegen der Erinnerung dessen, was man im Innersten schon besitzt und bei der Initiation sich nur noch bewußt macht. Ein Medizinmann erklärt das Malidoma gegenüber so:

> Unser Innerstes weiß besser als wir, welche Welten existieren, und es kennt mehr Dinge, als wir wahrhaben wollen. Der Geist und unser Innerstes sieht mehr, weit mehr, als wir in der gewöhnlichen Welt wahrnehmen. Nichts können wir uns vorstellen, das nicht schon in den äußeren und inneren Welten wäre. Dein Innerstes antwortet nur und empfängt. Es erzeugt die Dinge nicht, es kann sich nichts einbilden, was nicht existiert. Es ist ein großer Segen, daß du und dein Innerstes identisch sind. Es ist aber auch ein Fluch. Wenn du dich nämlich weigerst, die Existenz deines Innersten zu akzeptieren, verweigerst du dich dir selbst, und das ist schlimm.[19]

Alle Erfahrungen des Heiligen, alle Exkursionen in andere Welten und alle Einbrüche von Geistern und übersinnlichen Kräften in die Welt der Lebenden gelten der Verbindung der Lebenden mit der Welt der Vorfahren, das heißt der anderswo lebenden Toten. Eine ungleichgewichtige Beziehung zwischen den Lebenden und den (lebenden) Toten hält Malidoma für das Grundübel der westlichen Welt. Die Weißen, so wissen die Dagara, sind innerlich leer vor allem deshalb, weil sie nicht trauern und mit den Vorfahren Kontakt halten können. Das liegt auch an den ebenso leeren Vorfahren der westlichen Menschen, die deshalb heute die Pflicht haben, nicht nur sich selbst für eine gleichgewichtige Beziehung zu ihren Ahnen umzubilden, sondern auch die Vorfahren noch nachträglich zu heilen, um diese Beziehung, die allein ein sinnvolles Leben ermöglicht, von beiden Seiten aus herzustellen. Malidoma hält für diesen Zweck eigene Therapieprogramme, zum Beispiel Dagara-Begräbnisrituale für Westler, parat.[20]

Was den Westen prägt ist nach Meinung und sicherer Erfahrung der Dagara ein ›toter‹ Geist, der sich gegen das Leben wehrt, also gegen ein Leben in der Gemeinschaft der mit den Ahnen spirituell verbundenen Stammesmitglieder. Ohne die

spirituelle Gemeinschaftlichkeit entartet das Leben in Gewalttätigkeit und Herzensleere. Die Schriftkultur und sogar schon
Lese- und Schreibvermögen blockieren die Seele und hindern
den »Zugang zu bestimmten Bereichen der Stammesüberliefe-
rung«. Das gilt auch für Malidoma selbst, der sich durch seine
westliche Ausbildung irreparabel geschädigt findet.[21]

Setzt die westliche Welt auf den Geist der Schriftkultur, so
die der Dagara auf die Geister und die geistige Verbindung mit
ihnen.

> Unsere Vorfahren sind Geister. Sie ernähren nur ihr Bewußt-
> sein, und deshalb sind sie zu Dingen fähig, die jenseits unse-
> res Fassungsvermögens liegen.[22]

Entsprechend gilt der Körper des Lebenden nur als »Hülle der Seele«:

> Es ist nicht gut, ihn zu sehr zu beachten, als ob er wirklich mit
> euch identisch wäre. Überlaßt euren Körper sich selbst, und
> er wird sich von sich aus nach den Bedürfnissen des Geistes,
> der ihr seid, richten.[23]

Nahrung und Schlaf zum Beispiel sind notwendige Übel.
Triebe sind zu beherrschen. Nur die Bedürfnisse des Geistes
zählen. Und die gelten der Verbindung mit den Toten, das heißt
der Versicherung von Realitätsebenen und Gegenden, in denen
Tote leben. Nur aus diesem Kontakt heraus sind magische
Handlungen, etwa Sprachmagie, Hellsehen oder Hypnose,
möglich. Auch für Tote ohne Leiche, also Verschollene, ist ge-
sorgt. Für sie gibt es Welten, von denen aus sogar gelegentliche
Besuche möglich sind. So meldet sich ein seit Jahren vermißter
Angehöriger als Geist zurück:

> Ich bin nur gekommen, euch zu sagen, daß ihr eure Begräb-
> nispläne aufgeben sollt. Zwar werdet ihr mich nicht mehr se-
> hen, aber ihr sollt wissen, ich bin nicht tot und werde es noch
> lange nicht sein. Ich bin nur auf die andere Seite der Existenz
> hinübergegangen, ohne jedoch durch die Tür des Todes zu
> gehen. (...) Ich bin jetzt nicht auf der Erde, sondern in einem
> Universum eigener Art. Von dort sehe ich euch besser, als ich
> es von hier aus jemals könnte. Kein Wort, kein Gedanke,

keine noch so kleine Bewegung meiner Familie entgeht mir. Gebt euch jetzt zufrieden und macht euch wieder an die Arbeit. Ich habe gesprochen.[24]

Malidoma widerfährt es nicht nur immer wieder, in andere Wirklichkeiten blicken und Kontakt mit deren Bewohnern aufnehmen zu können, sondern er gelangt bei seiner Initiation auch körperlich in andere Welten. Der Trip, unter Anleitung Älterer, ist aber mit dem Risiko verbunden, dabei als Leiche zurückzukommen oder für immer in der anderen Welt, das heißt verschollen, zu bleiben und dort dann nicht sterben zu dürfen. Eine Mahnung, nicht zu sehr mit dem Tod zu liebäugeln! Trotz allen Schreckens und überwältigender Informationsfülle bleibt von solchen Exkursionen doch das gute Gefühl unendlicher Sehnsucht. Für diese Welt gewinnen die Initiierten eine gesteigerte Sensibilität und Naturliebe. – In ein Nachbaruniversum durch eine Art ›schwarzes Loch‹ wie durch eine Nabelschnur hineinschlüpfen zu können, gehört zum Szenario der »letzten drei Minuten« unseres Kosmos, das Paul Davies entworfen hat.[25]

Von den dreiundsechzig Initianden (außer dem zwanzigjährigen Malidoma waren sie alle um die dreizehn Jahre alt) schieden während des Initiationsprogramms fünf von dieser Welt, entweder ganz und gar oder nur als Seelen, den toten Leib zurücklassend. Eine Übung bestand zum Beispiel für die hintereinander aufgestellten Knaben darin, nacheinander, im Abstand weniger Minuten, auf eine von vier Priestern ein Meter über dem Boden aufgespannte Büffelhaut zu springen und dort durch ein sogenanntes Lichtloch hindurch in eine Unterwelt zu stürzen, aus der sie nach objektiv dreiminütigem (für sie selbst viel längerem) Aufenthalt nur dadurch zurückfanden, daß sie, wie die Priester ihnen vorher einschärften, dort vorhandene Lichtschnüre ergriffen. Sie wurden schließlich als brennende Bündel circa zehn Meter hoch aus dem Loch in der Büffelhaut wieder herausgeschleudert – um an ihren Verbrennungen zu sterben oder auch nicht, wie Malidoma, der diese Einsichten dabei erhielt:

Das Feuer ist das Seil, das uns mit unserer wahren Heimat verbindet. Wir haben sie verlassen, als wir in die Geburt hineinstarben. Wir verlassen unsere wahre Heimat, um in dieses Leben hier einzutreten, aber darin liegt nichts Unrechtes.[26] Ich erkannte, daß das Licht, dem wir auf der Straße des Todes begegnen, unser Selbst ist, das sich auf dem Weg zu sich befindet. Ich begriff, daß das Licht unser ursprünglicher Zustand ist, aber daß wir Menschen einander helfen müssen, während wir uns auf die Küsten des Lichtes zubewegen. Viele Male müssen wir geboren werden und sterben, bis wir endgültig zu diesem Licht gelangen.[27]

Eine weitere Initiationsübung hatte ebenfalls den Charakter des Todes als inverser Geburt. Malidoma sprang durch einen Teich in eine andere Welt. Er schreibt:

Die Welt unter Wasser war unserer Welt in keiner Weise vergleichbar. Und niemand von uns hätte gewiß ein besonderes Interesse, darin zu leben.[28]

Aber immerhin kam dort ein Delphin zu ihm, um ihn »wie eine Mutter zu säugen«.[29] Ich weiß nicht, was diejenigen erleben, die zum Beispiel von David Copperfield in seinen spektakulären Magie-Veranstaltungen zum Verschwinden und Herumfliegen gebracht oder zerstückelt werden. Es soll jedenfalls alles nur scheinbar sein. Man müßte es rational, das heißt hier: naturwissenschaftlich und psychologisch erklären können. Ich ärgere mich stets, weil ich nie dahinter komme. Bei der Initiationsmagie Malidomas ist alles echt: real im Sinne der Dagara-Realität. Man kann allenfalls traurig sein, weil man für sie nicht sensibel ist – also ohne Kontakt mit den wohl ebenso unsensiblen Vorfahren.

Die Unterscheidung von Sein und Schein gilt nicht für die Initiationsmagie der Dagara. Entscheidend für die Realität der Dagara ist, was sie sich vorstellen, was sie träumen, halluzinieren, wünschen und fürchten – eingedenk des Sterbenmüssens. Das gilt auch für die Priester und Mitglieder der Initiationskommission selbst, die das Initiationsprogramm entwerfen und durchführen. Die Vorstellungen aller entsprechen den tradierten Geschichten, Liedern und Ritualen. Ihre Magie ist Vorstellungsrealisation. Dafür gibt es auch eine magische »Ursprache«.[30] Die Realität materialisierter Vorstellungen beziehungsweise Worte ist ein Korrelat des allgemeinen Stammesbewußtseins. Dieses sorgt insgesamt für das, was man erlebt und auch dafür, daß man sich wünscht, in dieser besten oder geeignetsten aller Welten weiter zu leben, ohne das Interesse an den Vorfahren, die den noch Lebenden ihren Lebenssinn anweisen, zu verlieren. Die Lebensaufgabe wird nämlich bereits dem Embryo zusammen mit seiner Geschlechtsbestimmung per Namensgebung rituell von den Vorfahren verordnet. So war Malidoma durch den Sinn seines Namens, »Sei Freund dem Fremden und dem Feind«, schon vorgeburtlich zum Vermittler zwischen der Dagarakultur und der westlichen Welt bestimmt, weshalb man auch widerstandslos hinnahm, daß die Jesuiten ihn entführten.

Die Realität der Dagara ist nicht die grausame und idiotische Realität Rossets oder der westlichen Menschen überhaupt, in der die Toten fehlen. Die Welt der Dagara ist eine, in der die Toten leben, in der wir also auch gar nicht wirklich sterben können, in der wir lediglich den Wechsel eines Menschen von der Welt der Lebenden in die der Toten betrauern und feiern können. Die profane Alltagswelt ist bei den Dagara überall vom Wunderbaren durchlöchert und bietet immer wieder Einblicke in Hinterwelten unzerstörbaren Lebens. In habitueller Bereitschaft zu Trance, Halluzination und Hypnose, geleitet von den Trommeln,[31] öffnen sich überall und immer wieder die Schlupflöcher in die anderen Welten des vorgeburtlichen und nachtodlichen Lebens. Ein Blatt, ein Käfer, ein Kaninchen, ein Lichtreflex, ein Singsang, ein Rhythmus: schon ist die banale Realität offen für den Tod, der dort drüben Leben bedeutet. Die Inflation des durchs Imaginäre bereicherten Realen nimmt den Tod auf und verwandelt ihn in Leben, denn sie macht durch eine Parmenideische Seins-Suggestion unmöglich, das Nichts zu denken.

In der Welt meines Volkes gibt es nichts als Realität. Einen Gegensatz zu ihr gibt es nicht. (...) Im Rahmen der Stammeswelt dehnt sich die Landschaft des Bewußtseins unaufhörlich weiter aus. Nach der Anschauung eines Dorfbewohners ist also das Unreale nur eine neue, noch unbestätigte Realität im

Arsenal des Bewußtseins. Sie wird uns von den Vorfahren überbracht. Und wenn wir ihr nur Gastfreundschaft gewähren, wird sie schnell ein Teil von uns werden.[32]

Dennoch entvölkert sich Malidomas Heimatdorf, in dem bald nur noch Vorfahren leben.

Die Gründe dafür sind die Landflucht der Jugend aufgrund der Reibungen zwischen altem und neuem Lebensstil, der durch die zerstörerischen, modernen landwirtschaftlichen Techniken entstehende Hunger und die Eintönigkeit des Stammeslebens.[33]

Das, wovon die, wie Malidoma, von der westlichen Welt Verschluckten berichten können, wird es bald nicht mehr geben. Soll es in der westlichen Welt neu entstehen?

Nein, das sicher nicht. Aber sollen wir uns darauf verlassen, daß das Problem mit dem Tod, um das herum die Dagara ihre spirituelle Kultur errichteten, in unserer sogenannten westlichen Welt von selbst verschwindet? Haben wir von der Philosophie hier wirklich nichts mehr zu erwarten? – Hören wir zum Schluß Clément Rosset:

In der Tat ist kein Denker, kein Moralist und kein Philosoph jemals in der Lage gewesen, einen Gedanken hervorzubringen, der in der Lage gewesen wäre, die Vorstellung des Todes und die sich aus ihr ergebende allgemeine Abwertung in Bezug auf jegliches Dasein aufzuwiegen. Die Vorstellung des Todes ist ebenso unauslöschbar, wie der Blutfleck auf dem Schlüssel der verwunschenen Kammer untilgbar ist, durch den in Perraults Märchen (*König Blaubart*) der Tod symbolisiert wird: »Weil sie bemerkt hatte, daß der Schlüssel zu dem Zimmer mit Blut befleckt war, putzte sie ihn zwei- oder dreimal; aber das Blut ging nicht ab; sie konnte ihn noch so sehr waschen und sogar mit Sand und Scheuerstein behandeln, es blieb immer Blut daran, weil der Schlüssel verzaubert war. Es gab keine Möglichkeit, ihn ganz zu säubern: wenn man das Blut auf der einen Seite wegbrachte, kam es auf der anderen wieder heraus.« Erst die Folgen aus der Vorstellung des Todes machen das Leben unmöglich, und die philosophischen Argumente, durch die man über diese theoretische Unmöglichkeit zu triumphieren vorgäbe, hinterlassen auf unserem Bewußtsein ebenso lachhafte Spuren wie der Sand und der Scheuerstein auf dem für alle Zeiten blutbefleckten Schlüssel des geheimen Zimmers. Darum ist es auch klug, von der Philosophie nicht zuviel zu verlangen, wenn auch vernünftig, von ihr mehr zu erwarten als von diesem oder jenem Zweig des Wissens. Mußte Boetius auch daran zugrunde gehen, daß es keinen »Trost der Philosophie« gibt und niemals geben wird. In Hinblick auf die letzten Fragen, die durch die Tradition ein wenig leichtfertig systematisiert worden sind, besteht die beste aller Philosophien in einem knappen Resümee, das sich in aller Kürze darauf beschränkt, die eigene Inkompetenz einzugestehen.[34]

Das
Letzte

Das Letzte (= griech. *eschaton*) ist Gegenstand der Escha-
tologie: »Lehre vom Weltende und vom Anbruch einer neuen
Welt, von den letzten Dingen, dem Tode und der Auferstehung«.[1] Das relativ Letzte geschieht *in* der Zeit. Das Allerletzte
geschieht *mit* der Zeit: ihr eigenes Ende. Die ersten Christen
haben es gemäß Jesu Versprechungen noch in ihrer Generation
erwartet. Weltuntergangssekten gibt es auch heute zuhauf. Sie
setzen Termine fest, warten ab und setzen neue fest. Am Ende
müssen sie die Apokalypse wohl selber machen. – Ob man damit auch die Zeit vernichtet, wenn man alles Leben verschwinden läßt?

Was ist die Zeit? Diese Frage steht hier am Schluß und wegen des Schlusses – des Buches / des Lebens –, der kommt, auf
den man vielleicht schon gewartet hat. Nähern wir uns dem
Problem der Zeit und dem ihres möglichen Endes also vom
Warten und der Erwartung her, das heißt vom zukunftsbezoge-
nen Zeiterleben. Eugène Minkowski hat in seiner Untersuchung »Die gelebte Zeit. Über die zeitlichen Aspekte des Lebens«[2] herausgestellt, daß Warten und Erwartung der Aktivität
zuwider sind, obwohl sie nicht Passivität bedeuten. Passivität ist
kein zeitliches Phänomen. In der Aktivität sowie beim Warten
und in der Erwartung ist man auf Zukunft bezogen. Aber
während man in der Aktivität selbst in die Zukunft strebt, erlebt
man Zeit und Zukunft in der Erwartung umgekehrt: Man fühlt
sie auf sich zukommen und findet sich der Zeit und der Zukunft
ausgeliefert.

Wenn Leben Aktivität bedeutet, dann ist etwas Lebloses
am Warten und an der Erwartung. Das Erwarten muß proviso-
rischen Charakter behalten, sonst gefährdet es das Leben. Es
reduziert dann das dauernde Werden auf die Sukzession der
Zeitmomente, negiert das Endgültige der gelebten Gegenwart

und auch des Todes. So etwa beim Hund, der wartend in Unkenntnis der Wirklichkeit des Endgültigen auf dem Grab seines Herrn verhungert.

Unsere Erwartung ist je nach Aktivität von Dauer oder Weile durchdrungen. Die Dauer ist eine der drei Zeitformen neben Modalzeit und Lagezeit, die Hermann Schmitz in seinen Zeitanalysen unterschieden hat.[3] Dauer erfahren wir zum Beispiel, wenn wir sich ausdehnende und sich raffende Zeit erleben. Diese Unterscheidung deckt sich nicht notwendig mit der von langer und kurzer Weile. Letztere haben wir, wenn unser diffuses Aktivitätsstreben durch neue Eindrücke gebunden wird. Aber die Zeit kann trotz neuer Eindrücke und Anregungen furchtbar lang werden, zum Beispiel im Examen. Andererseits kann die Zeit auch schneller als sonst vergehen, obwohl nichts Besonderes passiert, zum Beispiel wenn man sich verspätet hat, den Zug noch bekommen will und sich nichts anderes ereignet als das eilige Zurücklegen eines bekannten Weges. Dauer als Zeitausdehnung erfahren wir auch bei unruhiger Erwartung, wenn die Ankunft des Neuen in der Gegenwart gehemmt scheint. Das muß nicht einmal gegen den eigenen Wunsch schnelleren Zeitvergehens geschehen. Nur müssen Vergangenheit und das Hereinziehen der Zukunft in die Gegenwart vermischt und verwischt, also diffus und chaotisch erlebt werden, eben als Kontinuum, in dem keine entscheidende Individuierung stattfindet. Die Dauer kann so zum uferlosen Meer werden, mit dem man sich in seinem Dahinleben identifizieren kann.

Dem Erlebnis uferloser Dauer ist die Gegenwart als Prinzip der Individuation entgegengesetzt. So, wenn ich aus dem Schlaf oder dem Dösen aufschrecke und augenblicklich ›da‹ bin. Erst dann ist eine solche Zeit da, von der man sagt, daß sie verfließt oder dahinströmt. Was ist diese Zeit?

Das Bild von der Zeit als etwas Fließendem enthält eine Paradoxie, obwohl es uns geläufig ist und wir auch verstehen, was damit gemeint ist.[4] Die verfließende Zeit verteilt einerseits (als sogenannte Modalzeit) alle Ereignisse auf Vergangenheit, Gegenwart und Zukunft, aber sie bringt sie auch (als sogenannte Lagezeit) in die standpunktunabhängige Ordnung des Früher und Später. Wenn sie selbst flösse, und das tut sie nach unserer Vorstellung, in der wir sie mit den verfließenden Ereignissen selbst identifizieren, dann müßte sie sich selbst verteilen und ordnen. Die Vorstellung vom Fluß der Zeit enthält also einen Widersinn:

> Die Zeit müßte zugleich Fluß und (als Skala zur Bemessung des jeweiligen Standes der Flußquerschnitte) Ufer sein.[5]

Der Widersinn kommt daher, daß diese Zeitvorstellung einen Kompromiß darstellt zwischen Modalzeit und Lagezeit, weshalb Schmitz diese fließende Zeit auch modale Lagezeit nennt. Der Kompromiß besteht in der Projektion der reinen Modalzeit (die Verteilung der Ereignisse auf Vergangenheit, Gegenwart und Zukunft) auf die reine Lagezeit (die Ordnung der Ereignisse in vorher und nachher). Der Physiker arbeitet nur mit der reinen Lagezeit. Er tut so, als gäbe es ihn und seine Gegenwart nicht, welche die Vergangenheit entläßt und Zukunft auf sich zukommen läßt, wodurch sie selbst immer neu ist. Er tut so, als sei diese Gegenwart auch nur ein relativer Augenblick in einer ununterbrochenen Folge von Augenblicken, so daß die erlebte Erneuerung zu einer bloßen Verschiebung wird.

Ohne unsere Gegenwart gäbe es weder die Lagezeit, in der von uns zählbar Unterschiedenes als früher oder später geordnet erscheint, noch die Modalzeit, gemäß der wir Vergangenheit hinter und Zukunft vor uns haben als das ›nicht mehr‹ und ›noch nicht‹. Die Gegenwart ist aber kein ausdehnungsloser oder dauerloser Punkt im Sinne einer dauernden Flucht punktförmiger Ereignisse, denn dann würde nichts, auch diese Flucht nicht, dauern. Sie dauert, solange wie die Gegenwart dauert.

Die verfließende Zeit kommt erst mit der Entfaltung der Gegenwart, die man Bewußtsein nennt, in die Welt, nämlich dadurch, daß zählbare Unterscheidungen gemacht, das heißt Ereignisse in einer Folge von Erlebnissen unterschieden werden. *Vor* solcher Gegenwart in wahrnehmenden Lebewesen gab es keine Zeit. Und *nach* solcher Gegenwart wird es keine geben. – Schmitz schreibt:

Der erste Anbruch primitiver Gegenwart ist, soweit wir dem Urteil unsere freilich auf unzulängliche Gründe gestützten Vermutungen zu Grunde legen können, ein datierbares, wenn auch nicht exakt datierbares Ereignis; vorher war alles Geschehen zwar so reich, wie wir aus wissenschaftlichen oder anderen Gründen glauben dürfen, aber versunken in ein chaotisch-mannigfaltiges Kontinuum ohne Identität und Verschiedenheit.[6]

Die Zeit kam durch solche Gegenwart in die Welt, wie ich sie bin. Das soll nicht heißen, daß es ohne mich die Zeit nicht gäbe. Es meint: Die Zeit ist etwas, was mir wie den anderen, die auch in ihrer Gegenwart dauern, widerfährt, indem die Ankunft des Neuen jeweils die Dauer »zerreißt« und Zukunft eintreten läßt.

Diese Ankunft des Neuen oder die Zukunft könnte aber ausbleiben. Dann hätte die Vergangenheit aufgehört, vergangen zu sein, und wäre wieder da. Schmitz schreibt zu diesem denkbaren Ende der Zeit:

Das Ausbleiben des Neuen ist die Auferstehung der Toten, und nicht allein ihrer, sondern aller Gegenstände, die jemals gewesen sind, z.B. jeder Wolke, die einmal für kurze Zeit am Himmel gestanden hat, jeder Laune, jedes noch so flüchtigen Eindrucks. (...) Bei der Auferstehung der Toten geschieht nicht etwas mit der Natur in der Zeit, sondern etwas mit der Zeit: das Ausbleiben der Zukunft. Das Einhalten, die radikale epoché, ist selbst schon das vollendete eschaton. Es braucht nur einmal ganz still gehalten zu werden, dadurch, daß nichts Neues mehr ankommt – dann sind wir alle wieder beisammen.[7]

Bei dieser Spekulation ist der Weltzustand *nach* dem Ende der Zeit nicht so wie vor dem Beginn der Zeit. Zeit gibt es durch die modalzeitliche Öffnung der Gegenwart für die Zukunft, also durch das Bewußtsein, das Lebewesen haben. Ohne Gegenwart kann von Vergangenheit keine Rede sein. Auch nach dem Ende allen Lebens im All kann ohne neue Gegenwart keine ehemalige Gegenwart gewesen sein. Das Ende der Zeit, an das Schmitz denkt, betrifft also die Gegenwart, welche Wesen wie wir haben. Wenn die Zukunft ausbleibt, dann bleibt es bei der zukunftslosen Gegenwart.

Die reine Gegenwart am jüngsten Tag beim Ausbleiben der Zukunft nennt Schmitz das jüngste Gericht, denn die Gegenwart ist das Prinzip der Individuation oder der Entschiedenheit. Es entfallen am Ende der Zeit Negation und die Modalzeit zugunsten endgültiger Identifizierung. – Wie soll man sich das konkret vorstellen? Was bedeutet es, den jüngsten Tag zu erleben? – Nach Schmitz ist er etwas, was wir alle erleben werden, weil beim Ausbleiben der Zukunft alles, jede »Laune« und jedes »Wölkchen« am Himmel, wieder da ist, und »wir alle wieder beisammen« sind.[8]

Tatsächlich gibt es für Schmitz Möglichkeiten, sich das jüngste Gericht als das zur Ewigkeit geronnene Plötzliche zu veranschaulichen und in gewisser Weise vorwegzuerleben. Er hat dafür vier Beispiele, die insgesamt ein traumatisches Szenario ergeben: 1. Die erstarrte Prügelszene Kafkas, 2. die endgültige Identifizierung mit dem Beispiel von Elektras Bruder, 3. der Fortfall der Rede durch die Posaune des jüngsten Gerichts und 4. die Endgültigkeitstönung in der Schizophrenie. – Unsere Überlegungen zu den letzten Dingen nehmen dadurch gezwungenermaßen noch eine psychoanalytische Wendung. Ich gehe die vier Schmitzschen Erlebnisdimensionen des jüngsten Gerichts durch.

1. Wenn die Zeit stille steht, kann nichts mehr passieren. Was geschehen ist, ist nun für immer eingefroren. Schmitz versinnbildlicht das an einer Prügelstrafaktion (ein Mann herrscht mit der Rute über zwei andere), wobei eine Rumpelkammer die ganze Welt vertritt. Er schreibt:

> Diese reine Gegenwart ist das zur Ewigkeit geronnene Plötzliche, das Kafka durch das Bild der Prügelszene anzudeuten scheint, die sich als Momentsache vor den Augen des erstaunten K. in einer sonst verschlossenen Rumpelkammer abspielt, zu dessen wahrhaft fassungslosem Erstaunen aber, als er die Kammer am nächsten Tag im Vorübergehen ganz nebenbei wieder aufschließt, in genau der gleichen Konstellation abermals zu sehen ist, als wäre die Zeit stillgestanden.[9]

2. Beim jüngsten Gericht gibt es kein Problem mehr mit der Identifizierung. Für dieses Problem steht die Paradoxie der Elektra:

> Elektra weiß nicht, daß dieser Verhüllte ihr Bruder ist; dieser Verhüllte aber ist Orestes; also weiß Elektra nicht, daß Orestes ihr Bruder ist.[10]

Bei diesem Trugschluß wird die Identitätsregel angewendet, daß zwei Objekte identisch sind, wenn vom einen so wie vom anderen geredet werden kann und die Namen des einen mit den Namen des Anderen ausgetauscht werden können. Diese Regel ist, da sie zum Trugschluß führt, unzureichend. Sie kann kein Identitätskriterium abgeben. Schmitz stellt fest, daß wir bei der Identifizierung einstweilen noch an der in der Angst spürbaren »Enge des Leibes Maß nehmen« müssen.[11] Identität bleibt bis zum jüngsten Gericht undefinierbar – wie die Negation auch. Aber dann, am jüngsten Tag, sind Identität und Verschiedenheit endgültig definiert und das Chaos ist total bewältigt.

> Das Gericht im jüngsten Gericht bestünde dann darin, daß alle Maßstäbe und Gesichtspunkte ganz scharf und streng würden, als unvergleichlich prägnante Eindrücke.[12]

3. Am jüngsten Tag stellt sich nichts mehr heraus. Alles steht endgültig fest. Es hat sich alles herausgestellt (wer verprügelt wird, wer der Bruder ist). Es wird nicht mehr geredet.

> Die wichtigste Methode der Explikation, wodurch sich Sachverhalte, Programme und Probleme aus Situationen herausstellen, ist für uns Menschen die Rede. Das Abgeschnittensein jeder Möglichkeit fortlaufender Explikation kann daher als Fortfall der Rede und damit als Schweigen vorgestellt werden. Dieses Schweigen hat etwas Bestürzendes. (...) Die Posaune des jüngsten Gerichts ist das Schweigen.[13]

4. Die Endgültigkeits- und Weltuntergangserlebnisse sind bezeichnende Merkmale der Schizophrenie.

> Beide Merkmale befähigen den schizophrenen Wahnsinn dazu, etwas vom eigentümlichen ›Aroma‹ des Himmelreichs zu versinnlichen.[14]

Die schizophrene Person erlebt den Ausfall der Zukunft zugleich als Weltuntergang und Ankunft einer neuen endgültigen Welt, in der sich alles um sie selbst dreht. Das Bizarre und Verworrene für Außenstehende begründet Schmitz so:

> Das Endgültige (wird) zu früh, nämlich mitten in der Modalzeit, usurpiert. Im Himmelreich herrschen statt dessen Klarheit und Sicherheit.[15]

Insgesamt zieht Schmitz zur Versinnlichung des jüngsten Gerichts oder des Endes der Zeit unheimliche, bestürzende und traumatisierende Erlebnisse heran: die zur ewigen Bedrohung erstarrte Züchtigung, der nichtidentifizierbare verhüllte Bruder, der unhörbare Posaunenschall als Wegfall der Rede und die Endgültigkeitstönung des Schizophrenen. Das jüngste Gericht trägt die Zeichen eines kindlichen Traumas der Züchtigung, Verwechslung, Nichtanhörung und ständigen Beobachtung in einer Art Wiederkehr des Verdrängten – ähnlich wie in der biblischen Apokalypse. Sollten die letzten Dinge die ersten sein? Eine mit Schmitz' jüngstem Gericht vergleichbare Vorstellung ist Nietzsches Mythologem von der ewigen Wiederkehr des Gleichen. Für Nietzsche war das, wie bei Schmitz, eine absolut unheimliche Vorstellung, weil mit den schönen Erlebnissen auch die ekelhaften und schmerzvollen Erlebnisse, von denen Nietzsches Leben so voll war, verewigt wären. Nietzsche bejahte die Wiederkehr nur deshalb so emphatisch, weil mit der Wiederkunft von allem, jeder Wolke, jeder Laune, auch der Augenblick wiederkehrte, wo er das entscheidende Ewigkeitserlebnis hatte. Er datiert es in »Ecce homo« auf den August 1888.[16]

> Unsterblich ist der Augenblick, wo ich die Wiederkunft zeugte. Um dieses Augenblickes willen *ertrage* ich die Wiederkunft.[17]

Eigentlich will er nur die Wiederkehr des Augenblicks der Wiederkehr. Er schreibt:

> Wenn nur ein Augenblick wiederkehrte, – sagte der Blitz – so müßten alle wiederkehren / absolute Notwendigkeit als *Schild mit Bildwerken geschaut!*[18]

Es handelte sich um den Schild des Achill, den Homer im 19. Gesang der Ilias als leuchtendes Gestirn für Seefahrer, das Nietzsche dann wieder am Silser See blitzen sah, beschrieben hat.[19] Achill sollte mit dem Schild in den Kampf gehen, um seinen gefallenen »Liebhaber Patrokles«[20] zu rächen. Auf dem Schild hatte Hephaistos das Leben der Griechen als Kreisgang dargestellt. Nun erscheint es Nietzsche wieder, und zwar ganz wie die Schmitzsche Posaune des Jüngsten Gerichts: als »totenstiller Lärm«:

Still! –
Von grossen Dingen – ich *sehe* Grosses! –
soll man schweigen
oder gross reden:
rede gross, meine entzückte Weisheit!
Ich sehe hinauf –
dort rollen Lichtmeere.
– oh Nacht, oh Schweigen, oh totenstiller Lärm! ...
Ich sehe Zeichen – ,
aus fernsten Fernen
sinkt langsam funkelnd ein Sternbild gegen mich ...
Höchstes Gestirn des Seins!
Ewiger Bildwerke Tafel!
Du kommst zu mir? –
Was keiner geschaut hat,
deine stumme Schönheit, –
wie? sie flieht vor meinen Blicken nicht?
Schild der Nothwendigkeit!
Ewiger Bildwerke Tafel! (...)
Höchstes Gestirn des Seins![21]

Die Vorstellung vom Weltgeschehen als der Wiederkehr aller Dinge hat Nietzsche von dem Schild selbst, auf dem der Reigen immerwährenden Lebens dargestellt ist, das sogenannte »Welt-Rad«. Für Nietzsche hat es die Bedeutung der Überrundung des Sterbens. Er verbindet das Weltrad mit dem Weltkind Heraklits, das über die Welt herrscht.

Die Welt ist ein Kind, das spielt, ein Brettspiel spielend. Eines Kindes ist die Herrschaft.[22]

Entsprechend dichtete Nietzsche, den Schluß von Goethes »Faust II« parodierend:

Welt-Rad das rollende,
streift Ziel auf Ziel:
Not – nennt's der Grollende,
der Narr nennt's – Spiel ...
Welt-Spiel, das herrische,
mischt Sein und Schein: –
das Ewig-Närrisch
mischt *uns* – hinein! ...[23]

In seiner Studie »Einblicke in die Werkstatt des Wahns (Das Mythologem von der Ewigen Wiederkunft)« findet Rudolf Bilz[24] den Sinn von Nietzsches Wiederkunftsvision in den Worten des Wahrsagers aus Nietzsches »Zarathustra«. Diese Worte spielen auf Nietzsches Kindertraum von 1850 an, in dem das Gespenst des toten Vaters den kleinen Bruder zu sich ins Grab holt:[25]

Nun wird immer Kindes-Lachen aus Särgen quellen; nun wird immer siegreich ein starker Wind kommen aller Todes-müdigkeit.[26]

Das ist die ewige Wiederkehr als Überrundung des Todes. Dazu Bilz:

Kinderlachen in Särgen, das besagt genau das, was das My-thologem zum Ausdruck bringt, denn dieses lachende Kind ist eben das Subjekt, das zugleich der Tote im Sarg ist oder war. Wenn »Welt-Rad, das rollende, (...) Ziel um Ziel« greift, so war der Tote ein Ziel, aber genauso das Kinderlachen, das man bei der Beerdigung des Subjekts bereits aus dem Sarg hören kann. –[27]

Es scheint fast so: Die ersten und wichtigsten Dinge, die ein Kind prägen, Liebe, Tod, Geburt und mögliche Auferstehung, sind zugleich die sogenannten letzten Dinge, so daß, wenn wir uns um die ersten nur genug sorgen würden, wir uns um die letzten Dinge vielleicht keine Sorgen mehr zu machen brauchten.

Nachwort

»Vielleicht ist die Wahrheit ein Weib, das Gründe hat, *ihre Gründe nicht sehn zu lassen?*« So hieß es mit Nietzsche im Vorwort. »Vielleicht ist ihr Name, griechisch zu reden, *Baubo?*« – Das meint: In der Philosophie geht es womöglich gar nicht um Wahrheit, sondern darum, nicht hinzuschauen, also den Blick abzulenken oder, wie Nietzsche selbst es wollte, »tapfer bei der Oberfläche, der Falte, der Haut stehen zu bleiben«.[1] Die alles enthüllende, unverschämte Baubo wirkt wie Medusa: Sie anzublicken läßt einen erstarren, macht impotent.

Was die Philosophen, zum Beispiel Sokrates, Platon oder Aristoteles, über das Prinzip der Philosophie sagten, daß dieses das Wissen ums Nichtswissen sei, das Staunen oder das Streben nach Erkenntnis, das sind dann wohl Beschönigungen oder bewußte Verdeckungen und Verdrehungen gewesen. Denken wir nur an Aristoteles, wie er seine »Metaphysik« damit beginnt, das Streben nach Wissen als eine ganz natürliche und harmlose Sache hinzustellen, und wie er sich dann zum Schluß im 12. Buch (s. Kapitel »Was ging vor im Denken Hegels?«, S. 80) geradezu überschlägt vor Eifer, die Vernunft als das Höchste und Göttliche, ja als das ewige Leben selbst zu preisen. Muß sein Denken dann nicht in der Flucht vor dem Tiefsten, dem Teuflischen und dem Tode seinen Ursprung gehabt haben?

Die großen Philosophen sind die, welche sich durchs Denken haben retten und heilen können. Aus dem Blickwinkel des Gewinners und Heilswissers sehen sie zurück auf den Anfang der Philosophie. Das heißt: sie sehen ihn gar nicht mehr, wenn sie ihn als Wissen des Nichtswissens, Staunen oder Streben nach Erkenntnis ausgeben. Ihr Denken ist ja die Tilgung dieses Anfangs, seine Verdeckung. Sie sind dem Bann der Wahrheit entkommen. Wenn nicht, hätte man sie vergessen. Es wären eben keine Philosophen gewesen. Das eigentliche Problem der Philosophie lautet nämlich – gemäß dem biblischen Mythos vom Sündenfall: »ist ein Leben nach der Erkenntnis dessen, was man nicht kennen sollte, möglich«?[2] – Die Philosophen lassen es möglich erscheinen – durch Ablenkungswissen.

Also nicht das Nichtwissen, das Staunen und das Streben nach Erkenntnis stehen eigentlich am Anfang der Philosophie, sondern das Zuviel an Wissen, der Schrecken und die Zurückweisung der Realität. Das anfänglich mit Schrecken Gewußte ist der Tod, die grausame Realität der drohenden Verluste und der Vernichtung. Das ist zuviel an Wissen. Die Philosophen verdecken es, schaffen es ab, ersetzen es. Der Mensch weiß immer schon zuviel. Dagegen hilft die Philosophie mit ihrem Heilswissen. Sie ist hierbei mit der Religion im Bunde.

Tatsächlich ist das den Tod betreffende Zuviel an Wissen etwas Unverdauliches, ja die Katastrophe des Denkens selbst, nämlich eine Paradoxie. Sie ist mit der Wahrheit zugleich auch die Abwesenheit aller Wahrheit. Am Anfang des Denkens steht insofern der Ruin des Denkens, aus dem es sich selbst erst herauskatapultieren muß. Den Ruin bringt der negative Selbstbezug, das verneinende Hingucken auf sich selbst: im Gedanken des eigenen Nichtseins, also der Vorstellung, nicht vorzustellen, oder im Satz des sagenhaften Epimenides aus Kreta ganz am Anfang der abendländischen Philosophie: »pseudomai« (griech. »ich lüge jetzt«). Beweggrund des philosophischen Denkens ist seitdem die Vermeidung der Katastrophe durch Ablenkung und das Verbot, dem Tod als der Selbstnegation nachzudenken. Über die an den Rand gedrängte Paradoxie selbst kann man nur noch verzweifelt schreien oder lachen.

Überhaupt scheint das sich Wort für Wort aussprechende Denken zwischen zwei ursprünglicheren Reaktionen auf den Anfang angesiedelt zu sein: zwischen Schreien und Lachen. Beides konnten wir als Kinder zuerst; bevor wir sprechen und denken lernten. Und ganz zuletzt mag es uns auch wieder die Sprache verschlagen. Wir sind dann eben keine wahren, das heißt: die Wahrheit verhüllenden Philosophen. Umsomehr danke ich Michael Günther vom Eugen Diederichs Verlag, daß er mit diesem Buch auch ein unverschämtes und heilloses Denken zwischen Schreien und Lachen als Philosophie gelten ließ.

Anmerkungen

Die in den Anmerkungen verwendeten Kurztitel der Literaturangaben werden im Literaturverzeichnis aufgelöst (siehe S. 246–255).

Vorwort

1 Wahrig 1975, 2343.
2 Nietzsche 1980, 6/439 und 3/352.
3 Goethe 1981, 3/125; *Faust* Vers 3963.
4 vgl. Diels 1957, 71; Empedokles, Fr. 153.
5 Ranke-Graves 1955, I/78.
6 Devereux 1981.
7 Nietzsche 1980, 3/352 und 6/439.
8 Schiller o.J., 254; vgl. Klages 1988, 192 ff.
9 Kierkegaard 1950.

Das taumelnde Spinett

1 Wittgenstein 1971, 154; Teil I, Nr. 412.
2 Beide Zitate: Hume 1973, 346.
3 Mann 1989, *Tagebuch* 29. August 1934.
4 Lenin 1989, 27.
5 Lenin 1989, 33.
6 Diderot 1961, 521.
7 Lenin 1989, 55 ff.
8 vgl. Lenin 1989, 54.
9 Lenin 1989, 63.
10 Berkeley 1957, 26.
11 Berkeley 1957, 28.
12 Lenin 1989, 63.
13 Lenin 1989, 63 f.
14 Lenin 1989, 67.
15 Mach 1918, 12.
16 Schmitz 1988, 1.
17 Mach 1918, 24.
18 Mach 1918, 15.
19 Wittgenstein 1989, 74.
20 Wittgenstein 1989, 76.
21 Wittgenstein 1989, 75.
22 Wittgenstein 1964, 114; *Tractatus* Nr. 6.45 und 6.45.
23 vgl. Wittgenstein 1971, 154.
24 Wittgenstein 1989, 76.
25 Wittgenstein 1971, 131.
26 Mach 1918, 20.
27 Onfray 1993, 19 f.
28 Schmitz 1988, 1 ff.
29 vgl. Diels 1957, 44 ff.
30 vgl. Parmenides 1969, 10 ff.
31 Schmitz 1989, 7.
32 Heinrich 1966, 186.
33 Rosset 1988, 180.
34 Meister 1979, 123.
35 Fichte 1834, NW II/151.
36 Fichte 1845, SW V/404.
37 Fichte 1845, SW V/406.
38 Mach 1981, 24.
39 vgl. Rosset 1988, 52 f.
40 vgl. Schmitz 1988, 394.

Zum Lachen und Weinen

1 Schopenhauer 1961, II/122.
2 vgl. Pascal 1954, 23; Pascal 1925, XII/18.
3 vgl. Borch 1941, 70.
4 Descartes 1955, 2.
5 Stirner 1972, 3; vgl. Schulte 1991, 139.
6 Wittgenstein 1964, 114 f; *Tractatus* 6.521.
7 Lenin 1989, 63.

8 Wittgenstein 1971, 131.
9 Rosenzweig 1992, 105.
10 Rosenzweig 1988, 3.
11 Rosenzweig 1988, 5.
12 Platon 1957, 4/120; *Theaitetos* 155 d; Aristoteles 1966,13; *Metaphysik* 982 b.
13 Rosenzweig 1992, 28, 50 und 57.
14 Aristoteles 1955, 29; zitiert nach Ritter 1989, VII/590.
15 Rosenzweig 1992, 29 f.
16 Weininger 1903, 216.
17 Weininger 1903, 217.
18 Weininger 1903, 427 f.
19 vgl. Stern 1974, 486.
20 Bachtin 1995, 121 ff.
21 vgl. Wetzel 1986, 175 ff.
22 Bexte 1986, 284.
23 Fichte 1845, II/472 f.
24 Schmitz 1964, IV/167.
25 vgl. Schulte 1991, 72 f.
26 Kant 1781, A 598; Kant 1787, B 626.
27 Epikur, zitiert nach Hahn 1975, 96.
28 Ritter 1974, 76.
29 Koestler 1981, 142.
30 Kant 1799, 225.

Was ist Wahrheit?

1 Bibel 1991, 1208; Johannes 18,38.
2 Caillois 1993, 56 f.
3 vgl. Caillois 1993, 125.
4 Bibel 1981, 452; Johannes 18,38.
5 Bibel 1991, 1202; Johannes 14,6.
6 Bibel 1991, 1194 f; Johannes 8, 42 ff.
7 Bibel 1991, 1195; Johannes 4,58.
8 Bibel 1991, 1195; Johannes 4,59.

9 Lukas 10,12.
10 Bibel 1981, 305; Lukas 14,26.
11 Bibel 1991, 1163; Lukas 12,49; vgl. Matthäus 10,34 und Markus 10,38.
12 Bibel 1991, 1161; Lukas 12,4 f.
13 Bibel 1991, 1117; Markus 1,34.
14 vgl. Benz 1950, 8.
15 Plato 1957, 3/99 f.
16 Plato, *Politeia* 361 e; Übers. Benz 1950, 8.
17 Aristoteles 1948, 17.
18 Kant 1787, B 131.
19 Kant 1787, B 134.
20 Gehlen 1962, 309.
21 Plato 1957, 2/145 f; *Kratylos* 403 e, 404 a.
22 Plato 1957, 3/20; *Phaidon* 67 e.
23 Platon 1957, 3/19; *Phaidon* 66 e.
24 Kant 1983, XXIX, 919 f.
25 Kleist 1964, VI/163.
26 Mikorey 1955, 954.
27 vgl. Ranke-Graves 1955, II/67 f.
28 Platon 1957, 3/66; *Phaidon* 118 a.
29 Mikorey 1955, 959.
30 Mikorey 1955, 959.
31 Cavarero 1992, 175.

Das Rätselkoma

1 vgl. Schulte 1975, 63 ff.
2 vgl. Russell 1973, 76.
3 vgl. Schulte 1973, 76 und Schulte 1993,172.
4 Wittgenstein 1964, 28; *Tractatus* 3.332.
5 Schmitz 1980, IV/540.
6 Schmitz 1964, I/327 ff.
7 Schmitz 1964, I/414 f.
8 Schmitz 1964, I/327.
9 Schmitz 1964, I/312.
10 Schmitz 1964, I/416.
11 Kant 1781, A 571 / Kant 1787, B 599.

12 Schmitz 1968, 117.
13 Schmitz 1968, 120.
14 Schmitz 1964, I/12.
15 Schmitz 1968, 106.
16 Schmitz 1968, 107 f.
17 Schmitz 1968, 11.
18 zu *re-entry* vgl. Schulte 1993,
   127 und 231 f.
19 vgl. Schrödinger 1935.
20 Penrose 1995.
21 vgl. Davies 1986, 154.
22 Kunz 1931, 698.
23 Satz zitiert aus Kunz 1946,
   II/109, Absatz zitiert aus
   Herzog 1983, 101 f.
24 Wittgenstein 1971, 154; »Philosophische Untersuchungen«
   Nr. 412.
25 Wittgenstein 1971, 154; »Philosophische Untersuchungen«
   Nr. 412.

Vom Ursprung der Vernunft

1 Caillois 1960, 26.
2 Henschel 1996, 17 ff.
3 Girard 1987, 9.
4 Girard 1983, 102.
5 Caillois 1960, 19.
6 Girard 1983, 102.
7 Girard 1983, 83.
8 Koestler 1981, 29.
9 De Marchi 1988, 43.
10 Lifton 1986, 28 f.
11 Lifton 1986, 231 f.
12 Kerr 1994, 101.
13 Canetti 1980, 249.
14 vgl. Schulte 1995, 13 ff.
15 Kant 1968, VIII/123.
16 Bibel 1991, 18 f; Genesis 1,29;
   Gensis 2,16; vgl. 3,17 ff.
17 Bibel 1991, 24; Gensis 9,3.
18 nach Art eines Voodoo-Todes,
   vgl. Bilz 1974, 194 und Bilz
   1973, 41.
19 vgl. Schulte 1995, 86 ff.

20 Bibel 1991, 18; Genesis 1,30.
21 vgl. Bibel 1991, 19; Genesis
   3,21.
22 vgl. Bibel 1991, 42; 8,21.
23 Burkert 1972, 50.
24 Giegerich 1994, 32 f.
25 Girard 1983, 96.
26 Girard 1983, 100.
27 Girard 1983, 222.
28 Girard 1983, 100.
29 Girard 1987, 341.
30 Girard 1983, 100.
31 Girard 1983, 101.
32 Kant 1968, VIII/110.
33 vgl. Henschel 1996, 30.
34 Bilz 1973, 168.
35 Bilz 1973, 171.
36 Girard 1987, 201.
37 De Marchi 1988, 163 f.
38 Freud 1978, IX/381.
39 Freud 1978, IX/381.
40 Freud 1978, IX/54.
41 Freud 1978, IX/55.
42 Freud 1978, IX/53.
43 Schmitz 1964, II/2,125.
44 Vgl. Henschel 1996, 31.
45 Schmitz 1964, IV/95.
46 Schmitz 1964, III/5,31 und 95.
47 Schmitz 1980, 97.
47 Schmitz 1964, III/1,54.
48 Schmitz 1964, III/1,399.
50 Schmitz 1980, 97 f.

Was ging vor im Denken Hegels?

1 Rosenkranz 1969, 229.
2 Rosset 1988, 44.
3 Hegel 1969, 8/48.
4 Hegel 1969, 8/48.
5 Henrich 1975, 7.
6 Marx 1956, Erg.Bd.1/228.
7 Marx 1956, Erg.Bd.1/228.
8 Hegel 1969, 10/388.
9 Hegel 1969, 3/36.
10 Hegel 1969, 10/389 und 3/23.

11 Hegel 1969, 3/586.
12 Aristoteles 1966, 278; *Metaphysik* 1072 b; Hegel 1969, 10/394.
13 Hegel 1969, 1/30.
14 Hegel 1931, 202.
15 Hegel 1969, 10/165.
16 Hegel 1969, 1/41.
17 Hegel 1969, 3/547.
18 Hegel 1969, 2/24 f.
19 Hegel 1931, 179 f.
20 Hegel 1952, I/314 f.
21 Rosenkranz 1844, 116.
22 Hegel 1969, 10/165.
23 Hegel 1969, 3/56.
24 Hegel 1969, 3/56.
25 Hegel 1969, 3/58.
26 Hegel 1969, 8/58.
27 Hegel 1969, 3/59.
28 vgl. Hegel 1969, 2/533.
29 Häussermann 1939, 359 ff. und Hegel 1969, 2/535.
30 Rosenkranz, zitiert in Hegel 1969, 2/538 f.
31 Hegel 1969, 3/175.
32 vgl. Schulte 1982, 112.
33 Hegel 1969, 3/165.
34 Hegel 1969, 8/84.
35 Hegel 1969, 8/370 ff.
36 vgl. Hegel 1969, 7/24 und 8/48 f.
37 Hegel 1969, 8/170.
38 Hegel 1969, 8/174 f.
39 Hegel nach Hoffmeister 1936, 349.
40 Hegel 1969, 3/591.
41 Hegel 1969, 9/65.

Wie war das mit Marx?

1 vgl. Schulte 1992.
2 S. auch Kapitel »Was ging vor im Denken Hegels?« S. 80 und Marx 1956, Erg. Bd.1/228.
3 Marx 1956, 23/27.
4 Marx 1956, 23/85.
5 vgl. Schulte 1992.
6 Verlautbarungen 1991, 55.
7 Marx 1956, 35/431 f.
8 Lévi-Strauss 1969, 61.
9 Marx 1956, 23/52, 54, 65 f., 72, 77 und 81.
10 Marx 1956, 23/919.
11 Marx 1956, 23/209, 271, 286, 315, 319 und 329.
12 Marx 1975, I/1 T 550.
13 Bibel, Numeri 24,8.
14 Bibel, Exodus 13,2 und 22,28.
15 Marx 1956, 23/511.
16 Bibel 1991, 67; Exodus 3,8.
17 Marx 1956, Erg.Bd.1/453.
18 Marx 1956, Erg.Bd.1/519 und 538.
19 Marx 1956, Erg.Bd.1/547.
20 Marx 1956, 1/91.
21 Brosses 1760.
22 Bibel, Baruch 6,9 und 11.
23 Bibel 1991, 834; Jesaja 34,14.
24 Babylonischer Talmud 1933, IV/876 ff; Nedarim II, V.
25 Nedarim 20 a.
26 vgl. Schulte 1992, 210.
27 Marx 1956, Erg.Bd.1,461.
28 Marx 1975, I/1 T 683 f.
29 Marx 1956, 23/99.
30 Bibel, 3 Mose 19,23 und 5 Mose 24; vgl. Babylonischer Talmud 1933 *Traktat Pea* (= Ackererde).
31 Marx 1956, 1/137.
32 Marx 1956, 1/137.
33 Marx 1956, 1/222.
34 Babylon. Talmud 1933, IV/489, Fol 11a-b; Traktat Kethuboth 1.
35 Babylonischer Talmud 1933, IV/489.
36 Babylonischer Talmud 1933, IV/489.
37 Bibel 1991, 123; 3 Mose 18.
38 in 3 Mose 18,6.
39 Marx 1956, 2/62.
40 Marx 1956, Erg.Bd.1/546.

41 vgl. Marx 1956, Erg.Bd.1/141.
42 Marx 1956, 1/389.

Theologie und Philosophie

1 Nietzsche 1980, 6/176.
2 Rahner 1969, 17.
3 Rosset 1994, 10 f.
4 Rosset 1994, 110 ff.
5 Bibel 1991, 1320; 1
Tessalonicher 5,8.
6 Eckehart 1955, 69; 11. Rede
der Unterweisung.
7 Rosset 1994, 116.
8 Rosset 1994, 122.
9 Rahner 1969, 17.
10 vgl. Schmitz 1964, III/2.
11 Otto 1987, 5.
12 vgl. Hick 1996, 306 f.
13 vgl. Schmitz 1964, III/4, 96.
14 Freud 1978, 197.
15 vgl. Schmitz 1977, III/4, 102.
16 Hurwitz 1980, 111.
17 Otto 1987, 39.

Philosophie für Frauen

1 vgl. Irigaray 1980.
2 vgl. Schulte 1989.
3 Irigaray 1991, 11.
4 Irigaray 1989, 11 f.
5 *Spiegel* 1976, 23/193.
6 Irigaray 1991, 25.
7 Freud 1978, I/545.
8 Bibel 1991, 17; Genesis 1,27.
9 vgl. Schulte 1995.
10 vgl. Bibel 1991, 68; Exodus
3,15 ff.
11 Bibel 1991, 17; Genesis 1,26;
vgl. Genesis 3,22; Genesis 11,7;
Genesis 18,2.
12 Bibel 1991, 17; Genesis 1,26 f.
13 vgl. Koran 1993, 600; 53. Sure.
14 Goethe 1981, *Faust* Vers 4120.
15 vgl. Hurwitz 1980, 93 und
Graves/Patai 1986, 85.
16 Hurwitz 1980.
17 Bibel 1991, Genesis 3,6.

18 Bibel 1991, 19; Genesis 3,22.
19 Hoevels 1985, 63.
20 Irigaray 1980, 391 ff.
21 Platon 1957, *Phaidon* 67 b.
22 Andrée 1978, 142.
23 Platon 1957, *Symposion* 211 b.
24 Platon 1957, *Symposion* 209 d.
25 206 c.
26 Irigaray 1991, 35.
27 Irigaray 1991, 35 f.
28 Platon 1951, IV,2/151.
29 Platon 1974, III/156.
30 Platon 1957, 2/235.
31 Platon 1957, 2/235;
Symposion 206 c.
32 Platon 1957, 2/235;
Symposion 206 c.
33 Platon 1957, 2/235;
Symposion 206 d.
34 Bethe 1983.
35 Platon, *Phaidros* 246 ff.
36 Bethe 1983, 43.
37 Platon 1957, 2/238;
Symposion 209 e.
38 Feuerbach 1971, 37.
39 Stirner 1972.
40 Hegel 1989, I/372.
41 vgl. Schulte 1992, 93 ff.
42 vgl. Bibel 1991; Gen 9,4; Joh
6,53; Kor 10,15.
43 Bibel 1991; Römer 12,1.
44 Bibel 1991; Lukas 21,32.
45 Feuerbach 1971, 121.
46 Irigaray 1989, 11 ff.
47 Irigaray 1989, 116.
48 Bibel 1991; Genesis 6,1–4.
49 vgl. Schulte 1995, 79 ff.
50 Irigaray 1991, 25 f.
51 Irigaray 1991, 25.
52 Irigaray 1991, 27.
53 Heidegger 1954.
54 Schütt 1993, 16.
55 Bachelard 1978.
56 Irigaray 1991, 13.
57 Irigaray 1991, 17.
58 Irigaray 1991, 23.

59 Bibel 1991; Genesis 6.
60 Irigaray 1991, 25.
61 Marx 1956, 23/ 52, 65, 72 u. 77.
62 Marx 1956, 23/85.
63 Irigaray 1991, 25.
64 Heidegger 1954, 164.
65 Heidegger 1954, 172.
66 Schütt 1993, 126.
67 Irigaray 1991, 25.
68 Heidegger 1954, 173.
69 Heidegggger 1954, 100.
70 vgl. Schütt 1993, 161.
71 Schütt 1993, 20.
72 Meyer 1991.
73 Heidegger 1961, 93.
74 vgl. Schütt 1993, 69.
75 Heidegger 1961, 152.
76 Heidegger 1961, 19.
77 Heidegger 1961, 85.
78 Heidegger 1961, 93.
79 Heidegger 1961, 97.
80 Meyer 1991, 62.
81 Heidegger 1962, 27.
82 Heidegger 1961, 32 f.
83 Schütt 1993, 35.

Über Gedankenverfertigung

1 Kafka 1970, 359.
2 Platon 1957, 2/238; *Symposion* 209 e.
3 Kafka 1970, 320.
4 Kafka 1970, 358.
5 vgl. Mones 1993.
6 Plessner 1982, 160.
7 Häcker 1981.
8 Kleist 1966, 804.
9 Kleist 1966, 804.
10 Nietzsche 1980, 6/169.
11 Kleist 1966, 810.
12 vgl. Theisen 1994.
13 Kleist 1966, 810.

Nietzsches dionysische Initiation

1 vgl. Schulte 1995 a.

2 Nietzsche 1980, 6/298.
3 Nietzsche 1980, 6/303 f.
4 Nietzsche 1980, 6/299.
5 vgl. Nietzsche 1980, 6/300.
6 Nietzsche 1980, 6/305.
7 Nietzsche 1980, 6/305.
8 Nietzsche 1980, 6/306.
9 Nietzsche 1980, 6/307.
10 Nietzsche 1980, 6/307.
11 Nietzsche 1980, 6/307.
12 Nietzsche 1980, 6/307.
13 Nietzsche 1980, 6/307.
14 Nietzsche 1980, 6/307 f; vgl. 5/237.
15 Nietzsche 1980, 5/237 f.
16 Nietzsche 1980, 1/23.
17 Nietzsche 1980, 14/374.
18 Nietzsche 1980, 11/424.
19 Nietzsche 1980, 5/238 f.
20 Nietzsche 1980, 5/239 f.
21 Nietzsche 1933, 11/408.
22 Nietzsche 1980, 11/685.
23 Nietzsche 1980, 11/498.
24 vgl. Bibel 1991, 1144 f; Lukas 2,19.
25 Nietzsche 1980, 11/483.
26 vgl. Nietzsche 1980, 11/482.
27 Schmidt 1994, 330 und 735 ff.
28 Ilges 1900, 165.
29 Schmidt 1994, 695 ff.
30 Schmidt 1994, 695 ff.
31 Nietzsche 1986, 1/288.
32 Schmidt 1994, 738.
33 Nietzsche 1980, 5/72.
34 Ilges 1900, 134.
35 Nietzsche 1933, 11/187–9.
36 Nietzsche 1980, 6/307.
37 Nietzsche 1980, 6/307 f.
38 Nietzsche 1980, 5/238 f.
39 Nietzsche 1933, 11/ 428 und 11/320–321.
40 Bibel 1991, 1235; Apostelge-schichte 17, 23.
41 Nietzsche 1980, 11/253.
42 Nietzsche 1980, 5/249.

43 vgl. Nietzsche 1980, 6/268.
44 Nietzsche 1980, 6/165.
45 Nietzsche 1980, 6/201.
46 Nietzsche 1980, 5/224.
47 Nietzsche 1980, 6/207.
48 Nietzsche 1980, 5/224.
49 Nietzsche 1980, 4/313 ff.
50 Nietzsche 1980, 6/400.
51 Nietzsche 1980, 4/315.
52 Nietzsche 1980, 6/399 ff;
    4/314 ff.
53 Nietzsche 1980, 5/224 f.

Vernunft und Sexualität

1 Kant 1986, 694 f; Brief an
   Schiller vom 30. März 1795.
2 Kant 1968, VII/178.
3 Kant 1968, II/228 f.
4 Kant 1968, VII/241.
5 Kant 1968, V/229; *Kritik der
   Urteilskraft* 16.
6 Nietzsche 1980, 5/87.
7 Gazzetti 1993, 21.
8 Heuft 1996, 4.
9 Hofstadter 1985, 633 f.
10 Bibel 1991, 20 f; Genesis 4,1;
   vgl. Genesis 4,25.
11 Bibel 1991, 18; Genesis 2,16.
12 vgl. Schulte 1995, 154 ff.
13 Paglia 1992, 11 ff.
14 vgl. Schulte 1989.
15 Paglia 1992, 38 ff.
16 Weininger 1903, 256.
17 Weininger 1903, 255 f.
18 Weininger 1903, 257.
19 Weininger 1903, 243 f.
20 Weininger 1903, 399.
21 Weininger 1906, 155.
22 Weininger 1906, 67.
23 Cavarero 1992, 163 f.

Phantome und Doppelgänger

1 Schmitz 1964, V/191.
2 Katz 1921, 28.
3 Schilder 1923, 28.

4 Schmitz 1964, II/1, 16 ff.
5 Frank/Lorenzoni 1992, 78 und
   Mikorey 1952, 17.
6 Melzack 1990, 88.
7 Schmitz 1964, II/1, 19.
8 Schmitz 1964, II/1, 14.
9 Katz 1921, 28.
10 Schilder 1923, 28.
11 vgl. Schmitz 1964, II/1, 23.
12 vgl. Schmitz 1964, II/1, 7.
13 Menninger-Lerchenthal 1947;
   Treher 1987, 64; Schmitz 1964
   II/1, 140.
14 Treher 1992, 12 ff.
15 Melzack 1990, 92.
16 Frank/Lorenzoni 1992, 83.
17 Mikorey 1936, 943.
18 Mikorey 1936, 943.
19 Mikorey 1952, 67.
20 Treher 1987, 15.
21 Aristoteles 1968, 36; 412 b.
22 Mikorey 1952, 9.
23 Mikorey 1952, 10.
24 Mikorey 1952, 14 f.
25 Simmel 1961.
26 Mikorey 1952, 18.
27 Mikorey 1952, 19.
28 Mikorey 1952, 24.
29 Mikorey 1952, 29.
30 Mikorey 1952, 31.
31 Mikorey 1952, 66.
32 Mikorey 1952, 58.
33 Mikorey 1952, 64 und 15.

Die Sache mit der Perspektive

1 Nietzsche 1980, 3/352.
2 Kutschmann 1986, 67.
3 Leibniz 1982, 53; *Monadologie*
   Nr. 57.
4 vgl. Schulte 1973.
5 vgl. Brunner-Traut 1996, 58 f.
6 Panofsky 1979, 129.
7 Vgl. Gebser 1978, 36.
8 Brunner-Traut 1996, 4 und 9.
9 Brunner-Traut 1996, 158 ff.

10 Brunner-Traut 1996, 170.
11 Panofsky 1979, 133 f.
12 Simon 1992, 30.
13 Leemann 1975, 21.
14 Benn 1960, I/342.

Die Auferstehungsmaschine

1 Lem 1988, 343 ff., vgl. Berkeley 1991.
2 Lem 1988, 361.
3 Blau 1986, 177 ff.
4 Blau 1986, 178 ff.
5 Blau 1986, 180.
6 Wittgenstein 1989, 64.
7 Wittgenstein 1989, 65.
8 Bieri 1981, 12.
9 Bieri 1981, 142.
10 vgl. Silverstein 1979, 183 ff.
11 vgl. Tipler 1995, 291 ff.

Die Schlupflöcher des Realen

1 Rosset 1988, 52.
2 Rosset 1994, 22.
3 Rosset 1994, 29.
4 Rosset 1994, 30.
5 Rosset 1994, 34.
6 Rosset 1994, 12.
7 vgl. Rosset 1994, 19.
8 Rosset 1994, 19.
9 Rosset 1994, 30.
10 Rosset 1988, 102.
11 Schmitz 1964, IV,572 ff.
12 Zurfluh 1981, 492.
13 Zurfluh 1981, 499.
14 Zurfluh 1981, 499.
15 vgl. Schulte 1981, 146 ff.
16 Zurfluh 1981, 499 f.
17 Somé 1996.
18 Somé 1996, 18 f.
19 Somé 1996, 348.
20 vgl. Somé 1996, 20.
21 vgl. Somé 1996, 20.
22 Somé 1996, 45.
23 Somé 1996, 45.
24 Somé 1996, 47.

25 Davies 1997.
26 Somé 1996, 268.
27 Somé 1996, 384.
28 Somé 1996, 351.
29 Somé 1996, 352.
30 Somé 1996, 321.
31 vgl. Somé 1996, 311.
32 Somé 1996, 348 f.
33 Somé 1996, 51.
34 Rosset 1988, 93.

Das Letzte

1 Wahrig 1975, 1195.
2 Minkowsky 1971.
3 Schmitz 1964, I,153 und 354.
4 Schmitz 1964, I,357 f.
5 Schmitz 1990, 261.
6 Schmitz 1990, 272.
7 Schmitz 1964, V,181.
8 Schmitz 1964, V,181.
9 Schmitz 1964, V,183.
10 Schmitz 1964, III/2,42 f.
11 Schmitz 1964, V,185.
12 Schmitz 1964, V,186.
13 Schmitz 1964, V,187 f.
14 Schmitz 1964, V,189.
15 Schmitz 1964, V,189.
16 Nietzsche 1980, 6/335.
17 Nietzsche 1980, 10/210.
18 Nietzsche 1980, 10/479.
19 Köhler 1989, 382.
20 Platon 1957, 2/212;
   Symposion 179 e.
21 Nietzsche 1980, 6/404.
22 Heraklit, Fragment 52; vgl.
   Diels 1957, 27.
23 Nietzsche 1980, 3/639.
24 Bilz 1974, 312 ff.
25 Nietzsche 1933, I/6.
26 Nietzsche 1980, 4/175.
27 Bilz 1974, 321 f.

Nachwort

1 Nietzsche 1980, 6/439.
2 Rosset 1988, 92.

Literatur

Andrée 1978 = Andrée, Louis (i.e. Oskar Panizza): »Das Schwein in poetischer, mythologischer und sittengeschichtlicher Beziehung«. In: *Museum des Geldes*. (Hrsg. Harten/Kurnitzky). Düsseldorf: Städtische Kunsthalle 1978, S. 140–169.

Aristoteles 1948 = Aristoteles: *Lehre vom Schluß (Des Organon dritter Teil) oder Erste Analytik*. Leipzig: Meiner (PhB 10) 1948.

Aristoteles 1955 = Aristoteles: *Fragmenta selecta*. Hrsg. W. D. Ross. Oxford: Clarendon 1955.

Aristoteles 1966 = Aristoteles: *Metaphysik*. Übers. v. Bonitz. Reinbek: Rowohlt 1966.

Aristoteles 1968 = Aristoteles: *Über die Seele*. Übers. v. W. Theiler. Hamburg: Rowohlt 1968.

Babylonischer Talmud 1933 = *Babylonischer Talmud*. Hrsg. v. Lazarus Goldschmidt, Bd. I–IX. Haag: Nijhoff 1933–35.

Bachelard 1978 = Bachelard, Gaston: *Die Bildung des wissenschaftlichen Geistes*. Frankfurt/M.: Suhrkamp 1978.

Bachtin 1995 = Bachtin, Michail M.: »Hölle, Tod und Karneval – mittelalterliche Lachkultur«. In: Reiner Beck: *Der Tod. Ein Lesebuch von den letzten Dingen*. München: Beck 1995, S. 121–124.

Benn 1960 = Benn, Gottfried: *Gesammelte Werke in acht Bänden*. Hrsg. v. Wellershoff. Wiesbaden: Limes 1960 ff.

Benz 1950 = Benz, Ernst: »Der gekreuzigte Gerechte bei Plato, im Neuen Testament und in der alten Kirche«. In: *Abhandlungen der Akademie der Wissenschaften und der Literatur* (Mainz). Geistes- und Sozialwissenschaftliche Klasse, Jahrgang 1950, Nr. 12, S. 1029–1078 (S. 1–46).

Berkeley 1957 = Berkeley, George: *Die Prinzipien der menschlichen Erkenntnis*. Hamburg: Meiner 1957.

Berkeley 1991 = Berkeley, George: *Drei Dialoge zwischen Hylas und Philonous*. Hamburg: Meiner 1991.

Bethe 1983 = Bethe, Erich: *Die dorische Knabenliebe. Ihre Ethik und ihre Idee*. Berlin: Rosa Winkel 1983.

Bexte 1986 = Bexte, Peter: »Orte satanischen Gelächters«. In: Dietmar Kamper / Christoph Wulf (Hrsg.): *Lachen – Gelächter – Lächeln. Reflexionen in drei Spiegeln*. Frankfurt/M.: Syndikat 1986, S. 276–288.

Bibel 1981 = *Novum Testamentum Tetraglotton*. Zürich: Diogenes 1981.

Bibel 1991 = *Die Bibel*. Einheitsübersetzung. Stuttgart: Katholisches Bibelwerk 1991.

Bieri 1981 = Bieri, Peter (Hrsg.): *Analytische Philosophie des Geistes*. Meisenheim: Hain 1981.

Bilz 1973 = Bilz, Rudolf: *Wie frei ist der Mensch?* Paläoanthropologie Band 1; Franfurt/M.: Suhrkamp (stw 17) 1973.

Bilz 1974 = Bilz, Rudolf: *Studien über Angst und Schmerz*. Paläoanthropologie Band 1/2. Frankfurt/M.: Suhrkamp (stw 44) 1974.

Blau 1986 = Blau, Ulrich: »Paradoxie des Selbst«. In: *Erkenntnis 25*, S. 177–196, 1986.

Borch 1941 = Borch, Rudolf: *Schopenhauer. Sein Leben in Selbstzeugnissen, Briefen und Berichten*. Berlin: Propyläen-Verlag 1941.

Brosses 1760 = de Brosses, Charles: *Du culte des dieux fétiches*. Paris 1760.

Brunner-Traut 1996 = Brunner-Traut, Emma: *Frühformen des Erkennens*. Darmstadt: Wissenschaftliche Buchgesellschaft ³1996.

Burkert 1972 = Burkert, Walter: *Homo Necans. Interpretationen altgriechischer Opferriten und Mythen*. Berlin: de Gruyter 1972.

Caillois 1960 = Caillois, Roger: *Die Spiele und die Menschen. Maske und Rausch*. Stuttgart: Schwab 1960.

Caillois 1988 = Caillois, Roger: *Der Mensch und das Heilige*. München: Hanser 1988.

Caillois 1993 = Caillois, Roger: *Pontius Pilatus. Ein Bericht*. Berlin: Gatza 1993.

Canetti 1980 = Canetti, Elias: *Masse und Macht*. Frankfurt/M.: Fischer TB 1980.

Cavarero 1992 = Cavarero, Adriana: *Platon zum Trotz*. Berlin: Rotbuch 1992.

Davies 1986 = Davies, Paul: *Gott und die Physik*. München: Bertelsmann 1986.

Davies 1997 = Davies, Paul: *Die letzten drei Minuten*. München: Bertelsmann 1997.

De Marchi 1988 = De Marchi, Luigi: *Der Urschock. Unsere Psyche, die Kultur und der Tod*. Darmstadt: Luchterhand 1988.

Descartes 1955 = Descartes, René: *Die Prinzipien der Philosophie*. Hamburg: Meiner (PhB 28) 1955.

Devereux 1981 = Devereux, Georges: *Baubo. Die mythische Vulva*. Frankfurt/M.: Syndikat 1981.

Diderot 1961 = Diderot, Denise: *Die Philosophischen Schriften*, Bd. I. Berlin: Aufbau-Verlag 1961.

Diels 1957 = Diels, Hermann: *Die Fragmente der Vorsokratiker*. Hamburg: Rowohlt 1957.

Eckehart 1962 = Meister Eckehart: *Deutsche Predigten und Traktate*. (Hrsg. J. Quint.) München 1955.

Feuerbach 1971 = Feuerbach, Ludwig: *Das Wesen des Christentums*. Stuttgart: Reclam 1971.

Fichte 1845 = Fichte, Johann Gottlieb: *Sämtliche Werke (SW) I–VIII*. Berlin: Veit 1845.

Fichte 1934 = Fichte, Johann Gottlieb: *Nachgelassene Werke (NW) I–III*. Bonn: Marcus 1834.

Frank/Lorenzoni 1992 = Frank, B. / E. Lorenzoni: »Phantomerleben und Phantomschmerz«. In: *Fortschritte der Neurologie. Psychiatrie 60*, S. 74–85, 1992.

Freud 1978 = Freud, Sigmund: *Studienausgabe Band I–X nebst Ergänzungsband*. Frankfurt/M.: S. Fischer 1978.

Gazetti 1993 = Gazetti, Maria: »Das selten glückliche Zusammentreffen von weiblicher Maßlosigkeit und männlicher Attacke«. In: *Rowohlt Literaturmagazin 32*. S. 21–42, 1993.

Gebser 1978 = Gebser, Jean: *Ursprung und Gegenwart. Die Fundamente der aperspektivischen Welt* (= Gesamtausgabe Band II). Schaffhausen: Novalis 1978.

Gehlen 1962 = Gehlen, Arnold: *Der Mensch. Seine Natur und seine Stellung in der Welt*. Frankfurt/M.: Athenäum [7]1962.

Giegerich 1994 = Giegerich, Wolfgang: *Tötungen aus der Seele. Versuch über Ursprung und Geschichte des Bewußtseins*. Frankfurt/M.: Lang 1994.

Girard 1983 = Girard, René: *Das Ende der Gewalt. Analyse des Menschheitsverhängnisses*. Freiburg: Herder 1983.

Girard 1987 = Girard, René: *Das Heilige und die Gewalt*. Zürich: Benzinger 1987.

Goethe 1981 = Goethe, Johann Wolfgang von: *Werke, Hamburger Ausgabe in 14 Bänden*. München: dtv 1981.

Graves/Patai 1986 = Ranke-Graves, Robert von/Patai, Raphael: *Hebräische Mythologie*. Reinbek: Rowohlt 1986.

Häcker 1981 = Häcker, Horst: »Neue Quellen zu Beiträgen Heinrich von Kleists in seinen *Berliner Abendblättern*«. In: *Jahrbuch der Deutschen Schillergesellschaft 25*, S. 42 ff, 1981.

Hahn 1975 = Hahn, Georg: *Vom Sinn des Todes. Texte aus drei Jahrtausenden*. Zürich: Swedenborg 1975.

Häussermann 1939 = Häussermann, Friedrich: »Das *Göttliche Dreieck* und seine Bedeutung für die Philosophie Hegels«. In: *Zentralblatt für Psychotherapie 11*. S. 359–379, 1939.

Hegel 1931 = Hegel, Georg Wilhelm Friedrich: *Jenaer Realphilosophie*. Hrsg. v. Hoffmeister. Hamburg: Meiner (PhB 67) 1931, Nachdruck 1969.

Hegel 1952 = Hegel, Georg Wilhelm Friedrich: *Briefe von und an Hegel*. Hrsg. v. Hoffmeister / Flechsig. Hamburg: Meiner 1952–60.

Hegel 1969 = Hegel, Georg Wilhelm Friedrich.: *Werke in zwanzig Bänden*. Frankfurt/M.: Suhrkamp 1969 ff.

Hegel 1989 = Hegel, Georg Wilhelm Friedrich: *Gesammelte Werke 1, Frühe Schriften I*. Hrsg. v. Nicolin / Schüler. Hamburg: Meiner 1989.

Heidegger 1954 = Heidegger, Martin: »Das Ding« und »Wer ist Nietzsches Zarathustra?«. In: *Ders., Vorträge und Aufsätze*. Pfullingen: Neske 1954.

Heidegger 1961 = Heidegger, Martin: *Was heißt Denken?* Tübingen: Niemeyer 1961.

Heidegger 1962 = Heidegger, Martin: *Die Technik und die Kehre*. Pfullingen: Neske 1962.

Heinrich 1966 = Heinrich, Klaus: *Parmenides und Jona*. Frankfurt/M.: Suhrkamp 1966.

Henrich 1975 = Henrich, Dieter: *Hegel im Kontext*. Frankfurt/M.: Suhrkamp 1975.

Henschel 1996 = Henschel, Uta: »Was denkt das Tier?«. In: *Geo 1996, Nr. 5*, S. 17–37.

Herzog 1983 = Herzog, Max: »Das Geheimnis der Ratio. Zur Erinnerung an die These vom Todesursprung des Geistes in der philosophischen Anthropologie von Hans Kunz«. In: Holzhey/Leyvraz (Hrsg.): *Rationalitätskritik und neue Mythologien*. Bern: Haupt 1983, S. 91–103.

Heuft 1996 = Heuft, Markus: *Dissertations-Thesen zu Sprache/Sprechen*. (Mspt.) Köln: Heuft 1996.

Hick 1996 = Hick, John: Religion. *Die menschlichen Antworten auf die Frage nach Leben und Tod*. München: Diederichs 1996.

Hoevels 1985 = Hoevels, Fritz Erich: »Das Tabu des bestimmten Artikels«. In: *System ubw 1985, Nr. 1*, S. 59–65.

Hoffmeister 1936 = Hoffmeister, Johannes: *Dokumente zu Hegels Entwicklung*. Stuttgart: Frommann 1936.

Hofstadter 1985 = Hofstadter, Douglas R.: *Gödel, Escher, Bach: ein endloses geflochtenes Band*. Stuttgart: Klett-Cotta 1985.

Huizinga 1956 = Huizinga, Johan: *Homo Ludens. Vom Ursprung der Kultur im Spiel*. Hamburg: Rowohlt 1956.

Hume 1973 = Hume, David: *Ein Traktat über die menschliche Natur*. Hamburg: Meiner (PhB 283) 1973.

Hurwitz 1980 = Hurwitz, Siegmund: *Lilith, die erste Eva*. Zürich: Daimon 1980.

Ilges 1900 = Ilges, Walther: *Blätter aus dem Leben und Dichten eines Verschollenen. Zum 100. Geburtstage von Ernst Ortlepp*. München 1900.

Irigaray 1980 = Irigaray, Luce: *Speculum. Spiegel des anderen Geschlechts*. Frankfurt/M.: Suhrkamp 1980.

Irigaray 1989 = Irigaray, Luce: *Genealogie der Geschlechter*. Freiburg: Kore 1989.

Irigaray 1991 = Irigaray, Luce: *Ethik der sexuellen Differenz*. Frankfurt/M.: Suhrkamp 1991.

Kafka 1970 = Kafka, Franz: *Sämtliche Erzählungen*. Frankfurt/M. und Hamburg: Fischer TB 1970.

Kant 1781 = Kant, Immanuel: *Kritik der reinen Vernunft*. Riga: Hartknoch 1781 (A).

Kant 1787 = Kant, Immanuel: *Kritik der reinen Vernunft*. Riga: Hartknoch 1787 (B).

Kant 1799 = Kant, Immanuel: *Kritik der Urteilskraft.* Berlin: Lagarde ³1799.

Kant 1968 = Kant, Immanuel: *Kants Werke, Akademie-Textausgabe I–IX nebst zwei Anmerkungsbänden.* Berlin: de Gruyter 1968 ff.

Kant 1983 = Kant, Immanuel: »Metaphysikvorlesung Mrongovius«, in: *Kants gesammelte Schriften, Akademie-Ausgabe Bd. 29.* Berlin: de Gruyter 1983.

Kant 1986 = Kant, Immanuel: *Briefwechsel.* Hamburg: Meiner (PhB 52 a/b) 1986.

Katz 1921 = Katz, David: *Zur Psychologie des Amputierten und seiner Prothesen.* Leipzig (Beiheft 25 zur Zeitschrift für angewandte Psychologie) 1921.

Kerr 1994 = Kerr, Philip: *Das Wittgensteinprogramm.* Reinbek: Rowohlt 1994.

Kierkegaard 1950 = Kierkegaard, Sören: »Philosophische Brocken«, in: *Gesammelte Werke. Hrsg. v. Emanuel Hirsch.* 10. Ausgabe. Düsseldorf – Köln: Diederichs 1950 ff.

Klages 1988 = Klages, Ludwig: *Vom kosmogonischen Eros.* Bonn: Bouvier ⁹1988.

Kleist 1964 = Kleist, Heinrich von: *Gesamtausgabe.* München: dtv 1964.

Kleist 1966 = Kleist, Heinrich von: *Werke in einem Band.* München: Hanser 1966.

Klingemann 1990 = Klingemann, Ernst August Friedrich: *Nachtwachen. Von Bonaventura.* Stuttgart: Reclam 1990.

Koestler 1981 = Koestler, Arthur: *Der Mensch – Irrläufer der Evolution.* München: Goldmann 1981.

Köhler 1989 = Köhler, Joachim: *Zarathustras Geheimnis.* Nördlingen: Greno 1989.

Koran 1993 = *Der Koran.* Übers. v. Lazarus Goldschmidt. Wiesbaden: Fourier 1993.

Kunz 1931 = Kunz, Hans: »Die Grenze der psychopathologischen Wahninterpretation«. In: *Zeitschrift für die gesamte Neurologie und Psychiatrie 135,* S. 671–715, 1931.

Kunz 1946 = Kunz, Hans: *Die anthropologische Bedeutung der Phantasie,* 2 Bände. Studia Philosophica Suppl. 3–4. Basel: Verlag für Recht und Gesellschaft 1946.

Kunz 1976 = Kunz, Hans: *Martin Heidegger und Ludwig Klages.* München: Kindler 1976.

Kurz 1981 = Kurz, Gerhard: »›Gott befohlen‹. Kleists Dialog über das Marionettentheater und der Mythos vom Sündenfall des Bewußtseins«. In: *Kleist-Jahrbuch 1981/82,* S. 264 ff.

Kutschmann 1986 = Kutschmann, Werner: *Der Naturwissenschaftler und sein Körper.* Frankfurt/M.: Suhrkamp 1986.

Leemann 1975 = Leemann, Fred: *Anamorphosen. Ein Spiel mit der Wahrnehmung, dem Schein und der Wirklichkeit.* Köln: DuMont 1975.

Leibniz 1982 = Leibniz, Gottfried Wilhelm: *Vernunftprinzipien der Natur und der Gnade. Monadologie.* Hamburg: Meiner (PhB 253) 1982.

Lem 1988 = Lem, Stanislaw: *Die Phantastischen Erzählungen.* Frankfurt/M.: Suhrkamp (st 1525) 1988.

Lenin 1989 = Lenin, Wladimir Iljitsch: *Materialismus und Empiriokritizismus.* Berlin: Dietz 1989.

Lévi-Strauss 1969 = Lévi-Strauss, Claude: *Strukturale Anthropologie.* Frankfurt/M.: Suhrkamp 1969.

Lifton 1986 = Lifton, Robert Jay: *Der Verlust des Todes: Über die Sterblichkeit des Menschen und die Fortdauer des Lebens.* München: Hanser 1986.

Mach 1918 = Mach, Ernst: *Die Analyse der Empfindungen und das Verhältnis des Physischen zum Psychischen.* Jena: G.Fischer [7]1918.

Mann 1989 = Mann, Klaus: *Tagebücher 1934/5.* Hrsg. v. Wilfried F. Schoeller), Band 2 der Werkausgabe in 6 Bänden. München: Spangenberg 1989.

Marx 1956 = *Marx-Engels-Werke Bd. 1–39 nebst Ergänzungsband 1 und 2 (MEW).* Berlin: Dietz 1956 ff.

Marx 1975 = *Karl Marx/Friedrich Engels Gesamtausgabe (MEGA2).* Berlin: Dietz 1975 ff.

Meister 1979 = Meister, Ernst: *Ausgewählte Gedichte 1932–1979.* Frankfurt/M.: Luchterhand 1979.

Melzack 1990 = Melzack, Ronald: »Phantom limbs and the concept of a neuromatrix«. In: *Trends in Neurosciences.* Vol. 13, No. 3, S. 88–92, 1990.

Melzack 1992 = Melzack, Ronald: »Phantom Limbs«. In: *Scientific American.* Vol. 266, No. 4, S. 90–96, 1992.

Menninger-Lechenthal 1946 = Menninger-Lerchenthal: *Der eigene Doppelgänger.* Bern: Huber 1946 (Beiheft Nr. 11 zur Schweizerischen Zeitschrift für Psychologie und ihre Anwendungen).

Meyer 1991 = Meyer, Astrid: »Denken und Technik«. In: R. Margreiter / K. Liedlmayr (Hrsg.): *Heidegger, Technik – Ethik – Politik.* Würzburg: Königshausen und Neumann 1991, S. 59–65.

Mikorey 1936 = Mikorey, Max: »Naturgesetz und Staatsgesetz«. In: *Zeitschrift der Akademie für Deutsches Recht,* 3. Jahrgang, S. 932–943, 1936.

Mikorey 1952 = Mikorey, Max: *Phantome und Doppelgänger.* München: Lehmanns 1952.

Mikorey 1955 = Mikorey, Max: »Der Arzt und die letzten Dinge«. In: *Medizinische Klinik,* 50. Jahrg., Nr. 22, S. 954–961, 1955.

Minkowsky 1971 = Minkowsky, Eugène: *Die gelebte Zeit, I und II.* Salzburg: Müller 1971/2.

Mones 1993 = Mones, Andreas: »*Über das Marionettentheater* oder: Warum das Paradies nur von hinten offen ist«. In: *Zeitschrift für Psychoanalyse Nr. 24,* S. 19–41, 1993.

Nietzsche 1933 = Nietzsche, Friedrich: *Werke I–V und Briefe I–IV. Historisch-kritische Gesamtausgabe.* München: Beck 1933–42.

Nietzsche 1980 = Nietzsche, Friedrich: *Sämtliche Werke (ab 1868), Kritische Studienausgabe Bd. 1–15.* München/Berlin: dtv/de Gruyter 1980.

Nietzsche 1986 = Nietzsche, Friedrich: *Sämtliche Briefe. Kritische Studienausgabe Bd. 1–8.* München / Berlin: dtv/de Gruyter 1986.

Onfray 1993 = Onfray, Michel: *Philosophie der Ekstase.* Frankfurt/M.: Campus 1993.

Otto 1987 = Otto, Rudolf: *Das Heilige.* München: Beck 1987.

Paglia 1992 = Paglia, Camille: *Die Masken der Sexualität.* Berlin: Byblos 1992.

Panofsky 1979 = Panofsky, Erwin: *Die Renaissancen der europäischen Kunst.* Frankfurt/M.: Suhrkamp 1979.

Parmenides 1969 = Parmenides: *Vom Wesen des Seienden. Die Fragmente, griechisch und deutsch.* Hrsg. und Übers. v. Uvo Hölscher. Frankfurt/M.: Suhrkamp 1969.

Pascal 1925 = *Oeuvre de Blaise Pascal.* Hrsg. v. Léon Brunschvicg. Paris: Hachette 1925.

Pascal 1954 = Pascal, Blaise: *Über die Religion und über einige andere Gegenstände (Pensées).* Hrsg. v. E. Wasmuth. Heidelberg: Lambert Schneider [5]1954.

Penrose 1995 = Penrose, Roger: *Schatten des Geistes. Wege zu einer neuen Physik des Bewußtseins.* Heidelberg: Spektrum Akademie Verlag 1995.

Platon 1951 = Platon: *Oeuvres complètes, Bd. IV, 2. Teil.* Hrsg. v. Léon Robin. Paris: Société d'Édition »Les Belles Lettres«, [5]1951.

Platon 1957 = Platon: *Sämtliche Werke Bd. 1–6.* Hrsg. v. Ernesto Grassi. Hamburg: Rowohlt 1957.

Platon 1974 = Platon: *Meisterdialoge.* Hrsg. v. Rudolf Rufener. Zürich, Artemis 1974.

Plessner 1992 = Plessner, Helmuth: *Mit anderen Augen. Aspekte einer philosophischen Anthropologie.* Stuttgart: Reclam 1982.

Rahner 1969 = Rahner, Karl: »Meditationen über das Wort ›Gott‹«. In: H. J. Schulz (Hrsg.): *Wer ist das eigentlich – Gott?* München: Kösel 1969, S. 13–21.

Ranke-Graves 1955 = Ranke-Graves, Robert von: *Griechische Mythologie, 2 Bände.* Reinbek: Rowohlt 1955.

Ritter 1974 = Ritter, Joachim: »Über das Lachen«. In: *Blätter für Deutsche Philosophie Nr. 14 (1940)* Frankfurt: Suhrkamp 1974.

Ritter 1989 = Ritter, Joachim/Karlfried Günder (Hrsg.): *Historisches Wörterbuch der Philosophie, Bd. VII.* Basel: Schwabe 1989.

Rosenkranz 1969 = Rosenkranz, Karl: *G. W. F. Hegels Leben.* Darmstadt: Wissenschaftliche Buchgesellschaft 1969.

Rosenzweig 1988 = Rosenzweig, Franz: *Der Stern der Erlösung.* Frankfurt/M.: Suhrkamp 1988.

Rosenzweig 1992 = Rosenzweig, Franz: *Das Büchlein vom gesunden und kranken Menschenverstand.* Frankfurt/M.: Jüdischer Verlag 1992.

Rosset 1988 = Rosset, Cément: *Das Reale. Traktat über die Idiotie.* Frankfurt/M.: Suhrkamp 1988.

Rosset 1994 = Rosset, Clément: *Das Prinzip Grausamkeit.* Berlin: Merve 1994.

Russell 1973 = Russell, Bertrand: *Philosophie. Die Entwicklung meines Denkens*. München: Nymphenburger 1973.

Ryle 1969 = Ryle, Gilbert: *Der Begriff des Geistes*. Stuttgart: Reclam 1969.

Schilder 1923 = Schilder, Paul: *Das Körperschema*. Berlin: J. Springer 1923.

Schiller o.J. = *Schillers Werke in zwei Bänden*. Hrsg. v. Gerhard Stenzel. Salzburg: Das Bergland-Buch o.J.

Schmidt 1994 = Schmidt, Hermann Joseph: *Nietzsche absconditus oder Spurenlese bei Nietzsche. Jugend, 2. Teilband*. Berlin – Aschaffenburg: IBDK 1994.

Schmitz 1964 = Schmitz, Hermann: *System der Philosophie Bd. I–V* (in 10 Büchern = I; II/1–2; III/1–5; IV; V). Bonn: Bouvier 1964 ff.

Schmitz 1968 = Schmitz, Hermann: *Subjektivität. Beiträge zur Phänomenologie und Logik*. Bonn: Bouvier 1968.

Schmitz 1988 = Schmitz, Hermann: *Der Ursprung des Gegenstandes*. Bonn: Bouvier 1988.

Schmitz 1990 = Schmitz, Hermann: *Der unerschöpfliche Gegenstand. Grundzüge der Philosophie*. Bonn: Bouvier 1990.

Schmitz 1992 = Schmitz, Hermann: *Die entfremdete Subjektivität*. Bonn: Bouvier 1992.

Schopenhauer 1961 = Schopenhauer, Arthur: *Sämtliche Werke I–V*. Hrsg. v. W. Frh. von Löhneysen. Darmstadt: WBG 1961 ff.

Schrödinger 1935 = Schrödinger, Erwin: »Die gegenwärtige Situation in der Quantenmechanik«. In: *Naturwissenschaften 23 (1935)*, S. 807 ff.

Schulte 1975 = Schulte, Günter: *Das Auge der Urania. Bilder und Gedanken zur Einführung in Erkenntnistheorie*. Frankfurt/M. / Klostermann 1975.

Schulte 1979 = Schulte, Günter: *Leibperspektiven. Radierungen und Texte zur Phänomenologie der Wahrnehmung*. Köln: Balloni 1979.

Schulte 1981 = Schulte, Günter: *200 Jahre Vernunftkritik. Zur Wandlung des Rationalitätsproblems seit Kant*. Köln: Balloni 1981.

Schulte 1982 = Schulte, Günter: *Hegel oder das Bedürfnis nach Philosophie*. Köln: Balloni 1981 und Hildesheim: Olms 1982.

Schulte 1982 a = Schulte, Günter: *Ich impfe euch mit dem Wahnsinn. Nietzsches Philosophie der verdrängten Weiblichkeit des Mannes*. Frankfurt/M.: Qumran 1982 und Köln: Balloni 1989.

Schulte 1984 = Schulte, Günter: *Vielleicht ist die Wahrheit ein Weib. Anmerkungen zur Philosophie des Patriarchats*. Köln: Balloni 1984.

Schulte 1987 = Schulte, Günter: *Hauptsache Philosophie. Ansprachen und Aufsätze über Kunst und über Wahrheit*. Köln: Balloni 1987.

Schulte 1989 = Schulte, Günter: *Gibt es eine typisch weibliche Intelligenz. Eine philosophische Versuchsreihe über die Sexualität der Vernunft*. Köln: Balloni 1989.

Schulte 1991 = Schulte, Günter: *Immanuel Kant*. Frankfurt/M.: Campus (Reihe Einführungen) 1991.

Schulte 1992 = Schulte, Günter: *Kennen Sie Marx? Kritik der proletarischen Vernunft*. Frankfurt/M.: Campus 1992.

Schulte 1993 = Schulte, Günter: *Der blinde Fleck in Luhmanns System-theorie*. Frankfurt/M.: Campus 1993.

Schulte 1995 = Schulte, Günter: *Die grausame Wahrheit der Bibel. Eine Anthropologie unserer Vernunft und unserer Moral*. Frankfurt: Campus 1995.

Schulte 1995 a = Schulte, Günter: *Ecce Nietzsche. Eine Werkinterpretation*. Frankfurt/M.: Campus 1995.

Schulte 1996 = *Kant. Ausgewählt und vorgestellt von Günter Schulte*. »Philosophie Jetzt!« Hrsg. v. P. Sloterdijk. München: Diederichs 1996.

Schulte 1996 a = *Fichte. Ausgewählt und vorgestellt von Günter Schulte*. »Philosophie Jetzt!« Hrsg. v. P. Sloterdijk. München: Diederichs 1996.

Schulte 1996 b = *Hegel. Ausgewählt und vorgestellt von Günter Schulte*. »Philosophie Jetzt!« Hrsg. v. P. Sloterdijk. München: Diederichs 1996.

Schütt 1993 = *Schütt, Rolf F.: Martin Heidegger. Versuch einer Psychoanalyse seines ›Seyns‹*. Essen: Die Blaue Eule 1993.

Silverstein 1979 = Silverstein, Alvin: *Sieg über den Tod. Die Wissenschaftler eröffnen das Zeitalter der ewigen Jugend*. München: Bertelsmann o.J.

Simmel 1961 = Simmel, M. L.: »The absence of phantoms for congenitally missing limbs«. In: *American Journal of Psychology 74*, S. 467–470, 1961.

Simon 1992 = Simon, Gérard: *Der Blick, das Sein und die Erscheinung in der antiken Optik*. München: Fink 1992.

Somé 1996 = Somé, Malidoma Patrice: *Vom Geist Afrikas. Das Leben eines afrikanischen Schamanen*. München: Diederichs 1996.

Spiegel 1976 = »Nur ein Gott kann uns retten«, Spiegel-Gespräch mit Martin Heidegger am 23. September 1966. In: *Der Spiegel 1976/23*, S. 193–219 (31. Mai 1976).

Stern 1974 = Stern, Alfred: »Lachen, Weinen und die Welt der Werte«. In: *Zeitschrift für philosophische Forschung XXVIII/4*, S. 485–498, 1974.

Stirner 1972 = Stirner, Max (i.e. Joh. Caspar Schmidt): *Der Einzige und sein Eigentum*. Stuttgart: Reclam 1972.

Theisen 1994 = Theisen, Joachim: »Es ist ein Wurf, wie mit dem Würfel; aber es gibt nichts anderes. Kleists Aufsatz über die allmähliche Verfertigung der Gedanken beim Reden«. In: *Deutsche Vierteljahrsschrift für Literaturwissenschaft und Geistesgeschichte 68/4*, S. 717–744, 1994.

Tipler 1995 = Tipler, Frank J.: *Die Physik der Unsterblichkeit. Moderne Kosmologie, Gott und die Auferstehung der Toten*. München: dtv 1995.

Treher 1969 = Treher, Wolfgang: *Hegels Geisteskrankheit oder das verborgene Gesicht der Geschichte*. Emmendingen: Treher 1969.

Treher 1987 = Treher, Wolfgang: *Zellularpathologie der Seele*. Emmendingen: Oknos 1987.

Verlautbarungen 1991 = *Verlautbarungen des Apostolischen Stuhls Nr. 101* (Enzyklika Centesimus annus vom 1. 5. 1991). Bonn: Sekretariat der Deutschen Bischofskonferenz 1991.

Wahrig 1975 = Wahrig, Gerhard: *Deutsches Wörterbuch*. Gütersloh: Bertelsmann 1975.

Weininger 1903 = Weininger, Otto: *Geschlecht und Charakter. Eine prin-zipielle Untersuchung.* Wien 1903, Nachdruck München: Matthes & Seitz 1980.

Weininger 1906 = Weininger, Otto: *Über die letzten Dinge.* Wien 1906, Nachdruck München: Matthes & Seitz 1980.

Wetzel 1986 = Wetzel, Michael: »Die Räsonanz des Ego oder: Worüber in Königsberg des 18. Jahrhunderts gelacht wurde«. In: Dietmar Kamper / Christoph Wulf (Hrsg.): *Lachen – Gelächter – Lächeln. Reflexionen in drei Spiegeln.* Frankfurt/M.: Syndikat 1986, S. 170–183.

Wittgensein 1964 = Wittgenstein, Ludwig: *Tractatus logico-philosophicus / Logisch-philosophische Abhandlung.* Frankfurt/M.: Suhrkamp 1964.

Wittgenstein 1971 = Wittgenstein, Ludwig: *Philosophische Untersuchun-gen.* Frankfurt/M.: Suhrkamp 1971.

Wittgenstein 1989 = Wittgenstein, Ludwig: *Vortrag über Ethik und andere kleine Schriften.* Frankfurt/M.: Suhrkamp 1989.

Zurfluh 1981 = Zurfluh, Werner: »Außerkörperlich durch die Löcher des Netzes fliegen«. In: Hans Peter Duerr (Hrsg.): *Der Wissenschaftler und das Irrationale.* Erster Band. Frankfurt/M.: Syndikat 1981, S. 473–504.

Hinweise
zu den
Abbildungen

Die Zeichnungen und Radierungen wurden, soweit nicht anders angegeben, vom Verfasser angefertigt – zuweilen orientiert an Vorlagen, auf die im folgenden hingewiesen wird.

Umschlag: Isolde Ohlbaum: Denn alle Lust will Ewigkeit. Erotische Skulpturen auf europäischen Friedhöfen. München: Knesebeck 1992, S. 95.

Seite 18: Ernst Mach: Analyse der Empfindungen. Jena: Fischer [7]1918, S. 15.

Seite 26: Johann Rudolf Schellenberg, Kupferstichzyklus, 1785 als Buch erschienen (Punktum Bildarchiv, Zürich); Abbildung aus: Emil Reicke: Der Gelehrte in der deutschen Vergangenheit. In: Die deutschen Stände in Einzeldarstellungen. Jena: Eugen Diederichs 1924.

Seite 39: Nach der Abbildung in: Signorelli: Gli affreschi di Orvieto; Mailand: Fabbri/Skira 1969, S. 21.

Seite 57: Nach der Abbildung in: Paul Davies: Gott und die moderne Physik. München: Bertelsmann [5]1986, S. 153.

Seite 61: Nach der Abbildung in: Georges Bataille: Die Tränen des Eros. München: Matthes & Seitz 1981, S. 40.

Seite 92: Abbildung in: Hegels Werke, Frankfurt/M.: Suhrkamp 1969ff, Bd. 2, S. 535.

Seite 115: Nach Leonardo da Vincis *Die Proportionen des Menschen*, um 1509.

Seite 126: Boston, Museum of Fine Arts 08.31 c.

Seite 131: Nach der Abbildung in: Kenneth J. Dover: Homosexualität in der griechischen Antike; München: Beck 1983, 6. Abb. nach S. 96.

Seite 145: Radierung nach Lukas Cranachs *Melancholie,* 1532. Kopenhagen: Statens Museum for Kunst.

Seite 161: Nach der Abbildung »Ein Mann umwirbt einen Knaben, der zärtlich auf sein Liebeswerben eingeht« in: Kenneth J. Dover: Homosexualität in der griechischen Antike. München: Beck 1983, 6. Abb. nach S. 48.

Seite 167: Ausschnitt aus Albrecht Dürers *Melancholia I,* 1514. AKG, Berlin.

Seite 191: Albrecht Dürer, *Der Zeichner des liegenden Weibes,* 1538.

Seite 197: Nach der Abb. 8 in: Erwin Panofsky: Die Renaissancen der europäischen Kunst. Frankfurt/M.: Suhrkamp 1979, S. 134.

Seite 198: Nach Fig. 8 in: Fred Leemann: Anamorphosen. Köln: DuMont 1974, S. 23.

Seite 218: Abbildung Nr. 144 in: Lawrence und Lorne Blair: Im Feuerkranz. Reise zu Indonesiens vergessenen Kulturen; München: Droemer Knaur 1991, S. 160; Bill und Claire Leimbach.